禪修者的靈幻之旅

中天天堂遊記

麒麟法師◎著

【作者序】

宇宙充滿玄機，如真似幻，真理真道要大智慧去辨別的。

現代科學昌明，發掘天地間的神秘，愈來愈多，電腦、電子工程可謂日行千里，宇宙傳承之生物基因，也不可同日而語。食、衣、住、行、育、樂，也隨著時代進步在做巨大的變革。

人在這大時代中日趨渺小，茫茫人海中再也找不到可以凸顯個人風格的事務。做什麼事業或宗教，也變革成為企業化的經營，更拉開人與人之間的距離。人為求生存，競爭卻愈來愈激烈，生存的空間也愈來愈小，所承受的精神

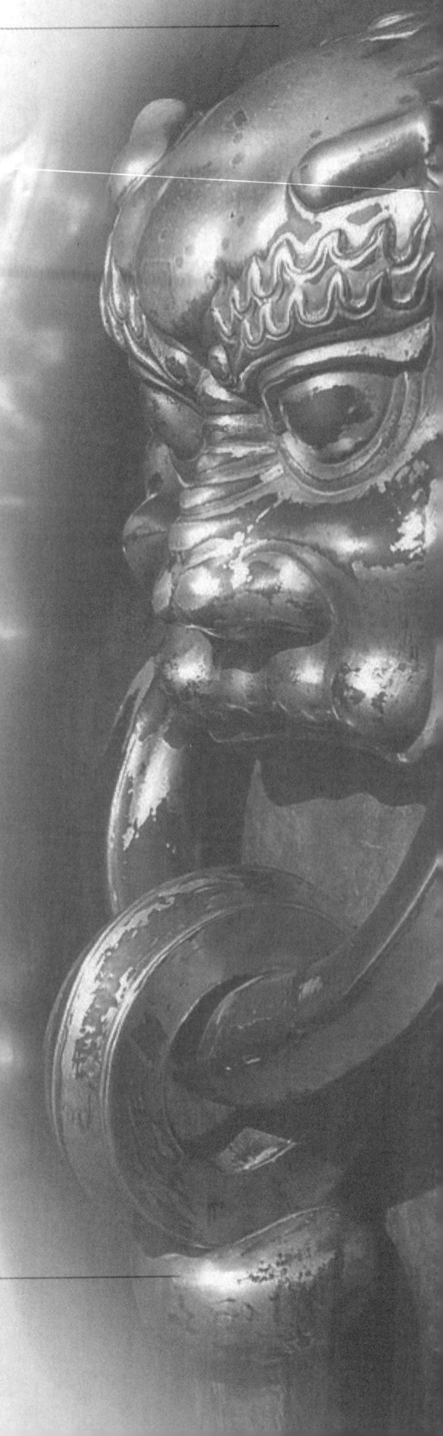

壓力也愈來愈大。在地球上的每一個人，更盼望自己能大富大貴，不然也要名利雙收、出人頭地、給家庭生活物資不虞匱乏。辛辛苦苦打拼一輩子，希望累積財富過著較舒服的日子，能安享餘年，這已變成現代人共同的公式，好像每一個人必經的過程。想想這公式之中，是否是很難再改變的處理經濟模式。但在於精神生活之中，你卻可以對自己好一點，給自己一點精神休養的時間。每天之中有一點點放鬆自己的機會，不要每天緊繃，有緊有鬆才會更具有彈性與耐力。

「活在今天，創造明天」是我們的宗旨。人生苦短，追求往生後的永恆，是我們竭盡所能的抱負；使人類過著美好和平的生活是我們的期盼，所以我們要讓你在這洪海中看到希望、看到寄託、看到信心。我們要使你的毅力再昇起，朝氣蓬勃的迎接每一天的到來。人的一生忙著事業、工作，分身乏術，忙得使人漸離真道。但這只是一個藉口。因為只有今天的人，是不會有將來的。你每天把全部的時間都給了今天，難道不能每天留三十分鐘為將來打算嗎？還是要庸庸碌碌過一生？

【目錄】

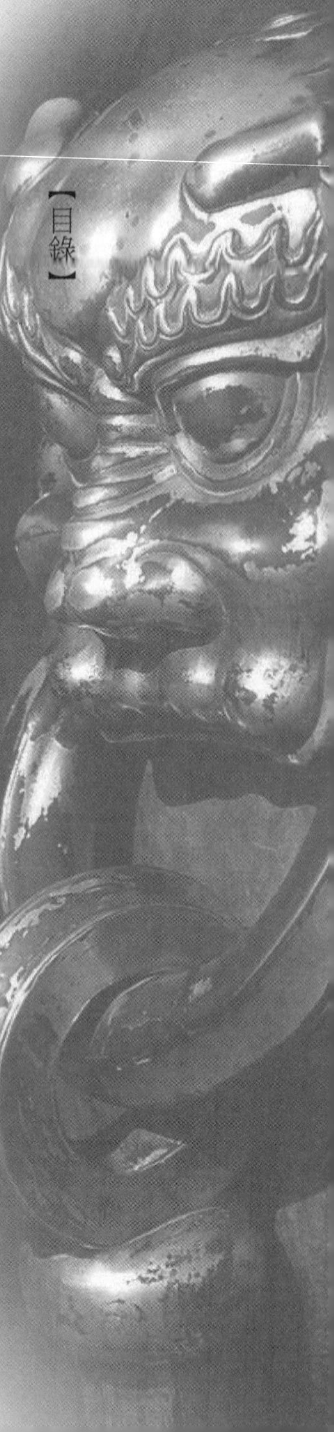

第一章

奇幻之始

麒麟法師，誕生於民國四十五年。自民國六十六年經友人引進開始修道，經考道無數次，無以為苦。凡夫凡修困困厄厄，直到七十六年重讀經典之後，豁然入悟，了徹人性，欣喜無比，自覺不枉此生，不致終老無成。忽聞檀香陣陣，神清氣爽，眼前更為光明，家人卻無聞到檀香味，心裡明白此刻為神靈之祝賀。

是夜忽夢，夢境歷歷如在眼前，如肉眼所見之清楚。有一武將身著胄甲，威武神勇、氣勢非凡，面如關公之紅潤，只是無鬚但面貌莊嚴，由天緩降著地在吾面前，身高有幾十樓高，行禮作揖。

行禮後，他斯文的說：本神有禮，拜見法師。

我心稍定，回答：對不起，我不是什麼法師，你身高那麼高，雄壯威武，非仙即神，倒讓人羨慕。

他回答：法師過獎。這是我的法身，讓法師看看，一起你的智慧心，二讓你雄心萬丈，施法效法，將來你一定比我還高。

說著把身體縮小和我一樣高。

我說：神將身高自由調整，世上只有電影片才有，能幻化一定是神仙；請問你是何神？為何來見我？神將為何一直稱我為法師？我一無法術、二無神通，如何成就法師？

他回答：吾乃　無無極雷祖之秘史，今應法旨而來，以續前緣。將成為你的貼身「護身神」，也算是啟蒙師，以後直稱「護身神」即可。我對你稱法師，是因為上天早註定你為法師，將來接掌中天天命，受　無無極至尊玉皇上帝大天尊敕封。成就天地間偉大志業，也表示我們雷部對你的期許。

我說：神將！你既然是雷部，聽說雷部眾神都是兇狠無比，為何神將你卻如此斯文？也聽說雷部眾神都是鳥嘴而且有翅膀，神將為何都沒有？

護身神：法師，你直接稱呼我為護身神就好了。雷部有懲惡除奸之任務，輔助佈雷、行雨、甘露、法水的威赫。凡間對雷部總會心存畏懼，其實善惡自在人心，修道心存善念何怕之有？有善的法相，也有惡的法相，因念因法而生，不必去執著形象。雷部化身鳥嘴而且有翅膀是極少數的，神話故事中才會有。太極界中較多懲惡的法相，無極界是不需要化相的，無無極界更是虛相。

我說：雷部到底有多大？為何會在今天找上我？

護身神：無無極雷部是　無無極至尊玉皇上帝大天尊之直屬單位。所有中天宇宙事務都由無無極雷部處置，是宇宙中最高的行政中央機構，設置有三萬萬個神職，是中天最高機構。由無無極登上無無極團隊者不計其數。宇宙中最崇高的單位，還望法師將來努力發揚光大，不要讓至高無上的中天大羅金宮空虛。吾亦盡其所能傳法於你，今後也會日日追隨你左右，直到完成任務。因你前身也是雷部倒裝下世的，因緣際會而已。

我說：你還要追隨我左右？那我不是失去自由了嗎？

護身神：你以後就會習慣了。

以護身神之教導，進步神速，漸入佳境。慢慢了解靈界的組合，也慢慢了解地球上的各宗各教，只是宇宙中之自然定律的一個小小的部分而已。

到了民國七十九年的某一天夜裡，忽覺靈動，一覺入夢，即見護身神笑臉相迎。經驗告訴我有事！

護身神：法師這三年來進步神速，過不了多久　無無極雷祖即將接見你，你要做個準備。吾將傳授你夢境時空轉移大法，以實相進入虛空。

我說：無無極雷祖為何要接見我？又何謂夢境時空轉移大法？

護身神：法師！時機緊迫，現在渡化眾生很難，不像以前慢工出細活。所以你必學的課程有很多，要使用之法也需要較長的時間去操作，以後你會接觸到很多無形的法器，如無正確法函及功力將無法操控，修練時日也會加長。　無無極雷祖接見你主要是點化得道。所謂點化得道，是神靈和祖師間的事。自古至今，只有祖師才會知道。沒有一個祖師會公開此事，所以世人都不知道有這種事。至於所謂夢境時空轉移大法，是以實相進入法界最好的方法。地球人至今還未有人使用過，法師你是第一名，何等光榮。因為人界和法界存在時空問題，如果你以禪定方式實相進入法界的話，會產生時空錯亂的問題。所謂的走火入魔，是指精神上的錯亂。法界和人界的時空軸是不相同的，甚至法界對法界層次不同也會有時空軸不同的問題，以後你會遇到，你就可以好好體會一下，法界一日，凡間七年。更高層次的法界可能是凡間數十年。你拜謁一下　無無極雷祖，再返回人間可能會用掉五年的時間，這五年會對你產生很大的困擾，你的一生見不到幾次　無無極雷祖就用光了。如果以禪定方式而不使用實相進入法界的話（包括飛鸞扶乩都不是實相進入），這倒不會有時空錯亂的問題。但是接觸的法界，全部是幻境。這是神靈願力所化出來的幻境，那不是真實的境界，也會滲入人為的意志左右境界。因為人在禪定或飛鸞之時，就算達到最高境界之如如不動，也不可能保持很長時間。如腦波有所幻化，就會立即產生時空錯亂，一日對七年的問題。所以禪定或飛鸞都要以幻境進入法界較安全。今傳承法師的是前人所未能使用之法，夢境時空轉移大法。最主要的是需要有過高度禪定的人，在其夢境中，可以比如如不動更穩定的境界，似醒非夢腦波極沉寂，可以以實相真靈進入法界，所得境界全是真實之境界，不是幻境，也不會產生時空錯亂的問題。人身在凡界以凡界的時間計算，其實就像真靈以法界時空軸計算，兩極分離、空間重疊、座標分離，這需要很大的靈流去做的。凡間時間如何過你可以了解，但在法界之時空可以幾乎達到零。所以真靈必須接受啟靈的高度訓練，使真靈之恆速接近於光速。甚至超越光速，時空會停頓或減緩，這是永恆之生之源。所以你看較高級的仙佛靈體都是閃亮發光、充滿能量，這就是夢境時空轉移大法的真義！

我說：我既已入悟，為何還需　無無極雷祖點化得道？

護身神：開悟和點化得道是兩件不同的事。有很多人會誤認為：「開悟就是修道的最高境界」，這是很不正確的，其實開悟只是真正修道的開始，沒有開悟的話，所講的修行修道都是空的。有很多經典把開悟和得道真義弄得含糊不清，也就是說其程序為「先開悟後得道」，一般修行人只到此，只有創教祖師必須得道後再點化得道，得到上面法界法函，也就是普渡的天命金線。今天要講的主題為點化得道，為了區分及簡化，我們把它稱為「點道」。點道只有創教祖師才有，得道之人未使用點化得道，為欲修行者普渡，只能稱為開道。點化得道是創教祖師在未往生前得到法界的垂青，將這上面法界之法函及此法界之全部願力所獻出之法界，提供於點化得道之人所利用。也就是這法界之神靈將天命與法函交付於點化得道之人。一個法界只能交給一個人，不能有第二個人，否則違反靈界的戒律（天條）。點化得道再由主幹分枝分葉的進行普渡的任務。譬如你們地球之牟尼佛在菩提樹下苦思修練，這時牟尼佛雖已入悟，但尚未點化得道。如果普渡將師出無門，要得道而能自創法界，那也要等到涅槃以後的事。所以這時牟尼佛在樹下等待法界神靈的垂青，皇天不負苦心人，終於得到阿彌陀佛為牟尼佛點化得道。阿彌陀佛法界與牟尼佛接上線，當然阿彌陀佛法界點化得道於牟尼佛。阿彌陀佛法界將法界法函慢慢釋放給牟尼佛。凡夫只見北極星一閃，就以為牟尼佛瞬間得道，這是凡夫看不見的境界，其實牟尼佛已經完成所有的程序了。這是符合靈界戒律的，牟尼佛得到阿彌陀佛法界唯一的天命。所以每一個宗教都會有天命，天命不是唯一的。牟尼佛名正言順的以阿彌陀佛法界為依歸，以阿彌陀佛之名普渡眾生，這樣就是正統的。在宗教界有人誤傳伏羲氏為牟尼佛點化得道。其實要知道哪個法界來點化得道，看以後他使用哪個法界來普渡就一目了然了。不可能這個法界點化得道，而用別的法界普渡，這是不符合靈界戒律的。當然打幫助道之神靈，他不是主神就另當別論。今　無無極雷祖為你點化得道亦是相同的道理。　無無極雷祖為　無無極至尊玉皇上帝大天尊之直屬單位，代表中天行使權力，你雖屬雷部亦直屬整個中天的普渡，為普渡三曹之重任。人類原本自天上而降生人間，理應遵循自然悟本知源，不要再流浪，生死受苦又受難。今有中天法門，實為回天之金線，理應順天道而行。

我說：每一個教門真的都有一個天命嗎？是不是全宇宙只有一個天命？或者是無數條？

護身神：我不是說過了嗎？你老是懷疑！或許是別的宗教教育錯誤，有了先入為主的觀念。如果一個宗教沒有天命的銜接，那就是虛妄，無中生有，這就違反靈界的戒律。凡人是不可能全以凡人之力，尚需藉助法界的輔助，一有形、一無形才能相輔相成。

我說：天命是永遠有效的嗎？

護身神：你的問題射中紅心！自第一代師點化得道為樹幹，第二代為粗枝，第三代為細枝，一直細分下去。不過法函愈細，就會有愈來愈多的信徒，而成就的人數反而愈來愈少，最後會變成慈善團體，你可以參考你們地球有個宗教講的三期末劫。

我說：愈來愈多的信徒，而成就的人數反而愈來愈少，那就不用普渡了，單打獨授就好，人數就不會增加！

護身神：法師你講到哪裡去了！法函是算代數的，第一代不論幾個人法函都一樣；第二代也不論幾個人法函都一樣。代數愈多法函愈細，和每一代的人數無關。當然一直擴展，人數會愈來愈多。

我說：我懂了。新宗教新法函，舊宗教舊法函！

【文後筆記】

一、夢境中雷部護法神應法旨而來，以敘前緣。

二、請問你是何神？為何來見我？神將為何一直稱我為法師？我一無法術、二無神通、如何成就法師？

三、神將你既是雷部，聽說雷部眾神都是兇狠無比，為何神將你卻是如此斯文？也聽說雷部眾神都是鳥嘴而且有翅膀，神將為何都沒有？

四、雷部到底有多大？為何會在今天找上我？

五、所謂夢境時空轉移大法？是以實相進入法界最好的方法。

六、法界一日，凡間七年，更高層次法界也可能凡間數十年。

七、飛鸞扶乩，是神靈願力所化出來的幻境。

八、真靈必須接受啟靈的高度訓練，使真靈之恆速接近於光速。

九、我既已入悟為何還需　無無極雷祖點化得道？

十、開悟只是真正修道的開始，沒有開悟的話，所講的修行修道都是空的！

十一、只有創教祖師必須得道後再點化得道，得到法界的法函，就是普渡的天命金線。

十二、每一個教門都有一個天命嗎？是不是全宇宙只有一個天命？或者是無數條？

十三、天命是永遠有效的嗎？

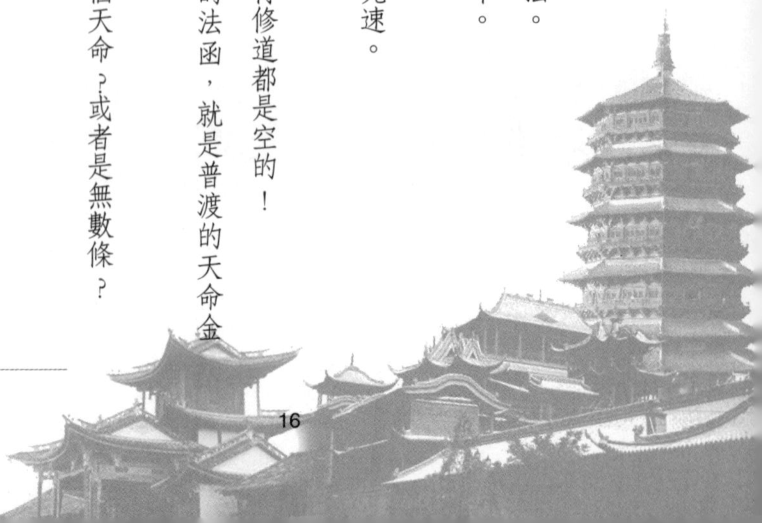

第二章

夢境時空轉移大法

禪定原無所求，身外求禪即是魔境。既有所求，即生妄念、妄想，亦隨之入魔境。身內處何方？身外處何方？大至無垠小至無內，能悟之者，處處是禪處處是魔境；不能悟之者，到處是幻境，正念正想亦以魔境想。想入仙佛法界之境地是無幻境，真靈真界即非身外能慧之者，即以明心見本性，即仙佛真法界也。

有護身神之戒護，就算有差錯，亦可即時調整，不至於大錯，較為寬心無所忌憚。將身體筆直平放，保持最舒服之姿勢，進入深邃禪定。摒除雜念，平衡無微波，一心無二想，向冥海深處行，靈與身體入深思，漸入短暫死亡之境地。

像入非夢幻之地，其實非熟睡，靈有知、身無覺，靈會慢慢甦醒，身熟睡靈如煙，輕飄飄浮出體外，像一張薄紙在強風中隨風搖曳。起初總覺頭重腳輕，忽然有一熟悉聲音傳入耳中，此耳非此耳，而是「心靈之耳」，頓時才知什麼叫豁然開悟。

護身神：法師，恭喜你！你的一小步，將是你人生中的關鍵時刻。你已能靈體分離克服五行所制，實在不易。先穩定住，相形石沉丹田，就不會頭重腳輕、左右搖晃。

我說：我現在還有丹田嗎？在哪裡？

護身神：理論上你已無肉身、無器官，但你的慣性形態依然存在三界之內，靈體均同，只是形式形骸不同罷了！為何直昇機可以保持平衡，它也是頭重尾輕的，而且有高速的螺旋槳跟你現在很像。肉身的沉重忽然變很輕，當然不能適應，你嘗試想我現在依然有肉身的存在，自然就會穩定。

我說：你還不快過來幫忙！還說風涼話，我又不是直昇機！

慢慢適應、慢慢穩定，可以看清周圍之物。定眼望去看到自己還筆直的躺在床上，真是不可思議，那誰是我？我是誰？真正的夢幻，有一點疑惑。

嘿，你就是護身神！怎麼跟夢中一模一樣？這幾年來第一次這麼近的感覺，是真還是虛幻？還是還在夢中？

護身神：當然是真的！不用多久你就可以完全適應。中天法門中所用皆是實相，不是願力的化境，這樣你才可以完全明白，了解法界的整個宇宙的概觀，看整個法界面，而不是只看一個點。也不枉這幾年來的努力，你們的俗言：「心外之境全是魔境，佛只在心中求」，現在你可知是心內求還是心外求？你今克服此難關，往後可隨意駕馭，一回生二回熟。既已穩定，我們來試試飛行。

我說：秘史所言極是。道可大不可量，極細不可指，心內心外今最清楚！要飛行？我不是鳥，也不是直昇機，又沒有翅膀。那你有沒有準備交通工具？法界有交通工具嗎？筋斗雲算不算？我看過別人的天堂遊記，他們都有準備交通工具，到底有沒有？怎麼沒看到？

護身神：法師你又說笑。我們是高級靈，不用翅膀也不用交通工具，那太麻煩了。誰來保養它？我們使用的飛行方法稱為「念力飛行」，只要小小的靈流當能源即可。依照我講的模式，小心翼翼，不可妄念，否則可能一躍十萬八千里遠，有如斷線的風箏！

我心想慢慢試看看，依照護身神的模式。嘿！真的無動力也可以移動。身體衝出建築物外，怎麼一點障礙都沒有？我可以穿牆了！

護身神陪我在半空中離地約二里遠，俯瞰可以穿透建築物，很清楚的看到自己的肉身還筆直的躺在床上。雖然離地二里遠，不過看起來卻只有離一公尺遠那麼清楚！身體好像也只離一公尺遠的距離，不會因遠而縮小！護身神回到地上。

護身神：現在我們離那麼遠，你可以清楚的看到我嗎？聲音清楚嗎？

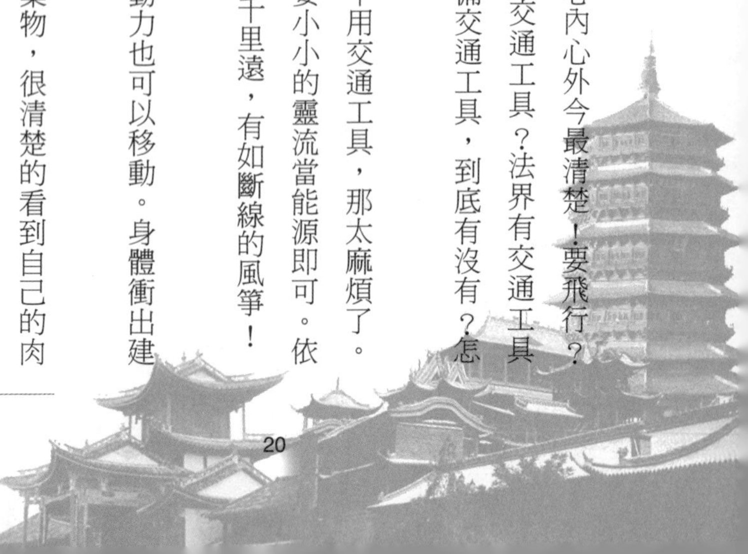

我說：清楚極了！就好像只有一公尺遠那麼清楚。我變成千里眼、順風耳了，為何沒有距離的遠近呢？

護身神：這是念力所使。我們是高級靈有自動調距的能力。你現在是真靈但尚無此能力，你現在所使用的是我的念力。凡人可看十里，一般靈可見百萬里，高級靈可見千萬里；凡人可聽半里，一般靈可聽百萬里，高級靈可聽千萬里。這是靈界比凡人發達的地方，我帶你適應一下高速的飛行。

只過一段時間，速度可說快如電擊，比流星更快，無阻礙的飛行，一秒鐘有上千里吧！

我說：秘史，你們都是以這麼快的速度飛行嗎？這麼快的速度為什麼聽不到風聲？也不會像流星一樣，和空氣磨擦時產生高熱，整個燒毀？不然照理說也會屁股著火？像我們的太空火箭，每小時十萬公里，必須散熱，否則也會像流星一樣燒毀，而我現在的速度是太空火箭的四十倍，為什麼不會產生高熱？

護身神：我說過我們是高級靈！而你現在使用的是夢境時空轉移大法，懂了吧！你也很愛說笑，每秒一千多公里，對我們來說，就像你們人間的嬰兒學走路。你知道嗎？光速是每秒三十萬公里，是無無極最低的標準。飛行最低級的速度是每秒三十萬公里，最高級的每秒可達千萬公里，這要看層次。所以你的速度還算烏龜走路，不然以你現在的速度要到達無無極天，要幾千萬年才會到達。你要加強鍛鍊，不過是不會產生風聲及高溫的。因為你已無肉身。真靈空泛並未具實體，只是念力空旋。因為你是真靈，所以叫轉移大法。這樣是不是比筋斗雲更快更舒服！

我說：今天之事，是我無法想像的，太不可思議！也感謝秘史的教授與加持，我會加倍努力的！

護身神：你們人類常說科技勝天，是勝中天嗎？人類的科技，還是在中天的掌管之下，不可能超出中天的範疇。

我說：這點我知道也相信，科技如無倫理，將會成為金字塔的遺跡，多謝秘史的提醒！

【文後筆記】

一、中天法門中所用，皆為實相。不是願力的化境。

二、高級靈，不用翅膀也不用交通工具，使用的飛行方法稱為念力飛行，靈流當能源。

三、高級靈，有自動調距的功能。

四、真靈用念力飛行速度那麼快，為什麼聽不到風聲？不會像流星一樣，和空氣磨擦產生高熱，整個燒毀，不然也會屁股著火！

第三章

奇異的一線天

是夜，剛入寢，忽覺有人搖我身，靈覺醒，離身，原來是「秘史」！

我說：有何指導？

護身神：要入無無極境昊天金闕凌霄寶殿，拜謁　無無極雷祖做準備。太極進入無極你是沒有問題的，無極要進入無無極境，有自然的屏障（一線天），會由特史帶領你克服一線天。要進入無無極境境界要很高，你要有心理準備，也要努力修練。

我說：是傳說中的金闕凌霄寶殿嗎？那是玉皇上帝的居所。

護身神：如果說凌霄寶殿在法界有數十個；如果說玉皇上帝也有數十個，你會相信嗎？

我說：不信！誰敢仿冒凌霄寶殿？誰敢仿冒玉皇上帝？他是宇宙的主宰，單一的主宰。

護身神：其實也不能算仿冒，只是很多類似相同的名稱。創造這個名稱的就是你們人類。若問為什麼？等謁見　無無極雷祖時你再請教好了。還有，我們第一站會經過你常常跟我爭辯的那個，靠近西天欲界第二天的忉利天，其實是玉皇上帝的住處。有人在忉利天看見玉皇上帝嗎？沒有！玉皇上帝怎麼會在忉利天？其實這是九大行星系中天玉皇上帝所屬的中天精靈所，為什麼要靠近西天忉利天？最主要是中天以前招募神職或神位出缺時，都會由西天五教去挑選仙佛，經中天精靈所訓練後敕封任職。西天為普渡眾生的天，內含各宗各教，屬於教育單位都在西天，人才輩出，對宇宙的運作功不可沒。所以才會在西天設置一個中天精靈所專門訓練由西天挑選出來的仙佛，在此訓練適應以後的公務環境，如果不能適應，較方便退還西天。所以在交界處設立精靈所是最方便管理的。這次我們在九大行星系試辦第一次由中天自己下凡到人間去挑人才，這是多偉大的任務，也是法師你的任務。這在別的行星系做的很成功，也早安排好的，你必須努力，不要讓各天笑話。還有我們中途也會到達九大行星系的無極中天玉皇上帝的凌霄寶殿。這是九大行星系最高的行政機構。也是我們的直轄單位，你知道這個九大行星系中天無極玉皇上帝是誰？

我說：這個我倒知道一點，這個中天無極玉皇上帝就是傳說中義薄雲天的關聖帝君，對不對？

護身神：法師你說對了，無極九大行星系中天玉皇上帝正是關聖帝君。其實九大行星系中天玉皇上帝同等地位的其他星系有數十個之多，數十個無極中天總歸一個無無極中天，我這樣解釋你大概會懂的。有一個無無極雷部特史奉旨，在九大行星系中天凌霄寶殿旁等候法師，到時他會改造你與加強靈流。太極進入無極時我已幫你調整過了，沒有問題，但無極要進入無無極是非常困難的，我們請特史幫助你，使你的實相由無極進入無無極強大靈流之中。不過會感到極大的痛苦，有一點像你們人類的電池一樣，電壓零點五伏特的就只能接受零點五伏特的充電器，如果你使用三或六伏特的充電器，電池就會產生高熱，最後會燒毀。所以當充電器是三或六伏特時，電池就必須調整間距，使它能夠接受較高的電壓，發揮儲蓄更高的能量。所以特史會在凌霄寶殿旁教你秘訣，讓你能承受無無極天的高靈流。

我說：進入無極天是實相進入，那進入無無極天是願力幻相進入？還是實相進入？

護身神：當然是實相進入。可以讓你更了解無無極中天之實景及環境，讀千卷經不如行千里路。實際體驗對中天、對無無極雷部更深一層的了解。如果是願力幻相進入，那是幻境，也不必秘訣與加持，直接進入就可以！也就不必麻煩特史。

我說：或許有一天可上到無無極天，是不是以後也有能力可以再上無無極天？

護身神：正念做事、護持不退、心無邪念、堅守正道，上無無極天是沒有問題的。

好了，和我並肩念力飛行！

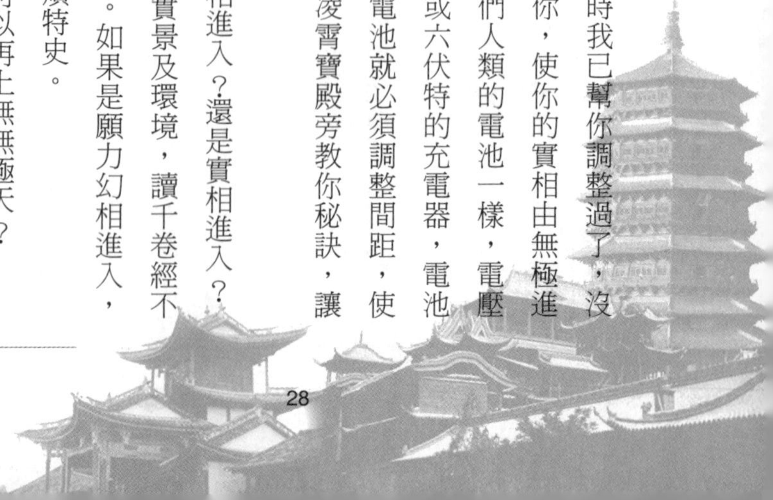

一片陽光光輝，進入美好的餘霞，進入全黑的境地，又進入灰濛濛的境地，感受到一片毫光愈來愈亮，好像過很多年的時光那麼冗長。

我說：秘史，到底還要多久才會到？以我們如此快速的速度，為什麼這麼遠？凡間會不會有問題？不要我們返回凡間時我的肉身早就被下葬了。

護身神：這點法師放心。雖然過了好久，我們現在約有一半的光速時空是非常慢的，雖感覺好像過很多年。但這只是法界的時空，並非是肉體的時空，我已經幫你調整好了，不會有問題。況且我有特別交代當值的雷師守護。肉身有變，雷師會立即通知我，我們就立刻返航。法師，你總覺得速度很快，但你的速度還是有夠慢。我沒有責怪你的意思，只是你必須更上層樓。在靈界你還算新手，有這樣的成績已經是了不起了。

我說：你是譏笑還是褒獎？我怎麼都聽不懂。我今離凡界不可思議的遠，雷師怎麼通知我們？你又沒帶無線電話！

護身神：你們的無線電話能用嗎？靈界的通訊方式是凡間人無法想像的，你們凡界一有事，雖然我們遠在天界卻可一目了然。這一點你放心，你的這一行，我們動用非常多的雷師做守護的。

我說：你老說我慢，凡間沒有一樣比我快。

護身神：你說的倒是實話。凡間沒有一樣比得上你，你現在的速度，是你們太空船的萬倍以上！如果你現在有肉身的話，一粒砂就可以把你撞得粉碎。

毫光漸漸明亮，遠遠可以看到散發著光芒的神殿。

我說：真是漂亮，神殿好像停留在半空中一樣。五光十色的光芒，前所未見，難以用凡間解，這是鐳射光嗎？

護身神：前面就是跟法師說的中天精靈所。裡面非常寬闊，分成很多部門。這是只有九大行星系所有地球每個教派之仙佛，如要入職中天，都會在此接受訓練的。它有分教派，分區分離受訓，不是單一的單位。我們現在還離它約三十億里遠，我們還可再接近一點，但不能去拜訪，你必須先等到　無無極雷祖點化得道後，才可以以真靈拜訪，這是靈界的規矩。雖然它是我們的直屬單位，一樣不能例外。不然的話，要　無無極至尊天皇上帝大天尊恩准才可以。你沒看過真正的神殿，會認為中天精靈所已經夠漂亮了，其實無無極金闕凌霄寶殿比中天精靈所宏偉千百倍。我們不要太接近，離三千萬

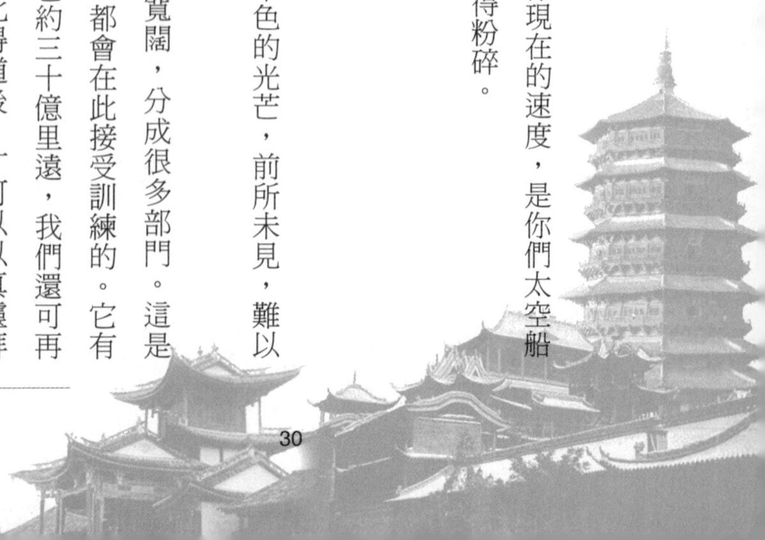

里，以免打擾到它們的「守護神」。

我說：這個宮殿外觀如此宏偉閃閃發光，凡間沒有一個建築物可以比它漂亮，面積又非常大，我想可能有地球的整個亞洲大吧！

護身神：我們在此地停留一下好了，應該說此空才對。讓你遠眺欣賞精靈所的美景，你估計差不多約有你們亞洲那麼大，你遠望才知道它的宏偉，如果進入內部你怎麼知道它到底有多大？這就是你們所謂的不識廬山真面目，只緣身在此山中。因為真靈移動速度很快，所以我們必須有這麼大的空間才足夠讓仙佛或精靈活動。

我說：建這麼大很費工夫吧？巍巍宮殿如雲中立，為何每一個材料都會發出毫光？五光十色，真是極品！

護身神：這是願力造就的。如此宏偉必須有如此成就之願力，不是每一個都能成就的。最困難的是必須保持願力不墜，也就是凡間所說的建築後還需去保養，保養比建築更費力。至於材料會發出毫光，那代表靈流的穿透，待能量飽和後，不再吸收能量。靈流穿透折射就會閃著光芒，能量愈高，光輝度就會愈高，光色就愈漂亮。

我說：我們返航時，順便去拜訪他們一下，敲一塊磚帶回地球做紀念，稀世珍寶，也證明來靈界一遊！

護身神：開玩笑歸開玩笑，不要起貪念，這是違反戒律的。靈界戒律是由無無極雷部訂立，經 無無極至尊玉皇上帝大天尊核准，每一個靈界或法界都必須遵守。順便提一下所謂的戒律，其實就是你們人間所說的天條！

我說：我也是說著玩的，我也拿不回去，小小一件玩笑倒不必在意，何必拿天條來嚇唬我！天條好像也很複雜，好像犯了天條的人、神、鬼，都跟我們雷部過不去，為什麼會由雷部去執行？

護身神：中天就如你們凡間的中央機構。無無極雷部就如行政院，所有任命官職，全部公務都由中天分級來做。無無極雷部是特殊的，它是行政院兼刑部，當然交由雷部審核執行，也代表執法公正無私，不會在無極或太極間產生私偏。西天各門各派就好像學校一樣，有國小至博士就看你的修為境界到哪層，這是靈界和你們凡界有一點相似的地方。念力飛行這麼遠，會累嗎？

我說：我倒不覺得累。我忘了我沒把肉身帶來，怎麼會累？倒覺得愈來愈有趣，愈來愈好奇！

護身神：法師你說錯了！不是沒有肉身就不會累。真靈以念力快速飛行，一樣會消耗能量。因你目前尚無能量可用，你跟著我，你所使用的能量是我供給的！當然你不會累，我要供給三個人的能量，你說我累不累？

我說：我們只有二人，何來三個人消耗能量？

護身神：我消耗一份能量，你卻消耗二份能量！

我說：是我不對，我跟你對不起。不過你自己要忍耐，是你自己要帶我出門的，我還不喜歡跟！

護身神：跟都跟了，還能怎麼辦？我們真靈是充滿著能量的。有靈流的空間是隨時可以補充的，倒是無傷大雅。如果到沒有靈流或很弱的空間，能量補充會很慢，不足夠消耗時，身上的光亮就會減低，光輝就會褪色，真靈就會有疲倦感。這都是靈流的作用，你看宮殿散發著五光十色的光輝，愈光亮代表能量愈高、層次愈高。

我說：你的說明我明白了，還是感謝你提供的能量！我還以為念力飛行是不需要動力的。那什麼是靈流？是不是一種光波或磁波？我沒有看到你在吸收呀？還是一種無形的東西？

護身神：靈流是很難解釋的，等你謁見過　無無極雷祖之後，你就會明白什麼是靈流？沒有親身體驗，解釋了老半天，你也有聽沒懂。因為你們凡間沒有所謂的靈流運用，沒有的東西最難意會了，你等　無無極雷祖跟你說明好了！　無無極雷祖點化得道後，他會教你使用靈流，到時候你自然就知道了！你看過仙佛的真靈是不是也閃爍著毫光？那就是使用靈流的關係！每個仙佛都會使用。凡間修行者，不論入悟多深？就算入悟得道也不會使用靈流，因為從未開啟靈鎖之鑰，是在真靈之心而非在肉體之身，所以凡間得道實無所得，這是你們《清靜經》講的。但是上界神靈點化得道就不是得道而實無所得，是得到使用靈界使用靈流的授權與技術！還有很多的靈界資源可利用，這些是屬於無形的。但不是你看不到它就不存在！所以才說：「雖名得道，實無所得！為化眾生而已。」凡聖是實無所得沒錯，點化得道就非無所得！否則以何名渡眾生？這句話是有玄機的，而且帶有很多種意義的玄機！大智大慧好好體悟。當然以凡間肉眼來看肉體是不會發光的！有接受訓練或有機緣者的真眼才能看到發光的靈體！這樣的解釋會明白否？

我說：如飲水冷暖自知。

護身神：好了！我們往九大行星系無極凌霄寶殿去，這是你們地球最高的行政中心，大概也需要由地球到這裡那麼遠。這裡是太極要進入無極，我現在幫你做轉換，以適應無極大的強大靈流。不然你會在強大靈流中燒毀，我的層次在無極剛跨過無無極。這一段我護送你過了凌霄寶殿，會由特史帶領你，會幫你轉換無極進入無無極，這中間有一點困難，你要好好的克服，克服之後特史會帶領你至無無極金闕凌霄寶殿旁的　無無極雷祖仙居的雷城去，你要小心！

我說：我知道了，你當我是浪子要出帆嗎？三叮嚀四交代！

護身神：我擔心你過不了，無極進入無無極的自然屏障——一線天！

我說：無無極金闕凌霄寶殿，是宇宙最高的層次嗎？特史是何仙佛？

護身神：是的！　無無極至尊玉皇上帝大天尊是宇宙最高主宰，也就是你們地球人說的「天上最大的天公」！你們講天公，有時候是指九大行星系之無極中天玉皇上帝，因為祂是地球法界之最高主宰！現職是關聖帝君。關聖帝君直接的上級就是　無無極至尊玉皇上帝大天尊，這樣你應該知道了。至於特史是屬於無無極雷部之司令官，地位崇高，屬執行官之最高層。好了！準備轉換。

兩人如兩道流星並肩而行，光還是灰朦朧的一片，真的一望無垠，好像走不完的路。感覺好久好久，乍閃毫光！我的視覺感愈來愈敏銳，毫光愈來愈光亮。但還是很遠很遠約有百億里吧！看到宮殿了，就如車燈的明亮，五光十色透著瑞氣！

有一點薄霧的感覺，是太遠的關係？或是本身就有薄霧？分不清楚，也很難形容，大概仙境是難形容的朦朧美吧！也難以凡境做為比擬。有點刺眼但更希望看清楚它！

護身神：有點刺眼吧！等會兒適應就好了。我們等一下就可看到特史了，我們已進入無極天了。這是九大行星系的凌霄寶殿，有沒有感覺不適應的地方？

我說：感謝秘史的用心，轉換的很好，沒有感覺不適應的地方。我想問你在一望無垠的空間中，你如何辨識？為什麼不會迷路？

護身神：哈！哈！這就是真靈跟你們凡人不同的地方。你們有雷達偵測，而我們真靈本能就擁有如你們雷達的系統，我們擁有偵測高能量的能力。第一次我以中天精靈所為高能量目標，雖距離超遠，我卻可以很容易定位。第二次我以九大行星系的凌霄寶殿為高能量目標，當然不會迷失方向！

我說：你的解說我大概明白一點，就是你們的本能高出我們很多，凡人跟仙佛沒得比！為什麼九大行星系的凌霄寶殿有這麼強的靈光？又有一點霧，這是怎麼回事？

護身神：你這次講靈光最正確了！愈高級所透出來的靈光愈明亮、愈光輝奪目，這是代表能量愈高，層次愈高級。至於帶霧！這是九大行星系的凌霄寶殿最特殊的地方，全宇宙的宮殿只有九大行星系的凌霄寶殿帶霧。所以九大行星系的凌霄寶殿，有時也稱九大行星系的雲霄寶殿。講到雲霄寶殿，法界都知道就是九大行星系的凌霄寶殿。

我說：我們也有特別的地方？無極凌霄寶殿就如此光輝了，那到了無無極不就火中燒了？

這無極凌霄寶殿真是偉大，凡界不能比擬。雄偉壯觀，面積大的不得了，我估計大概有地球整個面積那麼大！整個宮殿散發著強光，光輝耀眼，有一點像我們元宵節的大型花燈，晶瑩剔透、美不勝收！

接近當中，遠遠看到一身武將打扮，跟秘史一樣紅臉，約有百層樓的身高，好像巨人，在強光中還可看出他閃著毫光，好遠好遠就打招呼！

護身神：參見特史。這位就是法師，俗名○○麒。是我們雷部今天的主要客人。

我們已到特史的跟前，就好像站在巨人腳下的渺小。我跪下來參拜，特史也把法身縮小和我們一樣高，用雙手扶起，很客氣的說：不用跪拜！也要我以後不准跪拜！

特史：秘史你辛苦了！很高興今天法師能以真靈到此，這全是你的功勞。沒有你的成全，法師的真靈還上不到這個地方。我等這一天已經很久了！

護身神：特史你太客氣了。我也很高興接受這個任務，法師為人純樸，擇善固執，也希望特史疼惜。

我說：感謝秘史的教導，也希望特史的提攜。

特史：法師不用客氣，這是我的任務，我會盡力去做好它！秘史已經暗示我，你們感情很好，待你就如待他！

我說：感謝特史的提醒，的確這幾年來和秘史如師亦如友。

特史：感情好，好做事。我和法師談話必須一句一句去講，因為法師你是初靈，無法以靈界的語言溝通，現在我和秘史都是高級靈，我們可以以靈界語言溝通，心電感應，不必討論，只要心動，我馬上感應，馬上知道秘史想表達什麼。速度比你們凡間的中央電腦快上好幾千倍。而且運用自如，不會故障，可減少不必要的語言或溝通時間。你們人類要長篇大論，我們卻可以三言兩語就把它解釋清楚了！

我說：真的嗎？可不可以表演一下？

護身神：法師不可以調皮，特史的話是真的。因為高級靈悟性都很高，一句話之語

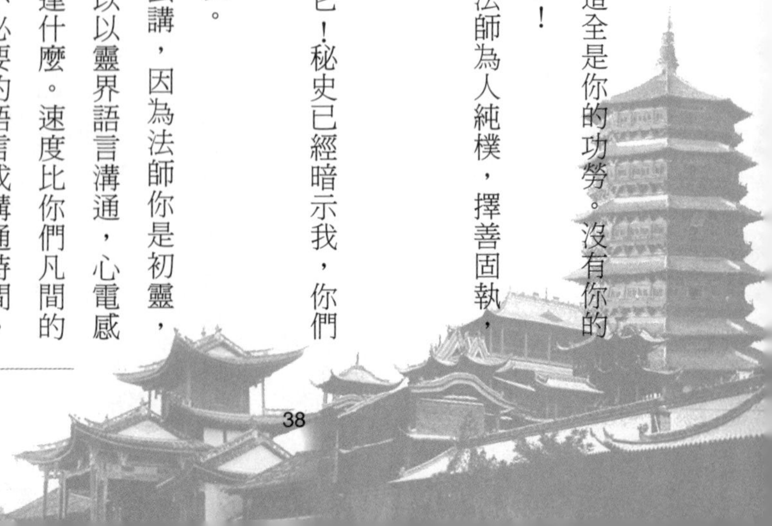

音高低、頻率長短、強弱都可表達很多種意義。在靈界不論層次高低，都不可能有所謂的謊言。只要心一動或溝通，對方一看就懂，所以靈界是無謊言可說，每個靈都是很坦誠，很純真的，愈高級靈交換速度愈快。倒是你們凡界，心思似海、勾心鬥角、狡詐非凡。其實不是我們不會猜解你們的心思，只是我們懶得去猜，因為人類心思中，很多都是無意義的。所以純真之性才是原來之性，希望修道人能體悟，何謂明明白白！

我說：我想靈界較純真，凡人較有隱私。我們都被你們看光了，我們無牛角尖可鑽了！

特史：秘史你在此等候，並注意法師凡體的看護，我先帶法師上無極與無無極交界處的一線天，讓法師適應無無極強烈的靈流，以謁見　無無極雷祖做準備。法師我先幫你做轉換！

和特史比肩念力而行，快如電石，強光中慢慢適應後，又進入灰濛濛的空間，進入一片黑暗，經過好久好久好久！所謂靈流照遍宇宙三千世界，德潤遍三曹，迴向宇宙絕對純真能量，遵循宇宙靈律之秩序，遵循人倫之傳承，維持社會之平和，創造人類更高的幸福。由凡界至今感覺好像經過百年之久，人類之生命真的如蜉蝣一樣短暫，人生舞台上，只留下一道的軌跡，歷史人物已矣。它日我們也會變成歷史人物。

經秘史與特史的轉換，覺得輕如雲、靈光顯現。有如此際遇會樂不思蜀的，不過還是要心無執著，和特史快速念力飛行。經過如此長的時光，離鄉背井油然而生，吾今離凡界及地球到底有多遠不敢想像！既高興又擔心，人類在宇宙中有夠渺小，如滄海一粟、如恆海中的一粒砂，不足以言道！

吾今之位置，如果以太空船來飛行，怎麼想都無法到達！人類總是以科技來證明。我們的科技對靈界而言，就如剛出生之嬰兒！哪裡知道宇宙的浩瀚偉大，就如井底之蛙哪知外面世界的寬廣！

特史：法師，你又想家了？放心，一切都在掌握之中！光陰、空間，也轉換的很成功！不會有問題！

我說：沒有啦，只是有感而發，多愁善感罷了！

慢慢的進入光輝普照，更是舒暢多了。我的年紀不算大，但特史也蠻體恤的，畢竟是初靈，在他們的眼裡，行動就如老頭子的遲緩！

特史：法師你不用自卑！專注一點，保持平衡，其實我們都有過你這一段的過程，所以能體會你的心情。你初到靈界來，我們已在靈界幾千萬年了，當然不能相較。

無無極雷祖要你親自走這一段路，以實相進入靈界，你才會了解靈界的實景！這對你以後有很大的幫助，親自來過靈界才能真正體悟靈界，如果不以實相進入，就好像你在看電影一樣！雖可知道一些，但總比不上親自來一趟真實。電影就如幻境一樣，沒有親臨感。這一趟長途跋涉，真是辛苦你了！

我說：感謝特史的關心，這些我都能了解。特史你看幾十億里外，我們看到弧形的瀑布了，是不是一線天？

特史：法師，我們把速度放慢。這不是瀑布，這是奇異的一線天，是無極與無無極的交界處，它是自然的屏障，是阻隔無極以下的仙靈進入無無極天的天然屏障，使無無極天易於管制，形成世外桃源、無憂無慮的聖地，我們慢慢的進入！

我說：真是壯觀呀！值得讚嘆。一望無垠的瀑布，無聲無息如光似幻，一片淺橘色的海灘，寬約百里，長無盡的延伸直到天涯海角。原來是磁力光呈大幅度的迴轉，無極這邊呈大型的圓弧，無無極那邊也應該呈大幅度的迴轉形成大型的圓弧，好像兩個大齒輪一樣的吻合。呈半透明狀由上而下快速迴轉，偶爾中間部分會捲起鐵砂，如海浪般也像雪花片片，如棉絮般紛飛，美麗壯觀偉大。兩邊的顏色不太相同，無極這邊顏色是淡淡的橘紅色，無無極透視應該是淡淡的白色，激起的浪花卻是五顏十色，比海浪漂亮，為什麼顏色會有差異？

特史：為什麼叫一線天？顧名思義：「一整片又如一條線一樣」，所以才叫一線天！由每個角度去觀望，景致都不相同，好像一個大型的萬花筒，夠詩情畫意吧！因為交接處才會有顏色對比，才會看出它的色差，你在無極這邊有感到無極這邊有顏色嗎？必須兩個拉近比較後才顯得出色差出來。一線天是無極靈流與無無極靈流迴轉及互相排斥的關係，所顯現出來的景象，因密度及純度不同所形成的色彩。雖然無極與無無極的靈流是相斥的，但還是有一部分是互相融合與穿透的，這是大自然的深奧處。融合處如五彩彩帶紛飛！有時來到這裡，景致美麗極了，會流連忘返！但是美麗卻不適合居住，也不宜觀賞太久，因為這裡的靈流較混亂！所以你看這麼長的一線天，看不到一個仙佛在此駐足！

我說：這麼漂亮又特殊的地方，怎麼都沒有仙佛告訴世人？一線天看起來很平靜，為什麼是自然屏障？

特史：無無極天已經幾億兆年了，你們地球開天闢地以來只不過區區幾百億年，人類的文明也只不過幾千年，有能力上無無極天的沒幾個！大都也是倒裝下世的。沒有人的蹤跡，當然沒有人去描述，就算幾個祖師上來過，無奉旨也不敢去記述！一線天你看似平靜，要穿越至少要無極以上的靈體，不然就必須要改造加持過的靈體才可以，因為它是自然的屏障，會阻止無極以下的真靈進入，以確保無無極天的安寧；如果無極以下的真靈要強行進入一線天的話，會有靈體被撕裂的痛苦；如果再強行登入的話，混亂的靈流，會燒毀它的靈體，變成廢靈。再也退不出一線天，最後會變成塵沙，永遠消滅！我以前也曾看過一個魔界頑靈，強行進入而被消滅！但也愛莫能助。一般而言，進入一線天感到極大痛苦時，大都會放棄而退出！會被消滅的大都是頑劣份子。我有時候因為任務的關係必須通過時，也必須要有心理準備，不敢大意。習慣了就如打針一樣！但不能在裡面逗留，要快速通過！等一下你要通過，要有心理準備，我會輔助你、護衛你！如果太痛苦就不要強行通過，如未成熟強行通過，在無無極那邊還是會痛苦不堪！如果不行要立即退出來，知道嗎？不要把真靈燒毀，一次不行，我們可以一次一次來，如有損傷必須花更多時間去療傷！那更不划算，準備轉換！

慢慢接近一線天，兩人停落於沙灘上。橘紅色沙灘也閃著金屬的光芒，硬硬的但不覺得有下陷的感覺，大概是沒有體重的關係吧？走過還是會留下腳印，這種顏色的沙灘也是漂亮的。兩人慢步走向起點。

接近了！這時特史也如臨大敵雙手握住我的雙手。面對面，兩人橫著走，就好像要涉水一樣，不由得我也緊張起來，心裡有點怕！真正要嘗試新奇的事物，準備的冒險精神全來了！

接近一腳踏入巨大的磁場，磁力線的切割，有一股像鐵被磁鐵吸住的感覺，舉步維艱，頭和腳好像往不同的方向拉扯，又好像萬隻螞蟻在身上爬愈來愈激烈，這大概是他們說的撕裂的痛苦！我告訴我自己，痛楚不要當成一回事，痛楚就是不痛楚，我必須以十分的毅力堅忍到最後一刻，不能功虧一簣！

特史：法師你還能忍受嗎？不行就退出，不能強忍，不可使真靈受損。

不行！退出來再加持能量，又進入一片茫然。就如人在水底往上看的感覺，只想走快點，看能不能快速通過？雨過總會是晴天的，自我安慰靈體極端的痛苦。強力的忍受，我從不服輸，但最後還是被拉了回來！

特史告訴我：一線天這一頭到那一頭，寬約十里，只要能克服亂流，就可啟動念力飛行；雖然慢，總是比用走的快多了。休息一下之後，我執意再試，連續試了五次都沒有成功，靈體耗損很嚴重！失去原有的光輝，這真是個天然屏障，沒特史的帶領是不能隨便試的，有問題特史也會照應！沒有特史，看誰敢進入？

特史：沒有時間了！你的靈能也用盡了，我們下一次再來，反正一線天也不會跑掉。法師，看你高挺瘦弱，先天卻如此雄厚，好像和你的體型不相稱，還可以試那麼多次。一般無極都只試一次，不行就跑掉了，不敢再試！

我說：我是捨命陪君子，靈體還是像肉身高挺瘦弱，不過我覺得已經很夠用了！

特史：法師你的毅力堅強，先天很好。中天有此人才，一定不會辜負　無無極至尊玉皇上帝大天尊的期望，我也對你另眼看待。回去再加強靈修，我會交代秘史特別在那一方面的加強，其實一線天真靈是較難通過的！無極界仙佛要通過也都需要準備的。如果你是願力幻境上無無極天的話，就不會遇上這一線天。但是你是真靈實相上無無極天，就必須經過這樣的磨練，不要灰心，我和秘史會全力幫你渡過的！而這就是你們凡界的一句話「同登彼岸」。這個通過就是到達彼岸的無無極天仙佛界，但要登此彼岸是要有實力的！我不說教，讓你自己去領悟！

回航，特史和秘史快速溝通後，我們回航地球，真是美麗的地球，歸心似箭。秘史幫我靈返正位！醒來全身酸痛，趕快找日曆到底是民國幾年了？還好只是隔一日的中午十二點！得趕快找西醫打打止痛針比較好！也應該問問秘史，為何真靈的勞累也會傳到肉體上來？

【文後筆記】

一、凌霄寶殿在法界有數十個，如果說「玉皇上帝」也有數十個，你會相信嗎？

二、有人在忉利天看見玉皇上帝嗎？沒有！玉皇上帝怎麼會在忉利天？其實這是九大行星系中天玉皇上帝所屬的中天精靈所。

三、西天為普渡眾生的天，內含各宗各教，屬於教育單位。

四、九大行星系的無極中天玉皇上帝的凌霄寶殿，這是九大行星系最高的行政機構。

五、這個中天無極玉皇上帝就是傳說中，義薄雲天的關聖帝君，對不對？

六、凡界的一句話「同登彼岸」，就是到達彼岸的「無無極天仙佛界」，但要登此彼岸是要有實力的！

七、靈界的通訊方式是凡間人無法想像的，你們凡界一有事，雖然我們遠在天界卻可一目了然。

八、為何天上宮殿每一個材料都會發出毫光？跟靈流有什麼關係？

九、「靈界戒律」是由無無極雷部訂立，經　無無極至尊玉皇上帝大天尊核准，每一靈界或法界都必須遵守的戒律，其實就是你們人間所說的天條。

十、好像犯了天條的人、神、鬼，都跟我們雷部過不去，為什麼會由雷部去執行？

十一、靈界的能量，都是靈流的作用。

十二、凡間修行者，不論入悟多深？就算入悟得道也不會使用靈流，因為從未開啟靈鎖之鑰，是在真靈之心而非在肉體之身。

十三、仙佛的真靈是不是也閃爍著毫光？那就是使用靈流的關係！

十四、無無極金闕靈霄寶殿，是宇宙最高的層次嗎？

十五、無無極至尊玉皇上帝大天尊是宇宙最高主宰，也就是你們地球人說的「天上最大的天公」！

十六、九大行星系之無極中天玉皇上帝，祂是地球法界之最高主宰！

十七、一望無垠的空間中，真靈們如何辨識？為什麼不會迷路？真靈本能擁有如雷達的系統，擁有偵測高能量的能力。

十八、為什麼九大行星系的凌霄寶殿有這麼強的靈光？又有一點霧，是怎麼回事？

十九、九大行星系的凌霄寶殿，有時也稱九大行星系的雲霄寶殿。

二十、靈界語言溝通都是心電感應，沒有所謂的謊言。

二十一、每個靈都是很坦誠，非常純真的，愈高級靈交換速度愈快，凡界，心思似海、勾心鬥角、狡詐非凡。

二十二、「實相」進入「靈界」，才會了解靈界的實景，宇宙的浩瀚偉大。

二十三、一線天在無極與無無極的交界處，它是自然的屏障、是阻隔、無極以下的仙靈進入無無極天的天然屏障。

二十四、一線天是無極靈流，與無無極靈流迴轉，及互相排斥的關係，所顯現出來的景象。

二十五、一線天這麼漂亮又特殊的地方，怎麼都沒有仙佛告訴世人？

二十六、一線天看起來很平靜，為什麼是自然屏障？

第四章
無無極聖境

人生如夢一場，果中有因因中有果；世人爭名奪利，造下無邊的罪孽，到頭來還是一場空！無憂無慮樂逍遙，發心上無無極天，大羅金仙來為伍、大羅金宮為居處或享享人間香火，何等榮耀！

特史：修養六個月，感覺如何？靈修進展如何？

我說：大概都復原了。靈修很認真，也領悟真解之道。你們既然知道真解為何不傳授？還讓我自己去找真解，勞民傷財！

特史：天下無不勞而獲的。法界戒律嚴明，不能知法犯法。況且我們還是執法者，我們不是派很多仙佛指點你了嗎？

我說：還說那叫指點，又指又點沒有人看得懂，有說也等於沒說。你們的方式真的很奇怪，還是仙佛哩，還好三教祖師是地球人，不然還在風中找馬！

特史：法師好了！不要再發牢騷，法界就是這樣，這就是戒律，是不符合你們凡界的常理。今天一線天蠻柔順的，平滑而無波，亂絮減少很多，是你體驗的好時機。以你現況是比較容易排除異象，較容易成功的，但心理建設還是要的。

我說：感謝特史的關心，也感謝眾仙佛的成全。這段日子很努力，深怕對不起你們

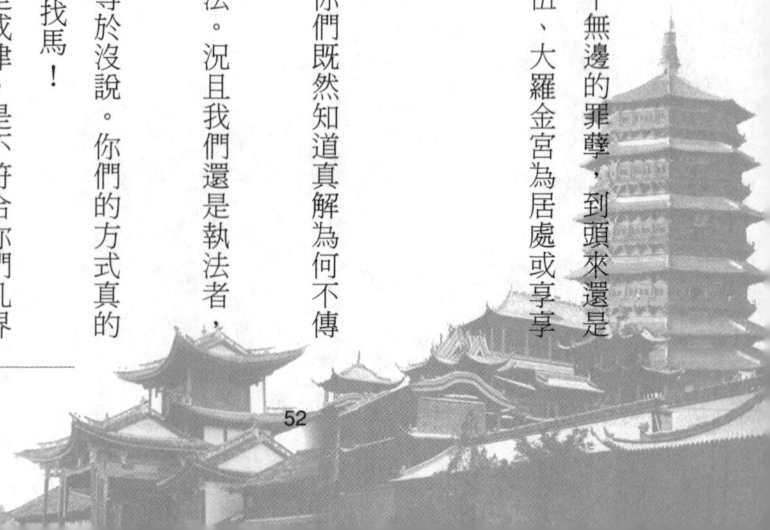

大家，浪費你們寶貴的光陰！

特史：法師，言重了！這是我們的任務，我們也深具信心一定可以完成。無無極雷部是宇宙最高的行政體系，是一個有紀律的大團體！如不能有始有終，會被天地間神靈所竊笑。我想法師你也不願這樣吧？

說著說著，兩人輕鬆手拉手慢慢走入一線天，強烈的電磁場依然在。今天無亂絮，感覺也沒有那麼強烈，大概是較適應了一點，或許跟這一段時間的進修有關，兩人可以輕輕地浮在一線天中。

特史：不能鬆手，以免失散！我們可以以念力慢速推進。

如今已克服磁力重力，以念力慢速前進，真解能解宇宙之循環，慢慢到達中線！千色彩虹在眼前墜落，磁場加倍，重力更大。停止念力飛行，恢復步行，大概靈流兩極的關係吧！

特史：慢慢適應，過一段時間就好了！

刺痛感又浮現，如萬隻彩蝶在眼前紛飛，又有如孤船在大海遇海嘯的沖刷感，有一股強磁吸引，這時多種感受很難形容。忽過中線，有過一段很長的時間，慢慢適應調整，念力飛行也慢慢恢復，漸漸遠離中線，愈來愈輕，頓時飛出了一線天！這一躍頓時如放下千斤擔，一切感覺一掃而空如釋重負，眼前更為光明，靈體更輕盈舒暢。

白色的光芒，雖然強烈似有如無、似灼而不熱、是光耀而不刺眼。遠望千里，只有淡淡一層薄霧，籠罩土地，千里一片白色沙灘，沒有任何一棵植物，如海岸沙灘的平坦，沒有一點點起伏，踏在沙地上，柔軟而不下陷，沒有一點風卻不悶熱。白沙上沒留下任何腳印，因為不用多久就會自動恢復平坦，這裡是一線天也是無無極這邊的沙灘。沙灘聖景啊！

特史：法師！這裡是無無極一線天的聖景，可稍瀏覽一下，我們也順便休息一下，過一線天耗損很多真氣！

我說：這無無極天真好，感到元氣恢復很快！

特史：無無極天冷熱由心定、悲喜由心生；靈流充足，無大慾之惑。能進居此天的真仙是不退轉的。我們就並肩念力飛行進入吧！

有高山有峽谷。高山非常峻陡，峽谷非常深，峽谷之間像似河流，河流卻沒有半滴水。整個高山峻嶺都閃著靈光，倒不會覺得光禿禿一片，這是一種奇景吧！飛行很久都沒看到一棵植物，正覺得納悶時，映入眼簾的居然是第一次看到無無極的植物！

一片銀色的植物，我要求特史，讓我下去看一下。特史應允，我們降到非常低的高度，停留在半空中。是整棵銀色的植株，一大片都是綿延幾千公里，種植很整齊，樹高約一公尺，每二尺四方種一棵。倒有點像巴西鐵樹，只是顏色不同，葉子寬寬的，也會閃爍微弱的銀光。

我說：特史，剛才那一片高山峻嶺，為何那麼深的峽谷卻沒有半滴水？這裡一大片的銀色植物，有一點像鐵做的，真的是植物嗎？會有生命嗎？可不可以挖幾棵回去地球繁殖？這是稀有品種，很值錢的！

特史：法師你又開玩笑，怎麼可能給你挖走！至於高山峻嶺，你要知道在無無極天是沒有水的。無無極天是不使用水的，我們也用不到水、我們也不喝水、也不吃飯、也不用水洗東西。所以你來無無極天，我們沒有吃的東西可以招待你，特別跟你說聲對不起！至於這些植物，你說它有生命就像有生命，它可是有智慧的！只是智慧不高，它會反應周遭的訊息。我們來到此，整個無無極雷部都已經知道我們的到來，這是它幫我們通風報信，你會相信嗎？

我說：我當然相信。那它有智慧算是植物還是動物？你們這個地方又沒有水，它怎麼活下去的？

特史：原則上它不移動，我們都把它當作是植物，它不依水分生活，因為沒有水，但它會吸收靈流，維持它的生命體，生長非常慢，要長到這麼大棵，需要幾億年的光陰。我到雷部已經幾千萬年了，我剛來時，它就已經這麼大了，也沒看它長高過！這些植物最主要的功能就是標示位置與發出訊息，也有一點點綴作用。你等一下稍注意每一區的植物，都是不同的種類及顏色。你看到某種植物，就可知道你現在在哪個位置上。我們現在看到銀色植物，就代表我們現在在無無極金闕凌霄寶殿的西方，你注意看每一棵植物最大葉片所指的方向就是金闕凌霄寶殿的方向。我的說法你會明白嗎？這些植物都是願力所化。

我說：不錯！大葉子所指的方向，真的每一棵都一樣。神奇呀！我想無無極天應該有很多的瓊漿玉液，可以享受一番。還有，遠道而來的客人也應該招待一下，可是沒有食物，也沒有水，仙茶也沒得喝！對了，你們不洗澡也不洗衣服嗎？好像不怎麼衛生！還有，這些植物算不算是本命樹？

特史：吃的全是空。所以在無無極沒有吃的煩惱，也不用為三餐忙碌。食、衣、住、行都是願力所化，以念力來施行，以靈流為主題。衣物用品也是願力所化。我們的形、相也是願力的化相，可隨心念變化外形。所以你們經典有言：「菩提本無樹，明鏡亦非台，本來無一物，何處惹塵埃！」就是這個意境，有實體、有需求就會有煩惱！是空非空，空無所空，我如此註解，你能體悟的！至於植物，這不是本命樹！在無無極界是所有法界最高級的植物。它沒有根，也不會吸收養分，更不需要光合作用，一切以靈流為主，如果你拔起它，放下時它會自動歸回原位！也不會因此而死亡！無無極天的植物大部分是如此。當然有一些是比較特殊的。所以無無極天不會有凡界的生命體，也不會有凡界的鳥獸蝶蟲，因為上天有好生之德，不會以萬物為芻狗！在無無極天如此清淨的天，當然不會對凡界的植物或鳥獸蝶蟲，做無情的階級踐踏。你們人類自視高等，統馭、管理、鄙視植物或鳥獸蝶蟲，都是對原靈的不尊重。要知道原靈本是平等的！誰願意做植物或鳥獸蝶蟲？更何況如能上無無極天的植物或鳥獸蝶蟲，原靈必然很高，早就羽化，不再是植物或鳥獸蝶蟲！你想想以萬物之靈的人類，朝思暮想的想入天界，都是困難重重。何況這些植物或鳥獸蝶蟲，何德何能上得了無無極天！如果有上得了無無極天的能力，它那甘心做植物或鳥獸蝶蟲！這是真實無無極天不可能發生的事！除非你不以實相進入，看到的是願力的幻象。

我說：你這樣說我就明白了，萬物原靈皆平等，我們必須尊重，不可隨性去毀滅它們。你們不用洗東西、洗澡，還沒回答？

特史：我已經回答了，是空非空，空無所空，高級靈本空，一切為法相，本來無一物，何處惹塵埃？

我說：我知道了，只是求證一下而已！

說著說著。我們越過許多的植物區，高低叢林都有，都是單一顏色，各區顏色都不同，相同的是，各種植物都會閃著毫光，最特殊的要算是老榕樹了。它非常高大，如摩天大樓一樣，枝葉茂盛！葉子有一點像麵包樹那麼寬，每一片葉子都是一個顏色，非常多的葉子就有非常多的顏色，有一點像人間的人造樹那麼不協調，也閃爍五顏六色的毫光！特史叫我不要太接近這顆老榕樹，因為這顆老榕樹樹齡有百億年以上，似乎懂得人情世故，非常有親和力！常有陌生客好奇，進而接近，反而糾纏不清！

此時，極遠處可見金光充斗、閃爍光亮。哇！那麼高大的神殿，有地球的好幾倍大，矗立在雲霄，雄壯威武到極點，大概有幾百層高。中間為主殿，左右各有一座副殿，前有牌樓強光閃耀。主殿與副殿都是黃色的七寶琉璃瓦，各類寶石建造的牆壁光明剔透。因為太美了，無法以凡境之語做比擬，有空請各位也上來參觀就知道！

特史：整體宮殿稱為金闕凌霄寶殿。我們今天要謁見的是左邊那個副殿。這個副殿約有你們地球的兩倍大，它稱為無無極雷城，是　無無極雷祖的宮殿。　無無極雷祖，是雷部的至尊。雷部神位總共有三億個，是中天最高的行政單位，也是宇宙最大的行政機構。　無無極雷祖地位之崇高，僅次於　無無極至尊玉皇上帝大天尊，也是我們今天要謁見的主人。

以念力極速飛行，已接近牌樓約三千萬里，兩位紅臉武將身高很高，我想應該是守護神。手執雷鎚，英勇神武，迎面而來，很客氣的行禮回禮。

守護神：參見特史、參見師兄，一路辛苦！

我說：兩位大將軍，末學參禮。能上無無極的大將軍至少要有數萬年的資歷，我才幾歲，你稱我為師兄，心裡總是怪怪的，忽然間變得很老。

守護神：我們不管年紀大小，都稱師兄！你是　無無極雷祖九大行星系的代言人，當然稱師兄很得禮！

隨著守護神，我和特史尾隨以念力飛行進入，牌樓很氣派、很霸氣。進入奇花異卉（願力化相）、假山流水（應屬霧氣）豔麗奪目，地板是會發毫光的紅寶石，壁雕、奇寶、水晶一塵不染，天上仙景人間無法比擬，也勿使用人間解。輕奏仙樂，世外桃源，心清氣爽，我們以低速念力飛行，貼地飛行。進入雷城的門關，我們一起落地，步行進入。左右兩排衛隊，一邊約五十位，身高巨大，全部武將打扮，手執雷鎚齊聲洪亮：參見特史，歡迎師兄！

我們一一回禮。

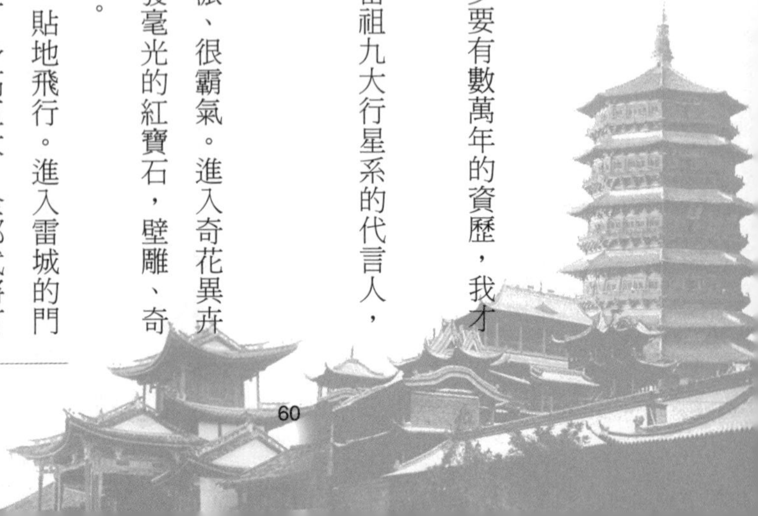

我說：特史，這是特別列隊歡迎我們的嗎？

特史：這是例行的衛隊。只是平時是不打招呼的，今天特別一點，大概是他們太久沒看到你了！

我說：我還以為我長得帥，人家來列隊歡迎。什麼叫太久沒看到我了？」

特史：這個嘛！（沉思一會兒後），說道：「以後你就會知道！」

我們進入前堂，守護神吩咐我們休息一下，看那座椅高貴極了，我站立不敢坐！特史看穿我心。

特史：這裡是你永遠的家，在自己的家何必拘束？既來之則安之！（面對我說道。）

我說：這麼高貴的座椅，萬一坐壞了，我賠不起，那不就是要留在這邊掃地當作賠償。

特史：你要留下來，我們很歡迎，只怕有一個人不會同意！

我說：這個我知道，否則中天也不需要費那麼多苦心！

兩人坐定，來來往往的仙佛非常多。講實在話，沒有一個我認識，不過他們都會主動點頭先向我打招呼，好像跟我很熟識！

我說：特史，這裡的仙佛好熱情，都會跟我打招呼，代言人真的那麼有魅力嗎？

特史：剛才我不是說以後你就會知道了。現在告訴你好了，其實雷城的每一位仙佛都認識你，只是你不認識人家！

我說：我問過秘史，他說我的外型、外貌都跟以前不一樣，他們怎麼認識我的？

特史：其實真靈不是看外型、外貌的。我不是說過，我們的外型、外貌是可以依願力化相，所以此相非彼相！

我說：既然可以幻化，那就是無定相，那如何知道是誰？

特史：真靈有一點是不會改變的，叫「鎖羅乙碼」。翻成你們的話叫基因密碼。我們的念力中心猶如一台中央電腦，不論你的外型、外貌如何，一見面可以立即解讀，馬上知道你的身分。雖然你現在是凡人，但是真靈的基因密碼中，是永遠不會改變的，所以仙佛一見，都知道你是誰！

我說：特史，這麼說你也知道我以前是誰，為何秘史總是說以後你就會知道了！

特史：我的回答，還是你以後就會知道了！（裝鬼臉）

我說：問了也白問！

特史：不會呀！有一個人會告訴你！

我說：我知道了。你說我的師尊　無無極雷祖，對不對？

特史：其實不是我們不說，是我們不能說。因為這是違反因果定律的，只有　無無極雷祖有權對你說！

我說：你們說了會違反因果定律，師尊說了就不會違反因果定律！

特史：所以說呀！我們今天來雷城做什麼？

我說：特史你這麼說，我完全明白了，解鈴還需繫鈴人！還有一點，我還是不太懂，這邊已是雷城了，那所有武將的境界都在無極以上嗎？不然怎麼通過一線天？

特史：法師，你太機警了，不過你可不能罵人唷！這可不盡然，要入無無極天，至少境界要在太極以上，經加持以後才能進入，否則會發生危險。要通過一線天，並非要像我們一樣硬闖進入，我們有個方便法。由四十九位無無極天的仙佛，以願力貫穿一線天，成為一個隧道，定時啟閉，這時便可出入。太極天之仙神經加持就可進入待上一些時日！

我說：那我們為什麼不等一線天開啟的時候進入？害我們那麼累，真是的！

特史：哈！哈！所以我說不可以罵人，這是　無無極雷祖特別交待的，要讓你體會一線天的偉大，也讓你親自體會大自然的神秘，也加強你靈修的能量，考驗你的耐心與毅力，讓你有一股掌旗的格！「天降大任於斯人也！」就是這句話的含意！

我說：你都把　師尊推出來了，我還能說什麼？

特史：　無無極雷祖傳喚！我們以念力慢速飛行進入吧！

我說：沒人通知又沒有廣播，我怎麼知道有傳呼？難道你們也有特殊的感應功能？這是無形的？

特史：這不算什麼特殊功能！是每一個真靈都具備的能力，高級真靈傳達可數千萬里，愈低層的距離就會愈短。你是初靈，當然不敏銳！

兩人前後貼地，低速念力飛行，進入內殿。殿內擺設非常莊嚴，兩排衛隊靠邊排，內殿有數百里長，文武內相排班佇立。法相都是一、兩百樓高，真是最高級的單位。我和特史進入，倒像燕子穿林，感覺自己非常渺小。執中位者，我想應該是雷部至尊。

雖然夢寐以求，但從未見過師尊尊顏，我不敢直視，感覺師尊神威蓋世，法相高得不得了。特史和我一起行跪拜禮。

特史：啟奏天尊，末將不負使命，帶法師覆旨！

我說：弟子〇〇麒，叩見　師尊萬安，願我　師尊萬壽無疆聖聖壽！

無無極雷祖：你等平身。好！好！

無無極雷祖笑容可掬，搖搖手示意。特史會意，伸出左手自我後背吸住，將我提起。奇怪？兩人一直長高，一直到和兩邊的文武內相一樣的身高，但只有　無無極雷祖的半身高，　無無極雷祖賜坐，特史退到一邊站立。

我說：啟奏　無無極雷祖。滿朝文武都站立，弟子是後輩，當然沒有弟子的座位，我還是站立比較好，以免在前輩面前沒大沒小，不懂禮數。

我一直想雷部全部都是大雷公，只要聽到都會有顫慄的感覺。今日親眼見到雷部眾

前輩及　無無極雷祖，倒沒有恐怖的感覺，還覺得仁慈又和藹可親！

無無極雷祖：因相現法，太極雷公執法或許兇了點，但執法為維護公平正義，不得已需具有震撼力，壞人才會聞風喪膽。你初次到來，怎麼稱呼你比較親切？稱你法師好嗎？或稱呼你名字？

我說：在公我要稱呼你　無無極雷祖，在私我要稱呼你師尊，我看叫我阿麒好了。我感覺會比較親切一點。

無無極雷祖：那好。暫且稱呼你阿麒好了！等　無無極至尊玉皇上帝大天尊敕封你法號時，再以法號稱呼你好了。阿麒，你知道嗎？為何今天要你真靈前來？其目的為何？

我說：有關此點，秘史有說過，是為了「點化得道」！

無無極雷祖：不錯，點化得道必須一聖一凡。一聖就是上天一神聖的意思；一凡就是凡間只有一個人的意思。也就是說一個天上的神聖，一個世間人辦理普渡事。天上神仙之點化得道層次最少要在太極以上，無極是最好的，無無極以前都只是監督的職責，這是第一次由無無極辦理。這樣你可明白？

我說：大概知道意思。請　無無極雷祖舉例說明一下！

無無極雷祖：好！因無無極中天第一次辦理，沒有自己的案例。如果以外星系來說明，你會有格格不入的感覺。如果要以地球為例，真正有點化得道的是西天的五教。所以以西天五教為例，佛教在天時為阿彌陀佛，在凡間普渡的是牟尼佛；儒教在天法自然，在凡為孔子；道教為多神，在凡以老子張道凌；基督教在天為上帝，在凡為基督；回教在天為阿拉真神，在凡為穆罕默德。這些你要自己去體會深思，雖然我提這些案例，你還是要自解心鎖。現在為你點化得道，我無無極雷部亦是　無無極至尊玉皇上帝大天尊之直轄，所以在天的話是　無無極至尊玉皇上帝大天尊或無無極雷部，在凡當然就是阿麒你了！這天命早就預定好了，只是時機未成熟。其他星系也有點化得道，由你師弟先任，做得蠻成功的。阿麒你下凡去，現在正是你的正法期，中天諸天神聖都會為你助道。正法期修道最易成就。千古至今無無極中天從沒辦過普渡，世人遇到這麼好的大道，不知珍惜，等待何時？不會再有第二次的點化得道！天機、時間要剛剛好，只有當下即是！阿麒隨吾進內院，點化得道傳心法。

我說：啟奏天尊。現今九大行星系的地球，法界各門各派林立，中天早就成為他們的附屬，每一個宗教都說得比中天玉皇上帝還大。到底這個宇宙誰權力比較大？為何每個宗教所說的起源都不相同？到底誰說的才是正確的？

無無極雷祖：宇宙間沒有絕對至高無上的權力，只有層層管制。誰大誰小，無無極至尊玉皇上帝大天尊都不計較，你又何必在乎？何必去執著？只是你們九大行星系中天玉皇上帝是常被攻擊的目標，他也沒有行文至無無極雷部來陳事，理應還在合乎邏輯範圍內，雖不追究毀謗之罪，但罪在陰曹。相同的毀謗他教亦有相同效應，修行人應自我節制。每個宗教的說法不同，是因為各站在自己的立場去表述。地球說大不大說小不小，但卻有許多發源區互不重疊。上古時交通不便，不會有此問題！如今交通便利，距離減短，才會混淆在一起，這也是順天運而行，沒有脫軌。每個宗教所說的起源也大致正確，如果不正確，那便是妄語！在法界中便是觸犯戒律，嚴重者會由　無無極至尊玉皇上帝大天尊仲裁。由無無極雷部行文轉九大行星系中天玉皇上帝再交給太極雷神去執行。這是公務系統。

我說：如果是正確，反而有一點矛盾。多頭馬車、公說公有理、婆說婆有理，難道沒有正確的答案嗎？

無無極雷祖：其實各自一片天，大致正確，無需去做整合。因為這不影響修行修道。真正的評比層次不在此！

我說：天尊的說法，弟子明白了。依正道而行，自行修行才是重點，其他都不是重點！

無無極雷祖：紛爭是因為自我的執著、自利的思想，形成自我的保護。就算有解釋清楚的機會，也會從中作梗。上天認為這些無傷大雅，不會有不良的影響。今吾維護雷部執行天條任務，稍作澄清，以維法界正理公道。站在我雷部立場，沒有詆毀各宗教之意，許多修行者因不明法界之戒律，實有沖犯天條而不自知！也請立於法界觀點而言，絕不能以凡界規範去解讀法界戒律！你看你們每一個國家的法律，都有相抵觸的地方，更何況是凡界對法界，那是有很大的差異性。吾想，今天可以說個大概，不要對法界不了解而用人間的法律去解讀天條。雷部執行依法界之戒律，不是依你們的風俗或法律，不要自作聰明，最後又喊冤枉。

我說：天體實在太複雜，要說清楚不是一朝一夕，我還是問有關修行的事，比較實用。天命？每個人都有天命嗎？

無無極雷祖：天命可分為大、小天命。大天命是指普渡者而言，一個上界神佛，下一個天命給在世的傳道者，所以每個名門正派都會有一個天命來維繫，這大意與我們前面的點化得道差不多。只是普渡多了，時代久了，天命就會變質、分歧。至於小天命，是個人的天命。你原所屬的單位所授予的任務，希望你有所成就，能帶隊回歸原有的單位效勞，你原單位賦予給你的天命。如果你一直不進入修行的程序中，原有的單位就會利用很多種方式來提醒你，一般提醒的階段會由十六歲至四十五歲不等！因原單位不同，年齡也會有差異。如果你一直不予理會，超過年齡，這種提醒就會自動消失，你原單位就會把你認定為拒絕往來戶，也就會放棄你。等你往生時，他不會和你接洽，你只有歸入地府一途！如果你有依天命而行，不論你加入哪個教門，你的原單位會在你往生之時，派人來道德勸說，要你帶劍歸還！一般而言百分之七十都會回歸原單位，所以原單位對原始大命是非常重視的！

我說：大天命就不去談了。我們世上常有帶天命的未修者，有的是金龍的原靈。是如何註解？

無無極雷祖：所有屬於龍的化身，原單位就是吾中天雷部的子民。包括四海龍王、天龍八部、九天雲龍、七彩金龍、五色彩龍、五爪三爪金龍、小金龍、青龍、白龍、紅龍、黑龍、黃龍等等都屬於中天雷部。龍神種類繁多，而且位階較低，必須接受雷神之指揮，具有行雨佈雲的任務，對人間滋養萬物，功不可沒，受世人的景仰與愛戴，也備受尊敬。龍神倒裝下世，每年的申請案件非常多。大概神龍都有進道上昇的習性，不過流浪在世間的小神龍也非常多。這點阿麒你要特別提醒這些小神龍，不要愛慕紅塵流連忘返，忘了原單位給他們的天命，中天雷部正等著它們歸隊！

我說：無無極雷祖殷殷盼望遊子早日回歸。不過，我見過好多小神龍都是高傲氣盛的，不可一世，很難放下心來！

無無極雷祖：小神龍都是武將，氣焰較高。阿麒，把他們看成師弟般疼愛，對他們要特加關懷。

我說：不用　無無極雷祖交待，弟子知道該怎麼做的。

無無極雷祖：其實吾雷部可分為五個部門，神龍只是雨部的部分。在無無極的雷部除了有五部之外，尚有管轄宇宙整體運行之行政部門。在你們九大行星系而言，除了西天之外，東天、南天、北天都是中天的轄區。所以說除了西天，就是中天了。除了神龍下凡之外，西天、中天下凡的不計其數，這些下凡的境界高低不等，都有基礎但多自傲，有時比一般眾生更難得渡，成就有時反而不如眾生。本懷進道上昇之心，想升到更高的層次，到了紅塵以後都變了樣，實在可惜！

我說：個人因緣，蘇武牧羊歌曲常執我心。科學昌明、人心漸墜、力挽狂瀾，當盡責而行，這些也感激　無無極雷祖之關懷。太極、無極、無無極外，我常聽秘史提起，一個更神秘的單位叫無無極團隊，它在何處？

無無極雷祖：無無極團隊是無無極的逍遙仙境，是很特殊的時空。它是一個逆轉時空的天道運行，可使真靈棄老還童。也就是說進入無無極團隊，其原靈會愈來愈年輕，活力會愈來愈增強。所謂的永恆不滅，只有進入無無極團隊才有可能，也才會永不退轉，達到不生不滅的境界。原靈正常在三界之內要保持永生不滅，那是不可能的。有人常說靈魂永不滅，並非很正確！如九大行星系中的太陽，太陽是永恆的嗎？在人幾十年的壽命中，看太陽都是不變的，就誤以為太陽是永恆的。如果人的壽命和太陽相當的話，那看到的太陽就不是永恆了，有一天太陽也會歸於寂靜。就此而言，我們就不能說太陽是永恆的，只能說是人的壽命不夠長而已。那人的因果循環，幻海沉淪、輪來輪去、死了再生、生了再死，新生靈七萬年，總壽命幾千萬年，但真靈一直在消磨，大大的縮短原靈的總壽命，總有一天原靈也會歸於寂靜，以人的幾十年壽命，看原靈之總壽命，一樣會誤認原靈為永恆的，但真實的原靈並非永恆的！

我說：既然真靈並非永恆，那也會有老死的一天。無無極團隊是不是可以補足這個地方？

無無極雷祖：其實這是很複雜的連鎖效應，說的只是一個大體，不能用一句以蓋

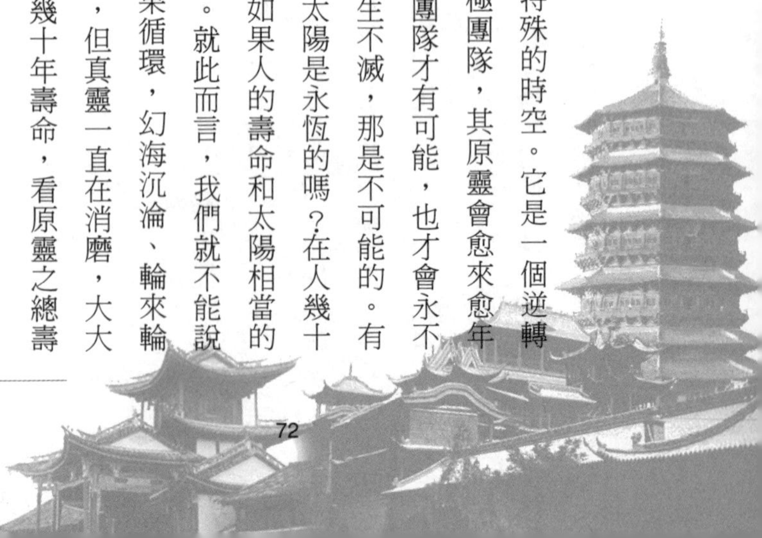

全，但不說永遠不會有人知道。至於無無極團隊，最少要修到無極的禪境，才具備有進入無無極團隊的基本條件！進入無無極團隊後是逆轉的時空，真靈會愈來愈年輕，所以進入無無極團隊是不生不滅的，永不受輪迴的牽制。中天無無極團隊是各天仙佛夢寐以求的逍遙仙境，想要進入中天無無極團隊必須具備以下四個條件：

（一）必須原靈壽命剩下不到三分之一者！

（二）必須層次在無極天以上者！

（三）必須同一宗教或同一團體者！

（四）必須一次有三百一十六位同時希望進入者！

這四個條件必須同時具備才可以，缺一項都不行。特別說明第三項，中天無無極團隊並非只准許中天進入而已，其他天也可獲准進入的，只是中天有優先權，也較便利。所以各天神佛為什麼一直要求你們要修道，還拜託你們趕快修，甚至還哀求你們快一點？他們就是人數不足，這是自利利他的，這是仙佛為什麼要幫助人們修道的目的，這是各天神佛的共同心聲！

我說：感謝　無無極雷祖，把上天神佛為什麼要幫助我們修道說得那麼清楚，已說明為什麼人一出生全然無知！為何上界仙佛苦苦要我們趕快修道，還用盡方法提醒你，凡人卻是無動於衷，真是悲哀呀！至今才明白，上界仙佛為什麼要幫助我們修道，這是互利的。天助人助，幫助別人，就是等於幫助自己，大家才會有機會。各天不是都有不退轉的境界嗎？為什麼特別鍾愛中天無無極團隊？

無無極雷祖：中天無無極團隊是無無極中天的領域，是公務機關、是最好的、是最具有可信度的。因以前中天沒有開放，只有仙佛知道無無極團隊，凡境是沒有人會告知的！今天是阿麒你的到來，才會讓你們知道這神秘之境，否則你們永遠在疑惑，上天神佛為什麼要幫助你們修道？目的何在？

我說：感謝　無無極雷祖詳細的解說，我已明白。至於點化得道，　無無極雷祖所傳的靈流是何功能？

無無極雷祖：靈流是因為你們凡間沒有，也沒有在使用，這是只有真靈才會用到。其實，是你們把它捨去，因為你們也是真靈的一部分。嗯！有一點像你們的氣功，但又不全像。因為是聽不見、摸不著、看不見的東西，所以很難把它講清楚。吾已傳道給你，你大概也可以了解個三、四成吧！

我說：大概如此，請　無無極雷祖明示！

無無極雷祖：靈流是比較難以解釋的。和人類的松果體有一點關聯，是開啟第三隻眼的潛在能量。你們凡間有太陽提供光照及熱能，也有許多的自然資源可替代能源，產生光和熱。光也是種能量，它提供植物必須的光合作用，也提供保溫的作用，間接性提供食物鏈，提供換氣交換的環境。很多植物或動物的本能是可利用這大自然的能量，而萬物之靈的人類卻不懂如何利用。再說，地球的運行也會遵守既定的軌道，保持恆定的速率不搖不晃，這就是地磁的來源，地磁還可使地心引力穩定。太陽之引力，也會影響到地球的公轉與轉距，是故地球以太陽為中心，太陽提供地球能源、食物與無形磁力線，使地球有活動力，這些也許你不自覺，但它卻存在。這些你們不曾利用過，也沒思索過。在靈界而言，恆星對靈界提供的光和熱是不夠的，也是不穩定的。因為靈界實在太大了，如果靈流不均勻，就會產生磁偏，會產生星球脫離軌道，流星的出現。甚至引爆星球，產生核子反應、宇宙射線。但這對法界多少有助益，因為星球有億兆個星球，也一直在生滅之中輪迴，而最重要的就是星球快速的運行，提供法界建立磁場的能量。就如你們發電機的原理一樣，快速切割產生有用的能源。這樣的能量是無限大的，而我們有儲存與利用這種能量的功能，也就是說宇宙射線及大量磁場所產生的光子能量，就是所謂的靈流。在無無極天是不用吃飯的，一切都以使用靈流為能量。所以進入法界，第一個步驟就是如何吸收與儲藏靈流，進而消化與應用靈流，為我們提供光源、熱能與一些必要的化境。靈流當然屬無無極最強了，所以無無極能量充足，思衣得衣，思食得食，食、衣、住、行不虞匱乏，能量綽綽有餘；其次靈流至無極天，明顯少得多；再來為太極界；接著為凡界來；只有極少數的能量到陰界。所以陰界靈流極少，好像永遠吃不飽的狀況，你爭我奪永遠不足，所以猙獰的面目有如鬼界，貪得無厭，是故陰界之恐怖有如地獄！

我說：我已知靈流影響的境界。那對凡人界有何影響？

無無極雷祖：雖然只有少數靈流到人間來，但畢竟比陰界多得多，所以有很多陰靈逗留人間，不願返回陰界，就是這個原因。不過人間會使用靈流的只佔極少數。你們凡間有一些變相接受靈流的方式，對靈流有感覺，但不懂靈流所造成的現象，如無調整靈壓及整飭靈源，吾想只是表面功夫，效果不太好吧。彎曲的靈流沒能發揮能量。人類除了肉身之外，還有靈魂的存在，靈魂在人類身上受四大假合及五行的牽制，是無法發揮它原有的功能。靈魂也受肉身的供養而生活，並不使用靈流，只有肉身死亡靈魂才會離開。如無特殊的方法，肉身和靈魂是沒辦法去除共生的關係，人類不會使用靈流，靈魂只好完全依賴肉身的供給了。所以，如果你會使用靈流，以靈流提供靈魂之能量，就可以減少靈魂對肉身的依賴，則受肉身的牽制就會減少，靈魂自主性就會增高，減少的程度就會出現所謂的靈感力。這種靈感力的增強，就會變成所謂的神通！

我說：神通，真的有神通嗎？我常聽同修說神通，中天以後也會有神通嗎？怎麼都不覺得。我的認知有肉身就是凡人，就算有一點小神通，還是凡人。是不可能跟你們神仙相比的！

無無極雷祖：是呀！有肉身就在凡境中，會受凡境很多的限制。不過真靈能量增高也是不爭的事實，所以靈流使靈魂接受，就是阿麒你現在要感受的課程。這也是我中天此次受核准的獨有課程，將來將成為中天獨有的特色。話說回來，如果很認真修持，又修了很長的時日，自己都不能感受到一點靈感力的話。那就證明你雖然有修，但是你的靈能並沒有增加，也沒有提高靈魂的自主性，那你現在修持的方法會受到很大的挑戰。不要修一輩子還茫然無知，自以為是對的，往生後的評比，會使你懊悔失志。既然往生了，你懊悔失志，要跟誰傾訴？我們也不贊成直接修靈感力，也不贊成直接修小神通，但是這是正確修道的副產品，有沒有自己最清楚。而正確的禪修方式，也是一種減低靈魂對肉身的依賴。懂得此道的人也一樣會擁有小神通、第六感敏銳或某種靈動力。其多少要看靈魂自主性高低而定，能擺脫肉身五行所限的量而定。這個部分是你們當今的宗教，不願去觸及與談論之事。要知道如果以凡人之身而展現神通的話，就會破壞因果定律，那就會觸犯天條，所以你們當今的宗教乾脆把這個部分去除！久而久之這個部分就不見了，不是沒有而是斷層，所以有機緣的修道者，一定要自制，不要一時的衝動，毀了你千年的根基，更不能有展示的動作。

我說：這些是　無無極雷祖你說的我可沒說，否則我回到人間會受到抨擊！

無無極雷祖：阿麒，你講到哪裡去了。正道就是正道，再怎麼講還是正道，你不敢講，它還是正道！

我說：　無無極雷祖教訓的對，我會把這句話包起來放！

無無極雷祖：為什麼要包起來放？嗯！還是能避則避，隨緣就好。人間路崎嶇。

我說：感謝　無無極雷祖如此詳細的說明。很多修行者，都不知道禪的功能，無無極雷祖所解的是生命之泉，是為修道之指標，很多人都不知道修的對不對。如今已知道走的路是否正確，但也有很多人不知道，有修道跟沒修道的區別？有修行跟沒修道的區別？修行一輩子，生死兩茫茫多可悲，天上果位人間證，如果人間無法得證，就不會有天上的果位。雖然要心無執著天上果位，但沒果位要如何執著？師尊，弟子所說對否？

無無極雷祖：阿麒你說的沒錯，不過時間已到，你不能再逗留，點化得道圓滿，下次再來，我交待特史，帶你到雷神的充電地倍流寺去參觀，倍流寺是雷部的充電勝地。下凡去吧！

我說：拜別師尊，願師尊億萬年常青！

【文後筆記】

一、為何仙佛只能指指點點，而不能明說呢？

二、無無極雷部是宇宙最高的行政體系，為一有紀律的大團體！

三、為何無無極天那麼深的峽谷卻沒有半滴水？這裡一大片的銀色植物，有一點像鐵做的，真的是植物嗎？會有生命嗎？無無極天沒有水，植物怎麼活下去的？

四、無無極天，冷熱由心定，悲喜由心生，靈流充足。無大慾之惑，能進居此天，真仙不退轉。

五、無無極天的植物最主要的功能就是標示位置與發出訊息。

六、無無極天的植物是人們常說的本命樹嗎？

七、無無極天，食衣住行都是願力所化，以念力來施行，以靈流為主題。

八、無無極天如此清淨的天，植物或鳥獸蝶蟲的原靈一樣尊重。

九、無無極雷祖大天尊是雷部的至尊，總共神位為三萬萬，是中天最高的行政單位！也是宇宙最大的行政機構。

十、不論你的外型、外貌如何，但在真靈上的基因密碼，永遠不會改變，所以仙佛一見，都知道你是誰！

十一、要通過一線天的方便法：由四十九位無無極天的仙佛，以願力貫穿一線天！成為一個隧道，定時啟閉！

十二、點化得道必須一聖一凡，一聖就是上天一神聖的意思；一凡就是凡間只有一個人的意思！

十三、如果要以地球為例，真正有點化得道的是西天的五教。

十四、無無極以前都只是監督的職責，這是第一次由無無極辦理普渡。千古至今，無無極中天從沒辦過普渡，世人遇到這麼好的大道，不知珍惜，等待何時？

十五、宇宙間沒有絕對至高無上的權力，只有層層去管制。

十六、毀謗之罪，罪在陰曹！相同的毀謗它教亦有相同效應，修行人應自我節制。

十七、許多修行者因不明法界之戒律！實有沖犯天條而不自知！也請立於法界觀點而言，絕不可以凡界之規範解讀法界之戒律！

十八、大天命是指普渡者而言，一個上界神佛，下一個天命給在世的傳道者。

十九、小天命，是個人的天命，你原有所屬的原單位所授予的任務。

二十、我們世上常有帶天命的未修者，有的是金龍的原靈是如何註解？

二十一、所有屬於龍的化身，原單位就是 吾中天雷部的子民。

二十二、雷祖說：神龍本懷進道上昇之心，想升更高之層次。到了紅塵以後都變了樣，實在可惜！

二十三、一個更神秘的單位，叫無無極團隊，它在何處？

二十四、有人常說靈魂永不滅，並非很正確！真實的原靈並非永恆，也有老死的一天，那無無極團隊是不是可以補足這個地方？

二十五、無無極團隊最少要修到無極的禪境，才具備有進入無無極團隊的基本條件！

二十六、上天神佛為什麼幫助我們修道？目的何在？

二十七、各天不是都有不退轉的境界嗎？為什麼特別鍾愛中天無無極團隊？

二十八、宇宙射線及大量磁場所產生的光子能量，就是所謂的靈流。

二十九、仙無無極天是不用吃飯的，一切以使用靈流為能量。

三十、靈流無無極最強了，所以無無極能量充足。

三十一、靈流對凡人界有何影響？

三十二、神通！真的有神通嗎？常聽同修說神通，中天以後也會有神通嗎？

三十三、正確的禪修方式，是一種減低靈魂對肉身的依賴，懂得此道之人，也一樣會擁有小神通或第六感敏銳或某種靈動力。

三十四、如果以凡人之身而展現神通的話，就會破壞因果定律，那就會觸犯天條！

三十五、天上果位人間證，如果人間無法得證，就不會有天上的果位。

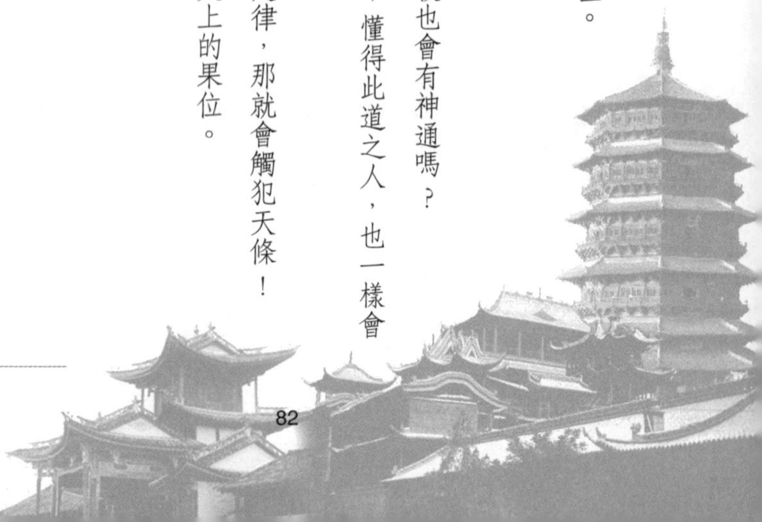

第五章

雷神的充電地——倍流寺

是夜，朦朧之中靈性甦醒。

和特史過了一線天的隧道後，停留駐足觀賞一下一線天的景觀。還是沒變，還是那麼美，出入的仙神還是絡繹不絕，大概等候一線天的隧道開啟。

特史：法師，今天我們要前往參觀的是倍流寺，這是個很特別的地方。希望你一樣不要用人間的智慧去解讀。這個地方只有無無極雷部才有，是宇宙之中唯一的。所謂的倍流寺，就是靈流加壓的神聖地方。靈流可加壓到幾千倍的強度，那倍流寺就是雷部雷神在執行任務前，把自身能量充足並把手執的雷釘、雷鎚、雷鼓等能量充足。倍流寺就是充電的地方。你看雷神執行任務時，雷釘、雷鎚、雷鼓輕擊，雷聲隆隆，閃閃電光，一下子釋出無限電量，而且一鎚一鎚來，絕不重疊。雷鼓出擊，雷聲震耳震撼人心，讓人膽顫心驚。被雷電打中者，非死亡即重傷，這是雷部給凡間下馬威，天威依舊在，修道人加速行，並提醒凡界切勿為非作歹，否則天律不饒，犯天條者定斬不赦，並請妖魔鬼怪速離凡境，勿存僥倖之心。你說倍流寺是不是維護正義並提醒世人修道的起點。等會也會幫法師免費充電一下。對人效果也許不很好，但可體驗雷神出征的精神。這是千古至今，有人類真靈第一次到來，下不為例。

我說：我不要上仙境了，仙水、仙桃都沒吃到，你們還要動用私刑，什麼電一下，雷神那麼兇悍，電一下還會有命嗎？

特史：我保證沒事！

我說：你保證沒事，但我想到雷神我就有事。啊！我忘了我好像也是雷部的一份子，可以試試。你已經保證過了，打死我你要賠！嗯，好像又不太對！

特史：好了！男子漢大丈夫，從容就義！怕什麼。走了！

我說：還要我從容就義！就好像要上刑場，我走不動了，我要回去！

特史：好！好！電不電隨便你，不勉強。走了！

我說：這還差不多，嚇唬我那我要嚇唬誰？這是雷部的起源聖地，能有機會親眼目睹，算是三生有幸，走吧！不要再講電我的事！

進入雷城！

特史：我們已進入雷城，不用急，並肩低飛慢速念力飛行，以免發生交通事故。

兩人慢速前進，雷城城內面積是如此遼闊，設備輝煌巧奪天工，不是人類可造就的。而其結構也非人類工學可比，好幾百里長且無樑柱支撐，是不能用人類科學去解讀的！

特史帶領來到一處有微弱紅色閃光的地方，在門前五百尺停下來，門前有幾排字，有一點像韓文。特史告訴我，這文字的內容叫「倍流寺」，下面備註的文字意思為「非本部會帶任務者切勿進入」。

這門前以黑色大理石平砌而成，約有一里長，其他兩邊是山的形態也就是依山勢所建，有一點像隧道入口一樣，有一紅臉武將看守，特史和我上前，特史跟他寒暄幾句，我也跟武將見禮回禮。

因看守之責任，守將說無法帶領我們進入，特史說沒關係，他很有經驗的。而且他也出過無限次的任務，這個地方熟得不得了。我跟隨特史進入，進入門內，內為迴旋設計，迴旋設計之意大概是阻止紅光外流，迴旋五、六次之後才到了裡面。裡面很寬闊，約二里長、二里寬、半里高，是山洞形的密閉空間，內部全無樑柱，紅色光線如煉鋼廠的鐵燒紅了一樣刺目！

地板全為紅色透明水晶石，是一體成形的，都沒有分割線，很像大果凍。聽特史說這種水晶石是專門收集靈流、聚集能量、功率超高、速度超快、震盪的頻率不可測，是宇宙間少有的自然寶物。

裡面只有一條六尺寬的通道，可直走到倍流寺的中央。中央有一個八方形的八卦柱，邊長約八尺、高約四十尺，為一八卦形柱，頂端是平面的。中央八卦柱外每一面對稱又有一個八卦柱，外圍有八個，距離中央的距離約有二十尺，高比中央高約八十尺左右。外圍的八個，每一個比中央那個還大二倍左右的值。

這八個就如八面鏡子，紅光投射在中央的八卦柱上，使中央八掛柱如煉鋼爐內的鋼水一樣紅，裡面除了這些，沒有其他設備，也沒有控制台，看起來很單純。我們沿著走道，走到中央的平台下，有一個等候區，在等候區裡有十幾位雷部神將，特史為我引進介紹。

這六位是倍流寺的雷部守將，另外八位是今天要充電的雷部雷神，這八位大概是特別安排的，是九大行星系南瞻部洲的雷神，他們充電要讓我們觀禮！

特史：法師你看倍流寺的設施很簡單，卻蘊藏千古的奧秘。外圍的八卦鏡，每座都深藏著無限的能量，每座能量約有你們凡間核子發電廠核心能量的數十萬倍。它有智慧型的儲蓄功能，會吸收靈流化為能量，這種靈石全宇宙只有倍流寺有，找不到第二處！所以全宇宙的雷神有用到雷電的雷神，出任務前都必須到此報到！

我說：那八位雷神也是來充電的？可不可以充完電後訪問一下他們的心得？為什麼雷電交加那麼恐怖，今見面倒不覺得害怕？

特史與守將和八位雷神快速溝通！

特史：這沒問題。其實 無無極雷祖早就已經交代過他們了，八位雷神會選一位，懂你們言語的接受訪問！

我說：他們不是都懂得各種語言嗎？

特史：他們都懂，不過法師你不懂！

我說：這樣我知道了。特史你說靈石蘊藏無限能量，在此雖然它們紅如鋼水，但我也沒有覺得高溫，也沒有感覺什麼能量，什麼輻射線都沒有，會有如此的能量嗎？

特史：法師你不可用人間知識解讀，你們人間那套科技，只適用於你們人間，並不適用於法界或靈界，這點你要記住。

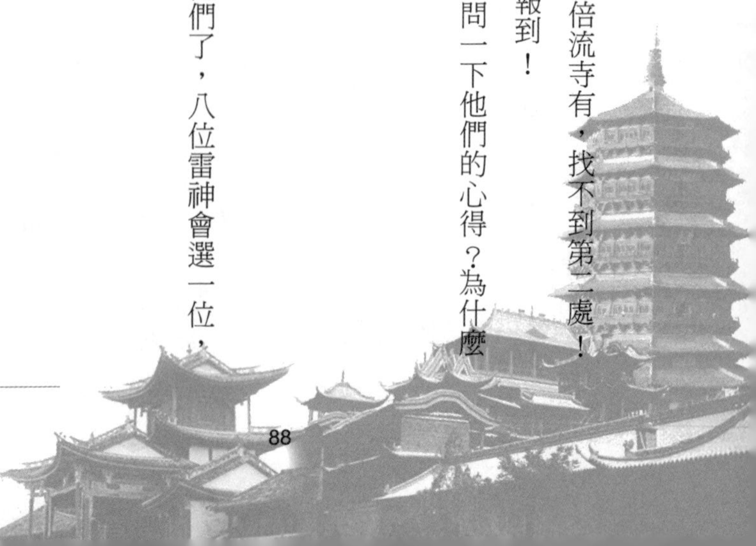

我說：我知道了。怎麼都沒看到控制台，倍流寺如何使用？

特史：很簡單。只要站上中央的平台，靈石立即解讀你所有的資料，包括要的能量多少、種類、時間，快速的計算，立即啟動八方能量迅速加強。八面投射集中焦點在中央的平台上，依上台的人數而定，一直充到極限，又恢復原狀！一般的雷部神將上去充強光電，差不多以你們的時間約三十至四十秒即可完成，如果法師你上去，低光電約十秒就可完成！八座靈石失去的能量，會自己吸收靈流再補足，永遠保持飽和狀態！

我們說話之時，八位雷神各以念力飛行在中央平台的上空，離平台約八尺高的上空，排列成八卦形，每個人背向中央，而面向一座靈石各站在中央平台的邊緣，排列就序！

特史：他們八位是同一單位的，看手執法器不同就知道是同一組！

說著說著，八位很整齊的慢慢下降，同時著陸於平台上！

八位雷神倒是非常有默契，同時著地，我聽到嗤嗤的起動聲，八面鏡射出紅光，集中在中央的平台上。光線穿透每一位雷神，愈來愈強，紅光顏色愈來愈濃，就如雷射光的光耀，讓人無法正視！

紅光掩蓋了八位雷神，已看不到台上雷神的身軀。光輝奪目，就如幾千支在燒電銲的那種光芒，只是紅、白色的區分。

過了約四十秒，八面鏡停止射光，慢慢看見八位雷神出現在紅色煙霧中。直到紅光完全散去，可以很清楚的看見每一位雷神，只是臉部全部通紅有如關公，其他部位戰甲掩飾的很好，無法知道是否通紅。到現在我才知道，為什麼雷部的戰將，大部分都是紅臉，就是經過倍流寺的洗滌。

八位雷神下來了！

特史：法師，接下來該誰會上去充電？

我說：當然是我。其實　無無極雷祖早已交代過，只要特史在場，各種靈界法器都可以試，出事情特史負責，況且到哪裡找倍流寺。機會難逢！

特史：多大年紀了？還撒嬌？

我說：我的年紀跟特史比，就如剛出生的嬰兒。

特史：說怕電的是你，你還是要試，真頑皮！

我說：開開玩笑，這裡不會比一線天困難吧？

依照特史指示，我念力往上浮升至平台上，面向通道，可以看得到特史，準備就緒。心裡也做了準備，特史示意開始慢速下降，要我鎮定勿驚慌。著地，眼前如大火襲來。整身沒入紅光中，眼睛雖閉上，一樣感受紅光的強烈光芒，只覺得溫熱感覺，不覺得會燙。

全身溫熱如通火，異常輕鬆，漸漸褪去，我還是站在平台上，打開眼睛，看見特史微笑的臉龐。我看看有沒有受到燒傷，還好都完整，不過發覺手腳、身體，全部通紅。特史示意要我下平台，不要流連美景，並要我輕一點，念力一轉，差點撞上天花板。下來，感覺全身都是能量，全身泛紅，輕飄飄的，全身紅的透明，很有滿足感。

特史告訴我，為何雷部執行任務的神將都是紅臉？是進入倍流寺充電而慢慢被染紅的，多次之後，自然全身是透明的紅色，紅臉神將也是由此而來。但雷部中下層的雷兵卒，因未進倍流寺，所以不會紅臉。特史替我引進，這是剛才八位雷將之一，只留下一位，其他的都已離開。六位守將是不能離開的，特史和這位雷將快速溝通後，回過頭來對我說。

特史：法師，這位師兄跟你有地緣關係，你可以訪問他！

我說：我亦是雷部的一份子，自然也稱呼你為師兄。地緣關係在哪裡？

雷將：師兄請了。我俗居台中縣，因地得法，也對掌雷有興趣所以請調雷部。今敕封為九大行星系雷部執法司令官，我們八位一組，只執行普通慣性雷雨。

我說：普通慣性雷雨？是不是普遍性的雷雨。聽說執行天條也是普通慣性雷雨中去執行的。

雷將：我不負責那個部分，那個部分有專案在負責。

我說：你常來倍流寺嗎？有什麼感想？

雷將：倍流寺來了幾千次，家常便飯。不過我還是熱愛這份任務，更愛地球的生靈。雖然我常耀武揚威，但我從不傷害生靈，也希望有那麼一天，師兄要好好照顧我家鄉的親朋好友！

我說：人不親土親，我了解師兄之意！

和特史拜別了雷將，辭了守將，出了倍流寺。

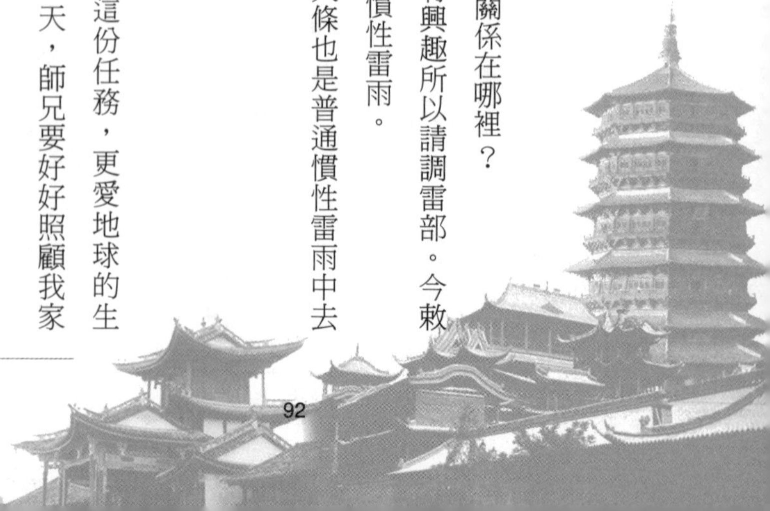

特史：法師感覺如何？

我說：能量充滿，速度更快！

特史：下一次，無無極雷祖核准帶你參觀雷部的無線電望遠鏡——雷音塔！

【文後筆記】

一、宇宙間法界獨一無二的倍流寺，就是雷神充電的地方。

二、倍流寺是維護正義並提醒世人修道的起點，提醒凡界切勿為非作歹，否則天律不饒，犯天條者定斬不赦，並請妖魔鬼怪速離凡境，勿存僥倖之心。

三、倍流寺設施很簡單，卻蘊藏千古的奧秘。

四、倍流寺怎麼都沒看到控制台，那雷神們如何使用？

五、人間的科技，只適用於人間，並不適用於法界與靈界。

六、雷部的戰將大部分都是紅臉，就是經過倍流寺的洗滌。

七、雷部中下層的雷兵卒，因未進倍流寺，所以不會紅臉。

第六章

無無極雷部的無線電望遠鏡——雷音塔

是夜，朦朧之中靈性甦醒。

和特史經過一線天，進入雷城！

特史：今天我們要訪問的是法界獨一無二的雷音塔。幽冥界的望歸台也不能相比較。每一個有生物的星球，在無無極雷城中都會有一個雷音塔，以觀察這個星球的進化與變化。這裡的雷音塔比你們地球的任何雷達或通信設備更先進，雷音塔自遠古時即有，不是現代的產品！它是幻象靈石所排列創造的，幻象靈石是法界自然之物，它擁有吸收及利用靈流能源，最主要的是它可以直接解讀我們的念力，化為資訊的傳輸，也可化為音波與影像，在靈界叫做「跳區諧震傳輸」，距離無遠弗屆。你知道嗎？地球到無無極雷部有無限長的距離，這是凡界永遠無法突破的空間，這種幻象靈石擁有如核子的能量，散佈在目標區的特定區域內，因具有高能量諧震而達到跳區的目的，這些超越凡界科技也希望法師勿用凡界知識解讀！

我說：是呀。地球到無無極雷部有無限長的距離。如特史所說，雷音塔到地球，需要多少地球時間才能顯現影像？

特史：我們在雷音塔發出念力，經轉換需要三秒鐘即可到達地球，由地球返回雷音塔也是三秒鐘，共計六秒鐘。你常常會想到肉身會變，其實全部都在我們監視範圍內。

我說：你跟我一起飛行，你又不在雷音塔，他們有事如何通知你？

特史：真靈的功能是你們無法想像與解讀的，尤其是高級靈。你們凡界不是有一句話嗎！其細無內，其大遍及三千大世界。

我說：你們高級靈實在是深不可測，超出人類之領域。

特史：好了！今天我們是要訪雷音塔，不是來研究高級靈。在靈界之中，我們有很多通訊都是由這種幻象靈石達成的。它也有很多種類，我們都能善用它的功能。幻象靈石本身所擁有的智慧，是人類很難去想像的事，但它卻是提供我們法界很大的便利，它有智慧自行調整並適應環境，永遠不損壞，也就是人類所說的二十四小時不打烊。雷音塔內無任何控制設施，只需要念力去調整即可，整個星球的一舉一動，一目了然。

我說：太不可思議了！不可思議的遠只要六秒鐘就可往返。這個無線望遠鏡一定非常巨大！

特史：還好。大概只有倍流寺那麼大而已，當然不是全部。只是其中一座的大小。我們走吧！遠望那就是雷音塔。

我說：雷音塔好像有很多出入口，那代表雷音塔有很多座！

特史：沒錯！有好多座。因為不止你們九大行星系的地球有生物而已。你們地球只是其中之一座，我們先找出你們地球是哪一個，再前往參觀。

雷音塔，它並非真正的塔，而是如山把它挖空一樣，一半在地下一半在山內。裡面是圓球的空間，就好像我們進入排球的中心點一樣，可以在球的中心點停留。進入雷音塔一定自動停在中心點，不會跑來跑去，也無重力現象，無上下左右之分，念力可控制方向方位，念力也可將目標一點一點的放大。就算地球上的一隻螞蟻，也可以很清楚的定位、很清楚的看見。

我們由守將帶領。在法界字體的九大行星系雷音塔門前佇立等候！

守將：在無無極雷部的雷音塔，太陽系內的一舉一動，全部都在我們監控裡。

雷音塔外表跟一般山形無兩樣。山上有一些標示的小植物，山的外表有點像半顆球，球外表並不規則，也不平滑，是鐵灰色的水晶岩，閃爍著光輝。通道的盡頭就是入口，入口處並不大，只容一個人可通過，到了入口處，特史和守將快速溝通。

站在門口的守將見禮回禮後准許我們進入，特史要我走前面，我往門口站立，大小剛好容一個人進入。只見圓管內有亮光，特史示意要我滑下去，一滑下去即自動歸到球體中央，特史也下來了。球內輪值的有四位神將，連我和特史在球內總共有六位，寒暄一下，見答禮後。

守將：我們在球內輪值，一般正常只需要一位就足夠了，在特殊情形下才需要用到四個守將，但雷部都安排四位守將輪值以應不時之需。師兄你來此參觀，如有疑問，我竭盡我所知回答你。（其中一位說。）

我說：師兄如此說，我佔權請海涵！這一座雷音塔是否只能看到地球而已？那還有可看到哪個範圍？

守將：師兄，這裡有很多座雷音塔。師兄要進來時，在外面已看到了，我們這座雷音塔是針對九大行星系，也就是整個太陽系的範圍都包括在內！

我說：為什麼要監視？以大體來說，法界並不一定要監視太陽系。

守將：師兄講的沒錯，我們的監視並不是防止地球有何異動。大體上來說，保護地球生存是我們的責任。你想，太陽各行星都有固定的軌道在循環，也使地球四時有序，絕不亂了章法。你看天上一天墜落多少顆流星？如果一顆大流星闖入太陽系，就算不會直接命中地球，只要引力偏差，整個太陽系的循環軌道立即瓦解，全部亂掉，各個脫離軌道，太陽系的所有行星全部離位，到最後會全部滅亡。千古至今，我們都控制的很好，沒有出過差錯，所以地球也安然無恙！

我說：師兄，感謝你們千古至今的辛勞。地球人還自認科技勝過天，其實，天如果要毀滅地球只是一瞬間！

我們六位在球中央飄浮，無地可踏，因無重力，倒不會有什麼感覺，只覺得六位東倒西歪，但每一位皆可使用念力調整方向與方位。

目前球內地圖還停留在地球，是透明的晶體所反射出來的。只是地球的球是外層圓周，我們現在在雷音塔看地球，是把地球的外圓周，改成內圓周！

如果站在地球外面看地球的外圓周，只能看到半個地球而已，但站在球的中央看內圓周，卻可以看到整個地球，好像整個地球披在內圓周上，亮度適中，可以看清地球的每一個地方，像是個活的地球！

守將：整個太陽系都可以看到，也可以迅速換個版面，現在停留在地球上。師兄，你想看哪個地方？

我說：感謝師兄給我機會。我們現在離地球無限遠，我想看看我的肉身在哪裡？看得到嗎？

守將：這沒有問題！

守將用手指指了一下中國，世界地圖變成中國地圖，中國地圖一直擴大，再指一下台灣，台灣一直長大，變成台灣地圖。這是台北縣，整個變成台北縣地圖，這是永和市，變成永和市地圖，這是師兄的家，這是師兄的肉身。

我看了嚇一跳！真的，我的肉身還筆直的躺在床上，而且非常清楚，這是夢中夢嗎？如此遙遠的天際，在幾秒鐘內把它看的如此清楚，真是不可思議！

守將：在無無極雷部的雷音塔裡，太陽系內的一舉一動全部都在我們的監控之下。尤其是地球所謂的天知、地知、你知、我知，天知就是指雷音塔。地球對雷音塔而言是沒有隱私的影像，聲響就如現場。甚至我們還可以查閱以往的紀錄，哪一個年代，在哪裡發生的事，都可以如現場般的顯現，很有臨場感。凡間人不要以為為非作歹無人知？你的一生都全部記錄著。有時地獄使者無法解，還會來此調紀錄。尤其是觸犯天條者或觸犯法界戒律者，可別想逃過雷部的制裁。不過，除了犯天條之外，你們凡間的私事，我們是不想管的。至於天條，不要認為沒人看到，就沒人知道。天網恢恢，疏而不漏，有這種不欲人知的想法，百分之一百錯誤。所以真實性百分之百，雷部執行是不經過審判就定罪的，可來個現世報。而且不會造成所謂的誤判或冤獄！也絕對不會冤枉一個好人。我記得我在接受訓練時，有一個講師說了一個故事來提醒我們勿枉勿縱！在你們地球有一個寓言，童話故事中說，一個善良的婦人，把稻穀倒於河邊，被雷神看到了，誤以為暴殄天物，該受懲罰，雷神用雷把她擊斃。後來雷神發現錯誤，為了補償過失，把善良的婦人升格為電母，以後才會有雷公電母。這個故事對我們雷部而言是個很大的警示，並隨時提醒我們要追根究底！不要因疏忽而讓這種錯誤發生。其實雷部執行不是那麼馬虎的，雷部分工是很細的，無無極雷部行文至九大行星系無極玉皇上帝大天尊，再命令下達九大行星系雷部司令官，再由司令官配合雷神執行天譴。而如故事的情節是不可能發生的。一個雷神在人間，只能執行他既定的任務，雷神本身並無裁定權，不能隨意變更任務，也不能私自行刑，除非上級雷部有臨時下命令，否則是不能管人間事的。

如果以這個故事而言，我們會在雷音塔追溯善良女人的過去與動機，也可追溯這些稻子的過去行程，反時間快速的追查，自然真相大白，不會誤判。一般而言，有違戒律或天條都會在雷音塔，反時間的追溯。確定後再轉呈　無無極雷祖，　無無極雷祖神通廣大，複查無誤後再轉呈　無無極至尊玉皇上帝大天尊裁定。裁定後由無無極雷部再行文至九大行星系無極玉皇上帝大天尊，再下命令至九大行星系雷部司令官。不像故事中那麼草率，我說這些只是讓師兄明白，天理不徇私，勿枉也勿縱。天律是絕對公正的。

我說：感謝師兄為我們九大行星系所做的一切貢獻，吾銘感五腑。凡人還真怕天律誤判，無緣無故受到五雷轟頂，師兄詳細解說天律的公正，使我們真的放心。這雷音塔真是偉大，陰曹地獄若使用雷音塔這套系統，那也不用審判了。凡界警察也使用雷音塔系統，哪有案子不偵破的？

特史：法師又把法界和凡間混淆在一起。因為雷部在凡界執行戒律，都在罪犯未往生之前，現世報也都是未審判就定罪，不能有差錯，有差錯就無法補救。所以守將才會說這個故事，讓上位執行者，時時刻刻提醒自己，仙人打鼓不能有時錯，有雷音塔這套系統，可以確保準確無誤。如果犯戒律的罪犯，未能在他有生之年執行，等他死亡後，就不是雷部執法範圍內，那就屬於幽冥之事了。其實陰曹也不需要這套系統。一般而言，陰魂過了七七四十九天之後，靈魂就會復活，使用靈界溝通方式即可，因為從最高級靈至最低等的靈，都是原靈，原靈溝通，方式都是一樣的，只是快慢而已。原靈溝通是沒有辦法隱瞞的，因為只要你心念一動或是一個動作，原靈對原靈是一目了然的。甚至可以在真靈的念力上，洞悉他一生的原始紀錄，何需來雷音塔內查舊帳。當然有一些特殊案例才會來雷音塔內查舊帳。至於你們的警察是不可以使用法界資源的，這也是犯戒律的，也會破壞因果定律！

我說：特史你所說的我完全明白。我以為靈界或法界的溝通只適用於仙佛界，原來靈界、法界包括幽冥界在內都適用。那幽冥界的主管又是何人？至於十殿閻羅是眾所皆知。

特史：宇宙間除了西天之外，其他南天、北天及幽冥界都是　中天無無極至尊玉皇上帝大天尊的轄區。至於幽冥界的十殿閻羅亦是中天的官階，凡間的土地神、城隍爺也是中天的官階！

我說：這種情形我是知道的。但有一點不解，幽冥教主目蓮是否也屬於中天，請特史解釋一下。

特史：幽冥教主，為什麼叫教主？他沒有中天的官階，他是西天派駐幽冥的使者，代表西天非常關心幽冥的幽魂。其實有很多大的單位，西天都有派使者駐守，以後你會遇到很多這種情形。你們很多人都誤認幽冥教主的地位在十殿閻羅之上，這可是很大的誤解。幽冥教主是西天使者而十殿閻羅是中天正式的官階，這樣法師你會明白嗎？

我說：自古以來都有先入為主的觀念，從來沒人解釋這種關係。十殿閻羅是管理者，而幽冥教主是幽冥的普渡師，對否？

特史：法師所言正確！

我說：特史，能否允許我訪問一下這位師兄？因為這位師兄的長相特別奇怪，有點像山頂洞人！

特史：法師你要訪問他可以。但　無無極雷祖有令，盡量不要讓法師知道他們的官階，或其他官方的稱呼，也不要問太尖銳的問題，以免你們地球人影射，給法師造成不必要的困擾。要訪問可以，不能太久！

我說：感謝特史的通融。我知道特史這麼說，是維護我的苦心，也感謝天恩師德，我知道分寸拿捏的。請問這位師兄，我在雷音塔前看到許多岔路，是不是這裡有許多座雷音塔？你看守的是九大行星系的雷音塔，是否和地球有淵源？哪裡人士？可否談談？

神將：師兄你是故意問的吧？我的長相和你們不同，你就已經知道我是和你們不同星系的。你看我們奇怪，我也覺得你們怪異，其實共同的靈界，看久了就習慣了，見怪久了也就不怪了，我剛來時也會有這種感覺。是你們是怪物？還是我們是怪物？好了！不談長相的事。師兄說得沒錯，這裡共有四十八座雷音塔，也就是說宇宙間有四十八個像你們九大行星系地球的智慧星球存在，而這四十八個星系全部都是受無無極中天的管制，這是無無極中天的責任。四十八個星系由雷音塔監視，是為了避免異類的產生。所有的智慧星球都照既定的規程在發展，不可違逆大道，太過偏激的話，最後都會走上被毀滅的命運。智慧之星等到科技發達了，他們就會往外太空發展，看能否找到外星人或有生命的外星系。不過，上天的規劃是不可能讓他們互通信息的，因為兩顆智慧星球最近的距離都在幾千萬光年以上，我想這是你們人類最想知道的。而科技愈進步，帶來自我毀滅就愈接近。至於我的來處，我生前並非是地球人，但在靈界是不分國度的語言，每個真靈在靈界久了之後，本能都會把靈界的語言轉換成你們的語言，所以現在我才能和你溝通。我來自一個用地球話來說，叫做聖連達的星球。我們的星球比你們地球發展超前一百年，人口數在一百億左右。因我今之任務是看守九大行星系的雷音塔，所以我才會去注意地球。我們聖連達星離你們地球約五億光年，我想除了　無無極雷祖特別安排之外，否則你們是到不了我們聖連達星！

我說：感謝師兄耐心的說明，聖連達星好遠的星球。師兄你來此多少時日了？是如何接受這裡的任務？怎麼樣才能上到無無極天？

神將：我接任九大行星系雷音塔已近五百年了。我原來自聖連達星，我們的星球也算是古老的星球，雖然歷史悠久，但科學及文化的發展緩慢。不過，比現在的地球還進步一百年，但我們卻是用比你們更長久的時間去建立的。我們星球的起源比你們早好幾千年，而到今天才有如此發達的城市。中天法門在我們聖連達星已經有好幾百年的歷史了，而你們地球的中天法門才剛萌芽。不過有一位雷部的師兄，和你現在的情形很像，他正是我們聖連達星中天法門的第一代師。師兄，你是地球中天法門的第一代師，所以我們也特別尊敬你。我們聖連達星中天法門的第一代師，據說是你的同門師弟，他也和你一樣，在當年也是攜帶中天雷部顯化之令旗和掌心雷印，到聖連達星來傳福音的。

那年我在聖連達星算是四十歲，謀生的器具做的很糟糕，生活陷入絕境；那時有妻子以及一子一女，因秉性純厚，不善交際，所有的財務都被信任的手下騙光了，還負了點債。妻子雖然沒有責怪我，但私下常笑我無能，陷入絕境的我，又無技能可謀生，三餐有問題，偏偏債主又常來要債，真的痛苦萬分，心灰意冷，也想不開了。

某一天，明月當空，我自覺人生無趣，也無意義，想了斷殘生。站上急流的溪畔，回想過去的種種，流下兩行淚，悲痛萬分，雖然視線已模糊，卻哭不出聲，愈站愈近，頭愈沉愈低，眼淚不停的流，看看急流有一點膽怯，想到家裡的妻小怎麼辦，前無路後無依靠，又能奈何，正準備跳的姿勢後，被人抓住衣領往後拖，還跌坐在地，我終於放聲大哭。哭了好久，心情較為平靜下來，他還站在原地，我停止了哭泣，並看了看對方，是個跟我差不多同齡的男子，他救了我，外表清高瘦弱，走過來細聲問我為何輕生，我對他說是經濟問題，無法處理不得不走上絕路。在明亮的月光下，他詳細的看了我，摸摸我的雙手，我的背骨，跟我說你我有緣，並願意幫助我一臂之力，要我在明日正午時分到溪畔相候。我當時想反正都要死，早一天死，晚一天死，有何區別。不過，我還是抱持著一絲的希望與好奇，此人要如何幫助我？隔日，我還一直想，他會不會是我的貴人或救星！我心情較平靜了，也瞞過妻子的追問，換好衣裳，和平時的失意判若兩人，大概人也要衣裝吧！自晚上回家後反覆難眠，又起了個大早，好像在等待這一刻快點到來。八點鐘不到，我已站在溪畔邊等候了，也有較長的時間獨自沉思，心裡也較為平靜，只是希望出現奇蹟的心情，還是百感交集。等待的時間過得特別慢，正在想他會不會騙我不來了。好不容易到了太陽正午，看他從遠處走來，我興奮雀躍，我有救了，他沒騙我。當他走近了，手提東西與香燭，示意要找個大石頭坐下。他說他姓椰若，現在幫　無無極至尊玉皇上帝大天尊徵才，創立中天教門，並說了一大堆人生哲學，我聽不懂也沒心情聽。有空檔時我就表白，最需要的是幫助我度過難關，使我有一點錢，家庭不至於挨餓，其他都是次要的。

椰若說：「要幫助你不難，我收你為第一個弟子，你是否願意？」

我心想：「哪有老師不幫助弟子的。」於是說：「好！」

反正我也無路可走，死亡都不怕了，做個弟子大概也不會怎麼樣。我們將果品排在地上，點上香燭，我想大概是祭拜天地吧！我隨他一同祭拜，隨後說要幫我打開玄關，加持順氣，並教我中天三寶，其實我無心去感受，他在講我在聽。

椰若師父：「你的根基不錯，而我為無無極中天之雷部廣招人才，今我有向無無極雷部請命，由無無極雷部轉呈聖連達星無極東天，去改善你的命盤，也就是改造本命，你的財源就會增進及守得住，財運就會來臨，經濟就會好轉，但要心存善念。祭祀過後，我給你一點點錢做生意，這些錢只能用在做生意上，不能用在其他用途。你依照我教你的方法，雖然錢很少，只要有耐心，短時間成巨富也不是不可能。每天你可以拿我給你的三分之二補貨，留下三分之一，每天都如此，不能出差錯。上面有個小市集，你可以補個小糕餅去賣就可以了。」

椰若師父把果品送給我，也接過他送給我的錢，我真的好失望，這一點點錢能有什麼作用，賣糕餅真能養家糊口嗎？心中雖然存疑，但不管了，照做就是了。我到另一個大市集去找一個賣糕餅的從前朋友，我說出我的來意，我也希望賣糕餅，他大笑說我堂堂大老闆怎麼可能賣糕餅，叫我不要開玩笑。我淡淡的說，那賣糕餅不行，不如你借我一筆錢，讓我東山再起。他立刻停止了笑，問我是否認真，朋友借錢免談，倒是可以教我賣糕餅，又指導我到哪裡可以補到好又有信用的貨，還有貨要如何排列。但錢實在太少，貨自然也少。每次客人問我為什麼剩下一點，朋友說可以回答，生意太好了不夠賣，你再不買就沒得買。隔天一大早我就到朋友的店實習，生意很好，小生意賺大錢，人家是店面生意，想想自己要擺路邊攤，有一點洩氣。不過管它的，死亡都不怕，還有什麼好怕的，面子一斤又值多少。終於輪到我這路邊攤出場了，第一天很陌生，心裡也很緊張，害怕會遇到熟識的人，下不了台。說也奇怪，居然有人來買，這麼順利，全部賣完。我不敢相信，但我想大概是我的運氣好轉了吧！第二天，一樣非常順利，慢慢的我進入狀況，就這樣過了半年，經濟慢慢好轉，顧客也一直多了起來。我本性敦厚，不欺不詐，大家也喜歡跟我買，附近有個小店要出租，我便租了下來，太太也來幫忙，生意愈來愈好，我是一直遵照椰若師父教我要保留三分之一的資金。過了一年，我太太在另一個大市集又開了一間店，還請了伙計來幫忙，生意真的很好，想到當初的苦，有時半夜還會流眼淚，窮實在太可怕了，也惦記著椰若師父的救命之恩，但椰若師父今在何方，我都不知道。

又過了一年，我手上的資金漸漸多了起來，想不到這個行業居然能賺這麼多錢。我的上手製造工廠，因為年紀大了，他的小孩又不願承接，他便把工廠頂讓給我，也將技術傳授。我便請了好幾個工人來幫忙，生意一直在擴展，我也樂意幫助別人，只要是資金不足來求助，都願意幫助。有一天我上街，有人在背後喊我：「阿興！阿興！」我轉過頭來看見日夜思念的椰若師父，我喜出望外不顧路人異樣的眼光，立刻跪下來給椰若師父磕頭。椰若師父扶我起來，而我將一別之後的情形告訴他，並感激他當初的幫助，不然哪有今天的我。同時，也將這些年來未服侍師父，請椰若師父原諒。此時，椰若師父拍拍我的肩膀。

開口說：「上天都願意幫助你，你是否願意幫助別人？」

神將：「感念天恩師德，當然願意。」

就這樣椰若師父在我的製造工廠後面成立了小道場。這個小道場也就是中天道場，當然也是由椰若師父主持，而我有空也會隨侍左右。我很努力幫忙佈道，也利用關係找了很多有緣人加入。不用很久的時間，中天道場的人數便快速增加，因為中天道場確實有迷人的地方，更有吸引人的魅力，而且可讓你在世時就可實證，這是所有入世法不能做到的地方。而且來修道的人也都會將親身經歷的實證告訴我。其實，這個據點只是椰若師父的一個小據點而已，還有許多處道場。而我的事業愈來愈忙碌，參加同修的時間愈來愈少。有一天椰若師父對我說。

椰若師父：「現在這個道場的人數太多，有時候多到連站的地方都沒有，現在有一位同修，捐了一塊不小的地，離這裡不是很遠，信徒也集資在這土地上蓋一座大型的中天道場。阿興，你大概也知道吧！我們可能會遷移到那裡，這一段時日來感謝你對中天

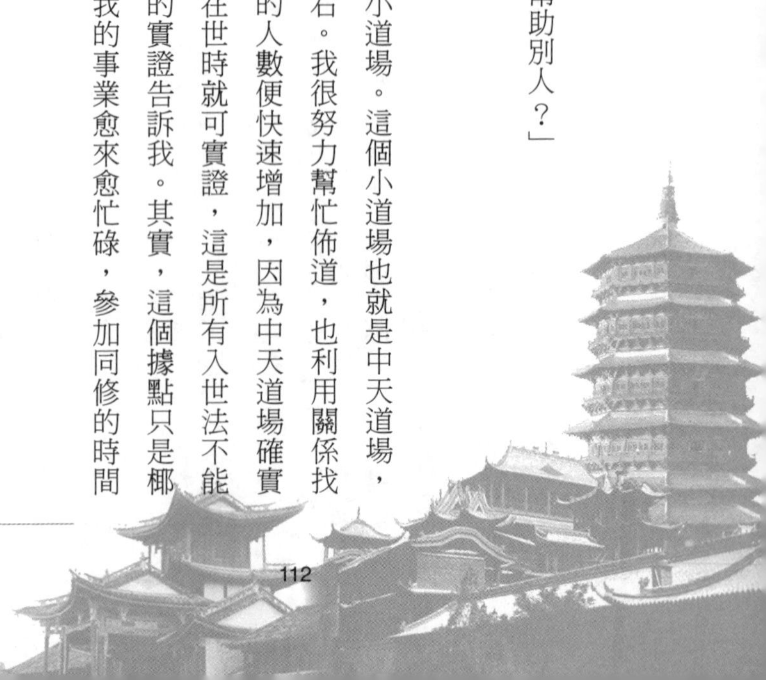

的奉獻，中天也會回饋你的，你的功德上天都會一條條的記錄。

阿興，對於你，我還是很擔心，內修一直做的不是很好，你也該為自己的未來留下一點痕跡，我想這樣對你會比較好，你的年紀也漸長，不要再把事業得失看那麼重，雖然你苦過，但到最後錢財還是身外之物，你也該為未來打算一下。至於法施，你奉獻道場功德不小，而且也渡過很多人。當你渡一個人時，你也必須全心全意的照顧他，不可『師父帶進門，修行在自己』，枉費渡人的意義，任它自生自滅，救人一命勝造七級浮屠，救人的定義是要把他救上了天堂才算是真正救了他，而不是帶進門就算救了他。」

神將續說：椰若師父的教誨沒有錯，真的忙於事業，用於修道的時間太少了，渡的人全部交給椰若師父去照顧，信徒那麼多，單靠椰若師父的雙手是不夠的。雖然椰若師父的教誨有領悟，過二天全忘光了，年紀也愈來愈大，還是放不下，老把椰若師父的教誨當成耳邊風。不過我會捐點錢，好讓師父推展道務，算是補償。遷移過新址後的確是較富麗堂皇，道場是共有的，大家也以道場為歸屬。

有一天，我提了點水果去造訪椰若師父，椰若師父私下鄭重的告訴我：我的壽命只剩下三年，如果再不努力，將來果位定然不高。我知道椰若師父一直對我很好，他曾經多次上過天界，絕對不是嚇唬的，要我做最後的衝刺。

我聽了之後面色凝重，不知所措，好像被判了死刑一樣，現在那麼大的產業，卻無法留下我的生命，頓失重心，黯然神傷。

椰若師父：「人生自古誰無死，留取丹心照汗青。」安慰我說道，但是心情依舊好沉重。

回家後把兒子叫來。兒子已娶妻，育有一子一女。跟兒子說：自從椰若師父救了我之後，我從沒有對上天憐憫報一點恩，現在我年齡大了要退休，把家的產業全部交給你，你要好好經營下去，不要讓我擔心。我想搬到椰若師父那邊，盡盡為人徒弟的一點孝心，以及順利修行並且幫助道務。當然三年壽命是不會提的，但是兒子不准我搬過去，並且表示，只要老人家喜歡到哪裡都沒有關係，每天早上會送我過去，晚上接我回來，為人子女也應該盡點孝心。這件事情，兒子非常堅持。

兒說：「你要為椰若師父盡孝心，我們也要為親愛的父親盡子女的孝道，請將心比

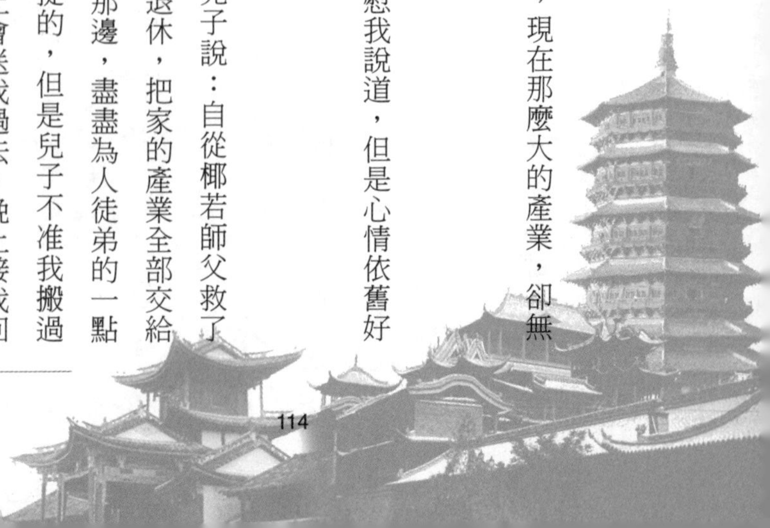

心。」我備受感動。

最後同意兒子的請求，妻子也同意我退休了。年紀大了，習道會慢很多，氣力也不足，運行也有困難。以前常聽來修行的師兄說修行的經驗，我都不以為然，只不過是打打坐，聽椰若師父講講課，以及有一顆善良的心就夠了，如今用心才知道深入靈修是多麼不簡單。中天成就真的與眾不同，椰若師父帶領進入內心極深處，以前的想法全部被推翻。入中天這麼多年，一直在為事業打拼，椰若師父的話都當耳邊風，如今才深入，真枉費這麼多年來的年少時光。然而，椰若師父他一切隨緣，從不勉強別人，是我自己不爭氣，但窮真的會讓人以金錢掛帥，矇蔽了真心。

我重新跪在椰若師父面前，說：「師父您以前救過我一次，如今大限將至，我真心悔改，希望師父再救我一次。」

椰若師父的年齡雖然和我相仿，但真的是大師風範，仁慈有加，雙手扶我起來，這個姿勢就如當年扶起我一樣，我感動的掉下眼淚。

椰若師父慢慢的說：「都幾歲了還哭，我會盡力幫助你的，不過你要把心放在這裡，不能再像以前一樣散漫。」

如今大限將到，雖然年紀大了，但我非常拼命，真怕一覺不醒。於是一天當成兩天用，同修不明就理，常說我那麼認真要考博士嗎？這段時日的內修工作很勤，加上椰若師父教導有方，讓我真正體悟什麼叫層次，什麼叫境界，真的只能意會不能言傳。這三年來內功外德真的很用心在做，我也自認很滿意。有一天，椰若師父對我說：夕陽無限好，可惜近黃昏。三年一到，雷部師兄將我接至中天精靈所。

阿興很激動，淚流滿面，大家安撫一下他的情緒，讓他平靜下來。

過一會兒，情緒穩定了。

阿興問特史說：以下是天上功果的論判，能不能說，這會犯戒律的。

特史：這無妨，讓人間知道一點功果論判也不錯。　無無極雷祖早就下旨給我，但說無妨。

神將：雷部師兄將我接至中天精靈所，精靈所是所有仙神接受敕封前的訓練宮殿。精靈所的教導師提及我的功過，修道共三十多年，內功部分修到太極第三級，但外德功德非常大，財施、法施創造無量功德。共渡了三百八十七人，得渡者上無極天者有一

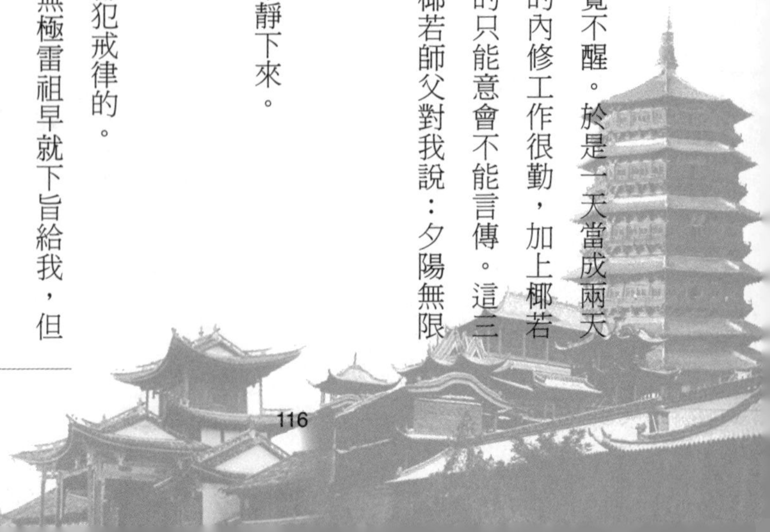

人、太極天二十至二十七級者有三人、太極天十至二十級者有五人、太極天一至十級者有八人、皇極天者有二十八人，其他還未登錄。至今為止， 無無極至尊玉皇上帝大天尊加重比重評分，所以功德部分加計二十三級，你前世因果被減四級，所以是太極天二十二級，也就是太極天上品第四級。如果所渡之人的人數或級數再提升，可以再加級。因為生前為中天法門徒弟，在精靈所授業後，要出精靈所時， 無無極雷祖徵詢我的意願。我意願為雷部奉獻心力，為九大行星系地球定巡將官，並呈 無無極至尊玉皇上帝大天尊敕封定巡將官的果位，敕封後恪遵職守從不負使命，並時常接受中天精靈所的進階訓練。又過了五十年後，加分出來了。我所渡之人上無極天一級的有四人、太級天二十至二十七級的有五人、太極天十至二十級的有五人、太極天一至十級的有十人、皇級天的有三十人；第二代太極天人數十人、皇極天四十五人，這是我所有的成績。加重計分後， 無無極至尊玉皇上帝大天尊批示光榮登上無極下品一級。能登無極者真不容易，夢中都會偷笑。我再回中天精靈所接受無極班的訓練。因擔任巡將官後，愛上地球，也愛上雷部，便以無極之尊，受敕封為九大行星系雷音塔司令官之果位，很棒吧！

此段敕封文，無關修道，這是以後的成就果位，努力耕耘，自然有收穫，若問成

果，要看你怎麼栽。

我說：既然你已榮升司令官之果位，又是無極天的層次，為何不進入中天的極樂世界——無無極團隊！聽　無無極雷祖說是個不退轉的逆轉時空。

這時神將再望望特史，特史示意可以說不犯戒律。我想法界之所以有秩序，戒律是法界的命脈，無戒律法界將會無大道之行。

神將：我說的沒有　無無極雷祖好，我只將知道的說一下。要進入中天無無極團隊要符合四個條件，我的資格是符合，但是我的真靈壽命還太長，不符合三分之一的條件。

我說：要如何知道自己的原靈剩下多少壽命？

神將：真靈有自己的機智，有一天你成為真靈，自己的本能就會明白了，你今非法界之真靈，無法了解真靈所有的能力。其實無無極團隊據我所知，是因為壽命的問題才會願意進入，因為它可以回春，如果不是壽命的問題，大部分都是接受果位。果位有兩

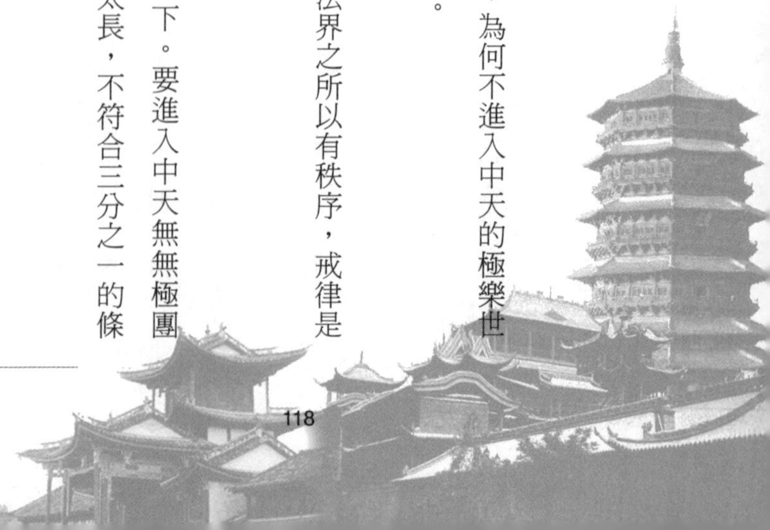

種，一種是有帶任務的，一種是無帶任何任務的。

我說：自小我一直聽人家說，誓願進入極樂世界，今天司令官怎麼對極樂世界的解釋不同，難道又是人間誤解極樂世界的真義。

神將：每個仙佛要進入極樂世界的意願不相同，大部分是因為壽命的問題才會進入。因為極樂世界是可回春，使年齡再回復原始，也可以不退轉，永生駐守在中天無無極團隊的極樂世界，過著無憂無慮的永恆之生，也沒有生死輪迴的痛苦，自由自在。但回復青春後，不能有一念，如枯木之無聊，悠悠的時空，無所事事，終於又思心動念，再重回到凡間來受歷練，畢竟凡間是五光十色。由極樂世界倒裝下世，只能到凡界，不能再逗留法界，這就是為什麼凡界有那麼多倒裝下世的，就是從這裡來。而為什麼有那麼多的仙佛降到凡間來？

此時特史示意神將不要再說，因為會打擊到凡間的思緒意願。

神將：以上所說只代表我個人的意見，不可用法界大體來解讀。不過話說回來，中天三億個果位也很迷人，不論帶任務或不帶任務的果位都是凡間夢寐以求的果位。我現今享受果位的成就感，不過再過幾千萬年之後我的真靈壽命不到三分之一時，也會入無無極團隊，畢竟在無無極團隊我可選擇不生不滅，永不受輪迴。

我說：感謝神將的述說，讓我更明白天體的運行，不會如在五里霧中。那司令官你認為中天辦理普渡好不好？

神將：中天法門實在太好了，這其中隱含千古之秘，不是中天之外的法門可以學到的。尤其中天三寶，更是果位的保證，天恩師德，無以為報，現今吾之果位，不是區區凡夫之身可以想像的，但中天法門就是這麼容易修的法門，不像其他的法門，修了好幾十世還沒修好，我是活生生的例子。

我說：感謝司令官接受訪問，請好好監守崗位，有機會關懷一下地球的中天法門，並關心一下我們的發展，也希望給予更多的協助，在此僅代表地球中天法門獻上十二萬分的感謝，並祝福你及各位。

神將：我前有定巡地球五十年，而愛上地球的美麗，如今在地球的雷音塔，我亦是中天之信徒，因此會特別關心地球的中天法門，雖然地球的中天法門才剛萌芽，但中天可是非常古老的公務機關，這點請師兄放心。

我說：感謝司令官對地球中天法門的關懷，有機會再來拜訪，也謝謝特史耐心聽司

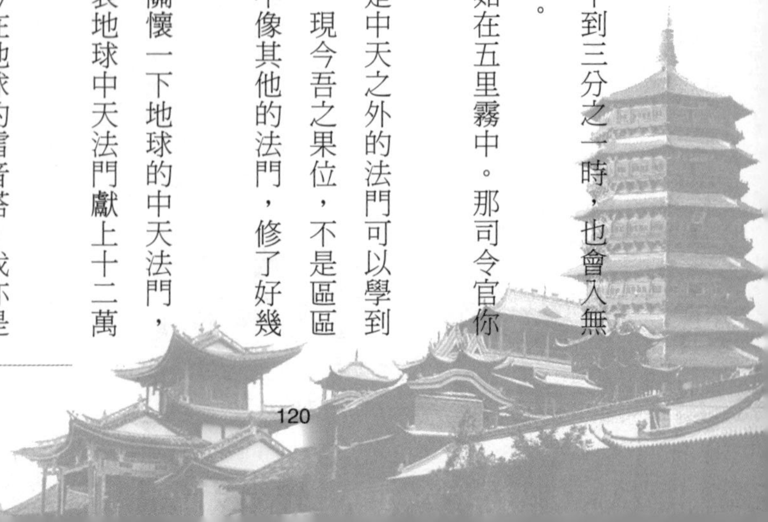

令官敘述。

神將：後會有期，把任務完成後我們天上再聚。

所有中天的長官、仙神及眾師兄弟都祝福地球中天道場的成就，拜別了眾神將，一一道別，依依不捨終要捨，師兄弟倍感溫馨，以念力出了雷音塔，回返地球。

《新中天勿用舊思維，勿用先入為主之觀念解讀新中天。》

【文後筆記】

一、雷音塔擁有如核子能量的幻象靈石。

二、幻象靈石是法界自然之精，它擁有吸收及利用靈流能源。

三、雷音塔到地球需要地球時間多久才能顯現音像？

四、太陽系內的一舉一動全部都在無無極雷部雷音塔內監控！

五、雷音塔的功能保護地球的生存也使太陽各行星都有固定的軌道在循環。

六、地球所謂的天知、地知、你知、我知，天知就是指雷音塔。

七、凡間人不要以為為非作歹無人知？你的一生都嘛全記錄。

八、雷神在人間，只能執行祂既定的任務，雷神本身並無裁定權，也不能隨意變更任務！也不能私自行刑，除非上級雷部有臨時下命令，否則是不能管人間事的。

九、陰魂過了七七四十九天之後，靈魂會復活。

十、幽冥之十殿閻羅亦是中天的官階，凡間之土地神、城隍爺亦是中天的官階！

十一、幽冥界的主管又是何人？幽冥教主，為什麼叫教主。

十二、宇宙間共有四十八座雷音塔。

十三、所有智慧星球都依照既定的規程在發展，不可違逆大道，太過偏激的話，最後都會走上被毀滅的命運。

十四、外星系聖連達星古老的星球。

十五、人生不會沒有路，看你自己怎麼看待自已生命的意義。

十六、由無無極雷部轉承無極東天，去改善命盤，改造本命。

十七、中天道場可讓你在世時就可實證，這是所有入世法不能做到的地方。

十八、救人的定義是要他上的了天堂才算真正救了他！而不是帶進門就算救了他！

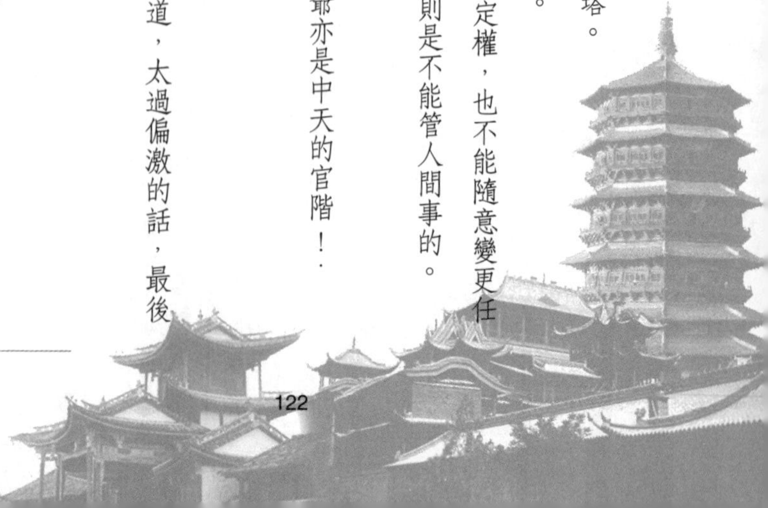

十九、自古誰無死？留取丹心照汗青。

二十、什麼叫「層次」，什麼叫「境界」，真的只能意會不能言傳。

二十一、功果論判，上天自己會算清楚的，一世證果在中天法門。

二十二、要如何知道自己的原靈剩下多少壽命。

二十三、為什麼有那麼多的仙佛降到凡間來？

第七章

訪中天精靈所

是夜，朦朧之中秘史叫醒了我，靈性甦醒。

秘史：今夜我們奉旨拜訪中天精靈所，就是靠近西天的那個訓練所，也就是你常跟我辯的那個精靈所。

我說：我已經知道了，因為看到別人的《天堂遊記》，誤認玉皇上帝在忉利天的第二天。我有詳細再回去看別人的《天堂遊記》，他只看外面的招牌，根本沒有進入，就說玉皇上帝住在第二天，還廣為流傳，其實他看到的就是中天精靈所。秘史我有沒有說錯。

秘史：你現在沒有說錯，為何以前老是跟我辯，還說別人有遊記記載不會有錯，我們今天要去拜訪，你如何說？

我說：以前不知道以訛傳訛，如今已明白，就是出了天界的第一個宮殿，就是中天精靈所，每次都有經過。九大行星系之凌霄寶殿我們也常經過，是兩座不同的宮殿，中天精靈所是靠近西天的。那中天精靈所宇宙間共有幾座？

秘史：中天總共有三座精靈所，這個是比較靠近九大行星系的，不過還是離太陽系非常遙遠。

我說：我有看過幾本「天堂遊記」，人家都是濟公活佛或觀音菩薩帶路，怎麼我們都沒有。

秘史：法師。你是嫌我不好還是嫌我囉嗦？或是嫌我法力不足、沒有知名度？我的果位官名也蠻好聽的，　無無極雷祖不讓我表明，不然我也可以在《中天天堂遊記》中出一下風頭。開開玩笑。濟公活佛是西天的神祇、觀音菩薩是南方之雄，皆非直屬中天，中天要自行普渡，借將不是很好也不方便吧！

我說：對不起，我沒有陣前換將的意思，這幾年來承蒙秘史提攜，惠同師恩不敢忘卻，今開開玩笑，不要放在心上。

秘史：放在心上倒是不會，什麼東西都往心上放，心早就被佔滿了，何來虛心向道。如杯子必須每次清空，才能再裝物，自性也是一樣，勿被三毒、八識所佔滿，需常以虛心以待，並打開天靈與玄關接受天界之靈流，洗滌自性，這才是修道之大綱。我們可邊走邊談，啟航吧！

我說：好。承秘史之教誨，銘記在心。

秘史：中天法門是個很好的教門，好修、深度層次又夠，很多個星球都已有中天法門，被接受率非常高，現在有很多由中天法門得到果位者，今天你有機會可以訪問他們。無無極雷祖允許你做訪問，但不要有傷害到其他宗教的言論，這點你要留意。各宗教本是同根生，應該互相扶持而不是毀謗。

我說：我知道如何做，他們屬於西天，而中天才剛萌芽，我有很多地方必須要向人家學習。

秘史：這幾年來教你的符咒，你學得如何有無得心應手。

我說：我們中天有三寶，使用到符咒的地方並不多，不過我學的蠻好的，也知道如何將念力注入符膽中，被接受度很高也很靈驗，不過我沒有在用。

秘史：有中天三寶再用到符咒的地方就不多，符咒另有特殊功能，可以學而不用，也可明白它的程序，減少被算計，畢竟你還有肉身，不過你屬雷部，大概沒有人會算計你。不過有一天你需要千軍萬馬，雷部可以短暫支援你，符咒卻可長時間的駐守。

說著說著，毫光漸亮，我們可以看到中天精靈所了，正當接近中，中天精靈所的神將已在那邊等待，一看又是紅臉，鐵定是雷部的神將，互相見禮回禮。

秘史：師兄，這位是地球中天的第一代師，今天來訪，請師兄介紹一下精靈所現在的情形如何？

神將：感謝秘史，歡迎師兄的到來，在未進入中天精靈所前，大致說明一下。我們現在距離中天精靈所大約三千里，可以看到中天精靈所宏偉的全貌，閃爍著毫光，五彩繽紛非常美麗。前面那座引寺為各宗教共同使用的部分，所以在這個地方你可以看到好幾個星系的人種，也有地球上的不同人種，各星系各宗教裝束的仙神，層次高低階都有，是個雜陳的地方，這個引寺的功能就是各宗教來訪客人會客時等候的地方。引寺進入後為前殿，前殿是較正式會客的地方，內有會客室與接待室。新來的學員會客時都會到前殿來，見面後，如果要停留一段時間的話，就會到引寺去逗留。因前殿有廂房，可以讓訪客留宿或送學員來此受訓之原單位人員留宿。一般前殿比較肅靜，也比較拘謹，所以訪客或原單位人員或者是學員，它們比較喜歡在引寺逗留，排遣時間，引寺、前殿和主殿都是分開的，面積都非常大。引寺和前殿較接近，前殿到主殿有一段距離，主殿共有十二層，內部非常寬闊，共設立訓練班四十八班、休息室四十八間、學員寢室四十八間、清洗間四間、餐廳一間，還有大廣場室、報到室、禪功房、辦公室，還有其他用途，管理人員方面所長一名、副所長二名、管理階層二百四十名、看守員三百二十名，主管單位為無無極雷部。受訓完後，合格者會轉呈所長，再轉呈　無無極雷祖，再

由　無無極至尊玉皇上帝大天尊敕封果位，這就是正式的果位或官職。這裡的教官是由缺額的單位，自行派員來任教官，也由缺額的單位決定適不適用，如果不適用，學員必須再選職缺單位，不然就回原單位。這裡的陳設大部分是白色或銀白色，這代表中天精靈所它位在中天的西方，也就是靠近西天，建築屬白色之意義。因為西天含五教及各宗教之仙聖仙佛，我們中天在靠近西天設立中天精靈所最主要是方便，因為以前中天未有普渡，西天是教育單位，以前都是由西天挑選仙佛來任職中天或各天的職務，也可以說是職前訓練、方便往來，有時不適任也方便退還給西天，只是退還率很低，因為它還可選任其他職位。中天精靈所之所以設立在西天的忉利天旁，為西天的第二天，是因為它層次不高只是個訓練所。中天精靈所為什麼要設立在這麼低的天數？最主要是中天精靈所可訓練一般的仙神也可訓練剛由人間得道的初靈，或由幽冥擢升的原靈，如果設立在高層次的地方，有些仙神是無法適應的，高層次適應低層次較易，低層次者到高層次的地方是無法適應的，甚至無法生存，那如何來接受訓練。所以中天精靈所當然是在低層次設立，以迎合實際需要，而不是所有中天都是這麼低的層次。中天精靈所佔地大概是地球亞洲那麼大，所以我們進入要用低速的念力飛行，如果要一步一腳印，走好幾個月也不會到。

我說：感謝神將如此詳細的說明，我看神將是紅臉的，雷部紅臉神將特別多，請問你是否屬於雷部，那主管所長是屬何天之神聖。

神將：師兄說的沒錯，我屬雷部任職於中天精靈所前導官之果位，所長、副所長也屬無無極雷部，管理或看守有一半以上都屬雷部。而無極雷部教官是職缺單位派來的，經訓練後教官認為受訓者合適，層次也符合，只要教官簽呈給所長即可，完成任務的教官，自行回歸原單位。大致情形如此，我們一同準備起程進入引寺吧！

低空念力飛行，一同進入引寺的前景。兩旁的奇花異草，真的特殊又漂亮，還閃爍著毫光，是水晶石類的建築，前引寺上方有巨大的牌匾，我們應該叫招牌吧！大牌匾用朱紅色的字寫著「中天精靈所」。神將要我們稍候，忽然間牌匾變成白底黑字，很像韓文的字，秘史告訴我，牌匾的字叫「上帝之友」，這個牌匾真的很奇特。接著有一群穿著宗教衣裳裝扮的人，進入引寺。

神將：我們這裡的大牌匾都有此功能，它是一種特殊的靈幻石製成的，這種靈幻石是天地之精髓，它能吸收靈流為能源並擁有智慧，能以要進入者之統合念力或身分地位辨別變換適合的文字來標示，以歡迎來訪的嘉賓。因為中天精靈所進入之人員，有很多星球的人並且各門各派都有，是用以表彰他們的身分，並歡迎他們的到來，這是中天精靈所很用心的地方。其實這個功能你們地球的電腦就可達成了，只是變換歡迎詞的字幕。

我說：今天要是我不來，世人永遠將中天精靈所誤認為中天凌霄寶殿。

秘史：無極凌霄寶殿的玉皇上帝都不辯白，法師你又何必計較。

我說：我只不過說說而已，我也沒有權力計較。

我們走近了，我特別留意看牌匾寫什麼，上面寫著「雷部無上師」，我問秘史何意，秘史笑而不答，我改問神將。

神將：你就是我們的師兄。

我說：大家都叫師兄，小孩、年輕人、老年人都叫師兄，男生叫師兄，女生叫師姊，你說的是何意？

神將：以後你就會知道，此師兄非彼師兄。

進入引寺，地為白色的水晶石，晶瑩剔透，一塵不染，雄偉壯觀，讓人入此境有雄心大志之感。內有很多人種，種類不太一樣，膚色也不相同，不過每個人都好像在公園一樣悠閒，每個人都表現出很親善的感覺，就像世外桃源。

我問神將可否找一個人訪問一下？神將同意了，我們便找到一位在此靜坐的男子，此人黑髮，年齡和我相仿，有中國人的面貌，穿著樸素，好像靜坐定不下心來，時常睜開眼睛，陷入沉思。我們靠近。

我說：這位前賢請了，可否冒昧打擾。

此人立刻站起來，慢慢轉過頭望著秘史，秘史點點頭，再轉過頭去看神將，神將也點點頭，再轉過頭來看著我。

他說：你好，有什麼事嗎？

我看這些動作，便知道此人在靈界可能有一段很長的時日了，一起身馬上了解我們的身分。我們三人之中，秘史地位最高了，秘史可能示意我們是善意的，神將也可能示意這不是官方的訪問，我想我們真的打擾到人家的清修了。

我說：有打擾到你的地方，很抱歉尚請原諒。我著《中天天堂遊記》，故到此一訪，我從地球來的可否冒昧請教師兄來此目的為何？從何處來？

他說：兩位前輩的層次都很高，為什麼層次高的沒問我？倒是初靈的你來問我？

我說：我來自地球的台灣，今為著作《中天天堂遊記》，由兩位仙神陪同參訪，只希望了解精靈所的情形，以後有中天弟子榮登果位，也可事先了解來此受訓的總總要點。

他說：我姓黃，家住台灣的桃園。不過從來沒有聽說地球有中天法門，倒是別的星系有中天法門。我是個教友，傳了很多福音，大概我不太用功，所以級數不高，中天之徵召，我志願前往。我到中天精靈所已經三個月了，人家要的都是高果位，第一次來的志願，教官說我內修不夠。如今東天有個果位雖是低階，教官已同意我前往，我正等無無極至尊玉皇上帝大天尊的敕封，就可接這個果位了。

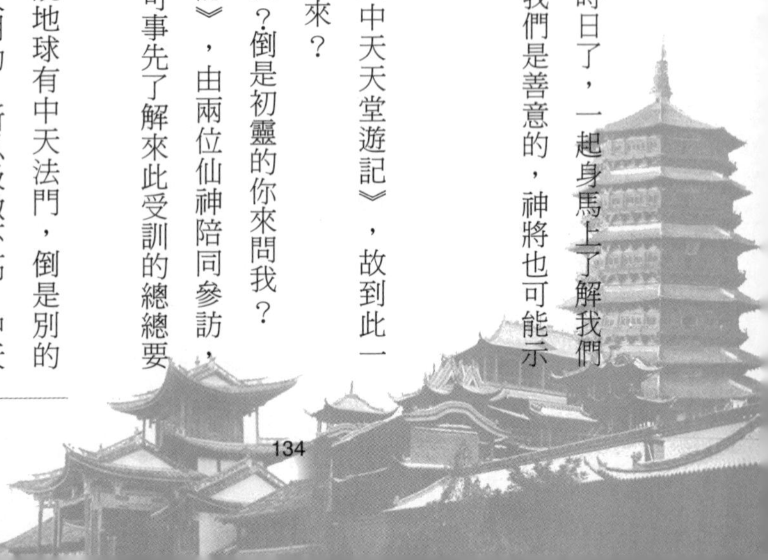

我說：恭喜黃先生榮登東天之果位，到此有何感想？

黃說：中天精靈所環境很好、服務也很親切，最不滿意的就是我的層次太低了。我傳了很多福音，但我的原單位說，我只有外德沒有內功，所以我就只有如此高了，還好受我傳福音者不計其數，否則連果位都談不上。現在我正在努力，在這裡受訓有一個別星系的中天法門，他的層次非常高，也很熱心的教導我，我正在體會他教我的靜坐，可是無肉身，心神不定，太難了。

我說：感謝你，黃先生，我們在此相遇有如他鄉遇故知。有機會再相逢，恭祝你順登東天並祝福你好運。

我們別了黃先生，三人在引寺裡逛了一圈。

神將：我們還有一點時間，這引寺有很多廂房，給會客的客人住的，各教之領隊也都住於此，我們可以參觀一下。所長今天很忙，所以我們有較多的時間參觀。

參觀完後，我們以念力飛行進入主殿，主殿有人守衛，左文官六名，右武將六名，神將以靈界語言快速溝通，守衛鞠躬，我們也回禮，進入主殿。

神將：來此受訓的都是準神仙，主殿是訓練的地方。每一個缺額的單位都有一間教室，絕對不會混雜在一起，而且層次分的很清楚，教官依排定的課程上課，學員輪到自己的課，會自動來上，沒課的回寢室或到休息室休息。秘史、師兄我們先上所長那兒拜訪，再來參觀受訓的情形。

主殿非常大，富麗堂皇，殿內有十二層，每層都有好幾百里長，所長在最高的那一層，因為它是斜坡式的建築，愈低層基地愈大，愈高層愈小。銀白色宮殿非常壯觀耀目，我們直接以念力飛行上到十二層所長室前，兩邊整齊種植奇花異草，五花十色，點綴的非常得體，所長室前兩位守將迎了上來，並歡迎我們的到來。

我和秘史隨守將進入內殿拜見所長，因辦公務，所長以方便身相見，見其面目紅而潤，形如五十多歲並未著青甲，黑色的長袍馬褂樸素極了，非常和藹可親，腰間有一小腰牌特別醒目。聽說小腰牌只是讓人家一見，便知道他是所長，因為新學員常常替換，只是識別別無它意。

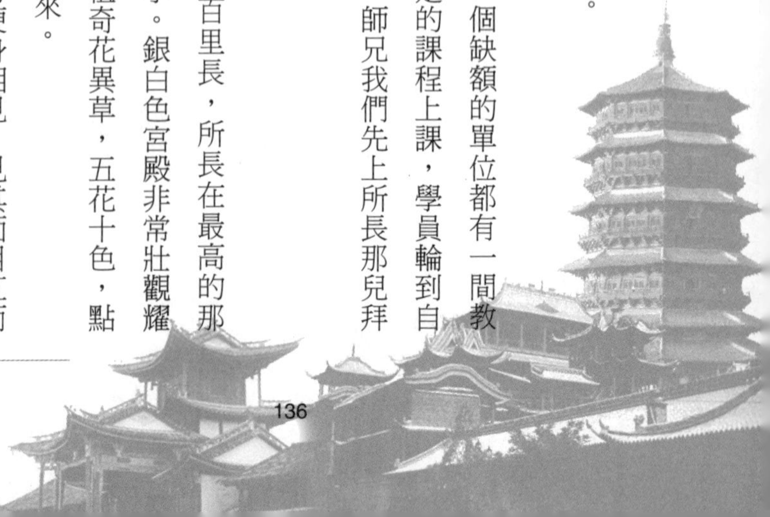

所長：歡迎秘史帶法師光臨，辛苦了，法師更是稀客。備茶。

秘史和我連忙回禮，我們坐定，二位內侍送來茶水與果品。

秘史：感謝招待。法師這是所長的盛意，你要特別謝謝人家，這是你第一次享受天上珍果，你不是常抱怨沒享用過天上聖品，今天就不要客氣。

我說：心照不宣，所長也是中天神，何必說見外的話。

這茶水喝起來有一點像低濃度牛奶的口感，有一點點甜度，但卻清香異常，有點像茉莉花香，讓人口齒留香。第一次喝特別在意，喝起來神清氣爽，不過是不是心理因素就不知道了。果品有點像桃子，顏色內外都是鮮紅色的，無子有甜度，非常清脆，有番石榴的口感，味道如玉蘭花香。

所長告訴我，這不是願力所化，而是靈界有一個地方的特產，非常珍貴，所以特別感謝所長的招待。

我說：聽說天上的瓊漿玉液，奇珍異果，吃了會增長智慧，還會延年益壽。所長這是真的嗎？

所長笑了笑，表情有一點無奈。

所長：那是對凡界人說的，法師你會相信嗎？

我說：我以前沒吃過所以不知道，今吃了也要等很久才知道是不是會延年益壽，所以請所長明說。

所長：或許對凡界會延年益壽，但靈界的吃食是以靈流為主。靈流充足的靈界是不需要吃食的，就算是吃食也只是調劑一下而已，沒有多大的用處。倒是靈流較缺的下靈界，是需要補充一下能源，大概是如此。法師你屬於哪一種？法師今奉法旨前來，最主要是了解中天精靈所的實況，也允許你做個採訪。

我說：感謝所長的通融。中天精靈所是進入果位的第一關，也是成為神仙的訓練所，所有修行者都希望知道，以前沒有人進入中央系統，當然不會有人知道中天精靈

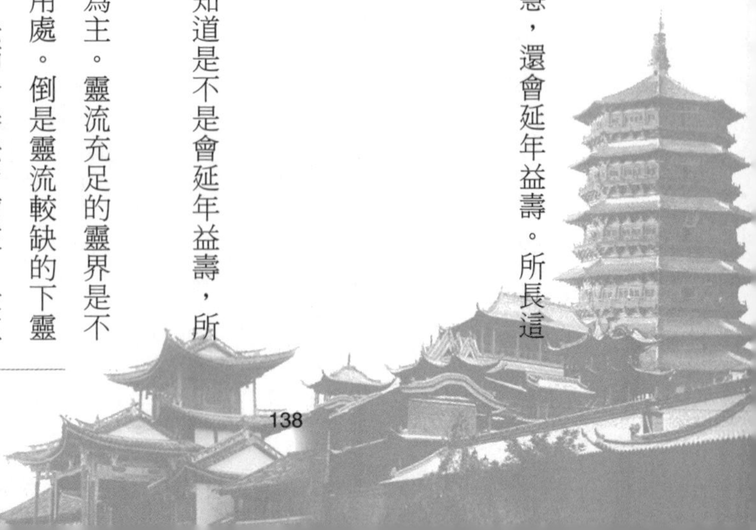

所。要成就正式官位的果位，一定要經過中天精靈所。所長之任務何其偉大，我今還在學習階段，也希望所長指導。

所長：法師你太客氣了，法師是倒裝下世，否則無無極雷部之令旗及掌心雷印，不會印證在先天手上。再說，將來播種對中天之功德也無可限量。

我說：所長太抬愛了，畢竟我是凡人之身，必守凡人之規程。中天萌芽之初更需仙神的輔助，如果有一天我地球中天法門，有榮登果位之學員進入中天精靈所受訓，希望所長能疼惜並倍加照顧，我在此代地球中天法門深深的感謝您。

所長：跟您下凡前的情誼，我定竭誠的照料絕不負所託，有地球之中天成就學員，我雷部會派專員去承接至中天精靈所，所有行儀我會去注意，也請法師放心的交給我們。現在帶你們去參觀他們接受訓練的情形。

一行陪同下階來，一整層都是教室，教室非常的寬大，中天法門在此有六個星系，每一星系的中天法門，都有一間專屬的教室。實際上只有五個星系，因為地球中天法門是空的教室，沒有掛上任何名牌，但已經是預留好了。這五個星系的中天法門，名牌插的滿滿的，地球所屬宗教教室有十二間，算一算地球的宗教算是很興盛的。

中天法門除了地球之外其他五間都是滿額的，不過宗教的教室共有六十間，每間教室插的名牌都只有兩三人，難怪中天很擔心招不到學員。以前都由西天提供學員，現在西天自己都不夠用，哪有學員可讓中天來用，所以中天不得不自己下凡去徵高層次的學員，因為中天怕以後無以為繼。

比較特殊的是幽冥教室，只有一間，人數約五十人。所長解釋，它們是同一星系同一團體才會在一起上課，班班客滿要輪流上課，它們授業較短，結業後只有任職天界的兵卒之職務，再看以後修性的成績，看是否有晉升的機會。

幽冥上來的必須排長隊，要經過很久才排得到，為人不修真是可惜，到幽冥界反而痛定思痛。幽冥界修性的反而比凡人多，大概是人不到黃河心不死，難道凡界要比幽冥界難渡嗎？還是凡界的人喜歡到幽冥界去排隊？還是凡人喜歡到幽冥界受苦後，才知道反悔？

我們只在外面長廊參觀，以免打擾到他們上課。

所長：天上諸天神聖，常苦口婆心勸世人修性惜福，有時也會顯露神蹟來說法，如今令旗、雷印顯化，無非是勸化平等覺性原子實證果位，來登無無極團隊。幽冥修性需排隊，凡人修性等無人，世人癡迷過甚，迷戀現實科學，常認假為真，不知返璞歸真，在娑婆世界輪迴再輪迴，不思忠，不思孝，不思仁，不思義，人生中只重財利，千萬財產也是南柯一夢。自古至今，誰能把權力財富帶走，三毒從不消滅，從不三省吾身，苦海無邊，如今追求大道，只尋中天法門，傳承超生了死之道，採藥以養仙命，輕啟神通以證果，萬古祖師秘訣在中天，如果還不心動，大智大慧亦枉然。

我說：感謝所長開示與教誨，眾原子不悟與難悟，亦是我未盡解說感化之責，我應更盡心盡力。我想可否請教異星球中天法門之得道仙神，以充實我的經驗，也可為地球之中天法門為準繩圭臬。

所長：訪問沒問題。其實來此上課的情形，你一看便知道，各宗教之人數寥寥無幾，中天不得不自行辦道，眾原子貪求近功，不知修道者說是迷信，而修者總找不用動腦筋的方便門，不知何謂正解，偏門邪法或求速登法界之法，一步直超，這樣是很難登上仙神界，可悲呀！求法不能登仙神聖人界，你也無法回返凡間哭訴，對不對自己要承受，所以未往生可求證之法，是最實在最有保障之法，哪個法門可求證，只有中天法門可求證。中天法門第一代師，區區平凡身，肉眼看肉身，法眼才能看法身，誰識得無上妙法集一身，大智大慧真識者才能上無無極逍遙天界，脫離輪迴，永證蓮品與天同壽，超生而了死永不退轉。

我說：所長之言我明白，口傳心印只有歷代祖師有。今天中天法門亦用祖師秘法，祖師秘法口傳心印，戒律上只能傳一人，中天法門不口傳，要心印而傳祖師法，以使祖師法暗渡陳倉，有傳祖師法之實而規避靈界之戒律（天條）。不修而言一步直超是不可能，就算有祖師秘法還是一樣要修，哪一代祖師不是頓悟修行的，哪個祖師不修就能成道的。知心、知性卻無法清源，無法撥雲而見月，枉費大聖法。所長我說的對不對？

所長：法師所言甚是，天上果位不是垂手可得，必須付出代價的，不是科學進步就可以把它濃縮講求效率。既明白秘法不輕傳，中天三寶證蓮品，我在中天精靈所等候你。這上課之情形已看清。我請神將和你到寢室去做訪問，訪問別星球中天法門之成就者，我去會造成學員的不便，因為我是所長嘛！希望這次訪問有助你以後的推展。有緣再相見，我希望能見到您的學員到這裡來。

我說：真謝謝所長這次的開導，有緣再相見。

神將：秘史、師兄請隨我來。我們以念力低空低速飛行。

神將：這裡有五個星球的中天法門，您想訪問哪一個星球，他們有一部分去上課了。

我說：有個叫聖連達星的吧！

神將：那麼我們就訪問這個聖連達星吧！

我們進入寢室，門口掛的牌子，他們的文字很像韓文，我想大概是聖連達星的意思吧！

神將：各位將來的中天神仙們，大家好！這位是我們雷部的秘史，這位是地球中天法門第一代法師，你們請一位層次較高的學員出來接受訪問好嗎？

其實神將說這一段話時，是以聖連達星的語言發音的，我當然聽不懂，我是個初靈者只會使用自己的語言，聖連達星這些學員也都是初靈者，他們也只會自己的語言，語言上是無法溝通的。

神將一進門就為我們翻譯，但翻譯的狀況是非常特殊的，我講話時神將的頭上會出現他們的文字，表達我說話的內容，他們講話時神將的頭上會出現我們的中文，表達他們現在說的意思，真是方便。如果在靈界久一點，使用了靈界語言，就什麼話都會通了，靈界的語言是非常奇妙的。

我說：這位先生好，請問你們聖連達星現在的中天法門，辦得如何？是不是很進步？

受訪者：我是聖連達星來的，我姓宣端，剛到這裡受訓，以適應以後任職中天天神的環境。我們星球中天法門的師父，現在為第十二代。聽說我們第一代師父有令旗、雷印，我們的經典上面也有記載，不知您為九大行星系第一代師父，是否也有此法寶？

我說：宣端先生，你說的沒錯，我為第一代師確實有令旗、雷印。你們現在沒有令旗、雷印要如何來使用三寶呢？你所說的經典是何經典呢？

宣端：經典大概都是歷代師父的事蹟或者是說過的話，以及一些親身實證的故事，也有宣揚中天三寶的神奇體驗以及解說中天三寶用途的書。至於沒有令旗、雷印，我們由第十二代師父代替第一代師父以觀想法打開玄關，以第十二代師父的能量幫我們渡靈流。中天三寶之中的採收天地精華、地氣或草木靈氣，我們則以實物或觀想再使用自性診視，渡入靈流。至於指令以第十二代師父觀想用能量代替第一代師父傳授，這些我們都做的很熟練。我是歸入　無無極至尊玉皇上帝大天尊的門生，我們每天以禪力唸　無

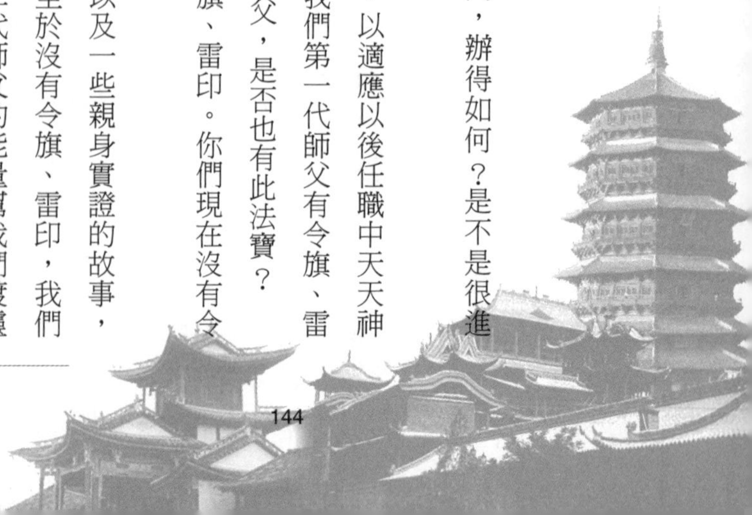

無極至尊玉皇上帝大天尊二千次，以歸願為中天國土。我修了二十年，法施不多，只偶而說給朋友聽。我有一些財施，幫助道場，也資助過一些窮困的中天法門同學。我本來有證果位至太極中品五級，因前世因果抵掉了三級，所以現在是太極中品二級，我已經很滿意了，凡人能修那麼高，在夢裡有時候還會高興的偷笑。看經書上面的記述，說第一代師父在世時，有真正的令旗、雷印，能量純厚較容易成功，真的嗎？我看您瘦瘦的仙風道骨，真的會能量純厚嗎？

我說：宣端先生，能量不是由體型來判定的。我現在是真靈，能量是不會形於外的，肉體上更看不出來，它是一種無形的能量。等一下請我們的神將幫我看一下。至於第一代師墾荒是不容易的，必須接受很多的挑戰，甚至會受到人身攻擊，所以忍耐度要比一般人來的高，有緣逢第一代師是要有天時、人和的。人都有先入為主的觀念，第一代師是全新的法門，因為沒有進入過中天法門的嘗試，要嘗試過才知道是不是真實的。一般而言，第一代所傳的法寶，上天會比較優待，大智慧者很容易得渡成就。您到第十二代師還能修到太極中品二級，實在不容易，我看您是很努力了。

神將：還好所長今天派我來充當你們的翻譯官，還要我幫你們看能量，沒有一點能力還真的會被你們考倒。宣端先生，你們都是初靈無法觀察到無形的能量，等您到靈界久一點，自然而然會很清楚的看到無形的能量。師兄是初靈，就算能量充足也不會發光，但依我看師兄之體通徹光明，是充滿能量的表徵，我想這大概是你們所說的能量吧！其實令旗、雷印我倒認為是神蹟，我沒看過令旗、雷印，但我聽所長說這威力可以撼動靈界山河，所長層次這麼高，他說的話我絕對相信，我想這威力可能也會很少使用吧！聽說你們地球的達賴喇嘛在尋找真主時，也使用神蹟在認定，如果達賴喇嘛也有令旗、雷印，是不是一看便知道，豈會鬧真假呢？當然有法眼之高僧一看便知道哪一個是真的，問題出在有法眼的畢竟少數，才會鬧雙包。

宣端：對不起，第一師，我不是有意冒犯，我是很尊敬您的，只是我言語能力表達不好，沒有修飾，希望您能體諒。您說的沒錯，我是非常努力才能登上太極中品二級的果位，第一代師難遇，如果我現在立即誕生於地球的話，或許來得及追隨您，拜您為師，您看如何？

我說：這我不敢決定，你現在是天上的神仙，我沒有收過神仙為徒，這要請示秘史。

秘史：法師要收徒，是法師個人之事，這不能代你決定，不過這樣會不合體制，我想如果有緣會再相聚的。

宣端：只要有機會我會慢慢等的。有第一代師的令旗、雷印，好好修，上無極天界是沒有問題的。只是凡人不識，有中天三寶為後盾，自我領悟價更高，有第一代師提攜，上天得神仙果位、大羅金宮為仙居，該是多麼逍遙。

我說：領悟後再修三寶，功果會更高，如果不用功，只是依樣畫葫蘆，威力會遜一成的，如果你以前也領悟到此點，造詣會更高！

宣端：做人的時候，不會想的那麼遠，能有機會入中天，機緣算是很好。有的苦口婆心的勸說，還說我們得到他什麼好處，到了往生之後才會知道，原來自己錯失良機。現在的我已經很滿足了，有了果位，多少人欽羡，當初的選擇是對的。

我說：說的也是，人都是以自我為中心，要破執是困難的，要起大信心更難。否則眾神仙們就不會感嘆世人難渡，感謝您接受訪問，有機會遇到我地球中天法門學員，要幫我們照顧一下，感謝您也謝謝各位前賢，你們都是學長，一定要幫助地球的中天學弟學妹們，再次感恩。

神將：好了，終須一別，我們告辭。下一站是行嘉卡星，各位學員請推選一位層次較高的準神仙，代表行嘉卡星接受地球第一代師訪問。

他們非常熱情的鼓掌，並一起圍了過來，感覺熱絡又親切，推薦一位長者，年約七旬男相，短短的白髮，白鬍鬚約半尺長，兩眼炯炯有神，精神非常好，態度和善。我們地球常把外星人形容成ＥＴ、高級動物或像妖怪的造型，其實外星人和我們進化年代所差無幾，體形雖有差異，但相差不大，五官七竅大致也相同。

我說：眾師兄、師姊，大家好，這位前賢請了。你們星球的中天法門，現在情形如何?可否講述一下。

他說：我叫阿魯道是由行嘉卡星來的，我剛蛻化不久，由雷部神將接來此受訓，我的果位是無極中品二級。聽這邊的前輩說，行嘉卡星到這裡受訓的，比我層次高的還很多，並讚揚我們行嘉卡星是智慧之星。

這時所有行嘉卡星的學員都大力的鼓掌，有的學員還會豎起大姆指，表情很調皮。我想這個星球的人非常開朗，樂觀進取，充滿活力，足堪稱為智慧之星亦不為過。

阿魯道：我們行嘉卡星的中天法門現在是第一代法師，我想快接近涅槃了。因為我們法師年事已近八十了，以我所知道的，我們中天法門現在正快速成長中，快接近一萬個名額了。聽法師說好像中天法門第一代師只收一萬名，不得超收，這麼好的法門要停頓下來實在非常可惜的。我是個內外雙修者，只要能上無極天，即可申請進駐無無極大羅金宮的資格，也可進入無無極團隊，受返童之靈界清洗，永不退轉。

我說：阿魯道！您是內外雙修，是如何修呢？是否和我們地球的中天法門一樣嗎？

阿魯道：我不知道地球的中天法門，會不會跟我們的中天法門相同，我將我的修道過程大概說一回。那年我四十五歲，事業小有成就，存了不少財富，有一天我的老朋友來找我，跟我說了一大堆人生真諦，以及以後何去何從的道理。此時的我已經擁有了財富也不需要再為衣食打拼，當然也失去了奮鬥的意義了。而他說撥一點時間為將來打算，有個法門非常好，很難再找到這麼好的法門，輔導修道也做得很好，持續幫助您，直到您有能力上到天界為止。如果我們修得好，也一樣要回饋輔助後來的修道者，這是一個新興的法門，才到第一代師很容易修的，他現在已經證得採藥的階段了。他一再以身家性命保證，叫我趕快，絕對可以學成，這麼好的修道門路，以後會鴻圖大展的，並說了一大堆生生死死何時了的故事。說得我真心動，我對老朋友說，我經濟上現在很穩定的成長，衣食也無憂。有時候會回想孩提時以及奮鬥過程，總覺得心裡很難過，為什麼時間過得這麼快，想想將來又會怕，如果再過個二十年，是很難去想像的，是很老了？還是已經死亡了？還是在生死的痛苦邊緣？經您這麼一說，我也想找個了生死之路，他真的是個明師嗎？老朋友一直保證，只要我肯修，一定會當上神仙。老朋友安排我和第一代法師見面，法師和藹可親，蓄短髮，長相、衣著均不突出，但有一股說不出來的莊嚴，大概是我已有先入為主的觀念吧！那一天老朋友的安排，特別印證了令旗及雷印，印證後再和法師談了一席話，法師只是扼要的說明了一下，並沒有強迫我一定要參加，但當場我決定拜在法師門下，並下定決心我要修好。那天晚上，我們共有五個人行拜師禮。法師為我們開玄納氣，也為我們灌氣以及在體內做一些調整，並要我們每天有時間自行學習靜坐。如果靜坐有疑問，隨時為我們渡氣調整，並指導驅妖的方法，並以指法汲取自然界草木或地氣精華，以及吸收來自宇宙之靈流。我為　無無極至尊玉皇上帝大天尊之門生，故一天要持名一千次　無無極至尊玉皇上帝大天尊名號，並以靈動持修持名之法。剛入門的我們哪裡懂得那麼多，漸漸了悟、明白自性。我非常用功，果然四個月後我初次證入採藥的階段，欣喜若狂，我也開始規劃持戒自己的行為，不越矩、提得起放得下、口德沉著孝順父母、靜坐思己過、不貪財、取之有道、逢友法施、熱心公益、教友有難也施於財、也幫助推廣道務。法師告訴我，不要好高騖遠要真才實修，不要講得很深奧卻無法做到那是沒用的，以最平凡的日常生活規範即可。雖然是日常平凡的修法，卻是最偉大的。每個環節必須親自去體驗，以上我講的都是平凡的，但每一點我都做到了，也持之以恆。漸漸的第六感越來越靈敏，精神也日益清明，未到之事，有時可在夢中看見，也常會有心電感應，我不知這算不算是證入神通。但法師也常告誡我們，躬身可行為日常法，不受文字語牢，了悟自性，這才能灑脫行道，法師對我之恩如同天高，我們也常銘記於心。

我說：阿魯道你說的中天法門之大意，跟地球的中天法門是差不多的。所以以令旗、雷印幫助每一位修行者是法師的第一要務，我也希望中天法門每一位修行者都能證入採藥，證六神通，都能上無極天，當個無憂的大羅金仙。阿魯道，您希望在中天何處擔任神職呢？

阿魯道：南天無極界我覺得不錯，教官有跟我談過，我覺得很好，所以我會往南天無極界去任職。

我說：在此恭喜阿魯道，並恭喜各位榮登仙神界。

神將：所長有交待，帶您參觀一下，中天精靈所非常特別的仙靈泉。

以阿魯道平常修持中天之法，有信心、毅力、持之有恆，一樣可修至無極界。修道明了時，宇宙循環在我心，其功德勝殊一切法，明白其中之道，謂之得道。

辭別了中天法門各學員之後，我們一直往中天精靈所低層走去。

神將：我們要往地下一樓，那裡有很多神將看守，有一個中天精靈所獨有的奇景，叫做仙靈泉。聞其名您可能會誤認為它是一個瀑泉、溫泉或溪水源頭，其實它不是，它是由一種叫仙靈石所發出來的一種霧氣，這種仙靈石非常稀少，它是宇宙的精華所化的，經幾千億年的累積才形成的，全宇宙只有三個中天精靈所各有四塊，這四塊排成一個四方形，它也吸收靈流為能源，它會製造一種帶黃色的霧氣來。仙靈石是宇宙精英，它會判斷吸收者需要多少的霧氣，以噴霧的方式提供吸收者使用，一般輸入約需要二十分鐘至三十分鐘的時間，依吸收者的體質而定。這種霧氣只針對靈界下層次者有效，一般所稱的靈界下層次是屬於幽冥世界，在凡間界之上層以上我們統稱為神界。這種仙靈霧氣對神界以上者，一點效果都沒有，所以只用於幽冥界來中天精靈所受訓練者，幽冥界也屬於靈界的一部分，只是幽冥界層次較低而已，很多屬於靈的功能，在幽冥都無法去啟用，最主要的因素就是幽冥界無足夠的能量去啟動，所以形成很多限制，是幽冥痛苦的根源。因為如此，幽冥界的原靈是無法進入神界的，一旦誤闖神界，幽冥原靈會覺得很痛苦，甚至無法生活，這是一種自然的屏障，無極和太極、皇極是一種屏障，太極、皇極和幽冥也有一種屏障，這是自然界所形成的一種秩序，如果沒有屏障，靈界秩序就會混亂，所有幽冥界全偷偷跑上神界，神界防不勝防，抓不勝抓，也永無寧日。但有一天，真靈在幽冥界表現良好或三玄七祖被擢升，它如何由幽冥界進入神界去接受訓練呢？就必須接受仙靈泉的浸漬，以後才能在神界快樂的接受訓練，但是仙靈泉不是永恆的，只能維持半年的時間而已，如果你半年受訓練，還是無法把層次提昇至神界的話，就只有退回幽冥或再做一次仙靈泉的浸漬。如果在幽冥界有修行自行脫離幽冥界的真靈，因為層次已達神界，到精靈所訓練時，就不需要使用仙靈泉了。所以仙靈泉就是幽冥界真靈未達神界才需使用的。

我說：聽說別人擢升是九玄七祖，為什麼我們只有三玄七祖呢？其中有何差別？

神將：所謂三玄，就是直系子孫共六代，七祖為祖先八代。祖先大都已逝，所以對祖先提升是孝順的表現，也就是八代祖先未超生或未入神界或已入神界，希望有再升級的一次機會。如果是三玄的話是子孫六代，理應見賢思齊才有意義，如果子孫都無法孝敬你，都是不肖子孫，恩澤於子孫六代已經夠多了。如果是九玄的話那到子孫十二代，連未出生的都算在內，這不合普渡意義。您可以認識你的祖先八代嗎？可以認識子孫十二代嗎？我想這些都無意義，幾玄幾祖都一樣，最好能自修，這才是真實的。勿以為是蔭護祖先或子孫，只是給他多一次提醒的機會罷了，幽冥自修一樣可以擢升神界，不一定要使用這個管道。

我說：經過這個管道，上到神界的多不多？層次如何？

神將：一般使用這個管道，都是現成撿便宜的，不喜歡動腦筋的，有修行修道的門路，為何不去修，經過這個管道還是要修，只是前面修還是後面修，還不是一樣要修。使用這個管道的真靈，在接受訓練之時，也常常會自以為是，凶性大發，拒絕修行，所以成功率只有百分之二十，其他百分之八十還是會回到幽冥界。這百分之二十，一部分會再轉世為凡人，再接受下一次的考驗，有一部分會分發到各天去任公職，有機會再回訓練所接受高階的訓練。生前未修行，心存善念者也有很多墜入幽冥，這些心存善念者，也常常自修修至神界，進入中天精靈所接受訓練，自動自發，成就率高達百分之九十九。所以公修公得、婆修婆得是至理名言，不要懶惰成性，希望別人庇護你，這觀念非常不好。我希望三玄七祖這個管道，您也要真實的告訴世人，不要吹噓，不要完美化，不要只說前段好的，不說不好的，不要讓修道者認為他有多大的福澤，既可提升祖先又可庇佑子孫，努力自修那才是真實的。這是宇宙公理，沒有一個宗教或教門可以有特權的。

我說：感謝神將。您說的非常對，只是有點激動，凡事循規蹈矩，依程序步驟去完成，才是最完美的，日無私照，地無私載，道是大公無私的。否則會變成，一子成道三玄七祖都升天，三玄七祖升天還要看以後的修行，才能定果位，不是不用修的。神將我說的對不對呢？

神將：師兄說得對。我不是激動，只是由此管道上來的都自大，以為有人為靠山，最難管教了。

下到地下室一層，覺得濕度較重，有陰涼的感覺，有二十個武將守護，手持兵刃、電叉齊全，這是一個禁絕外人進入的重地，更不希望有幽冥界的遊魂闖入。

仙靈泉中央的部分可能就是噴霧室的部分，前後左右上下全部使用透明的琉璃做成，一個正立方體，大約有四十米長，裡面四塊正是仙靈石。仙靈石為長方體，長十米、寬二米、厚一米，四塊排成四方形，每一塊有一段距離，沒有連在一起。神將說一次內部可容納十二名吸收者。

此仙靈石全透明色微黃，閃著光亮，吸收者未進入時沒有霧氣，前面只有一扇琉璃門，普通時候是關閉的。吸收者進入後再關閉才會開始噴霧。今天特別開一個班，等候我們來參觀，我們進入之後，坐上看台。

受洗者進入盥洗室沖洗後再進入更衣室，十二名依序出來，每個人身上只著一件半透明的黃色披風，長到膝蓋。神將說不能穿衣物只能著這種披風，否則會影響吸收之效果。排成一列，守將一一核對密碼基因，這過程很謹慎不能出差錯的，核對完後將仙靈泉正面琉璃門打開，十二名依序進入，守將也進入幫他們調整隊型，排成內外二個圓圈，面向圈內站立，內圈為四名，外圈為八名，調整好後，守將吩附，等一下琉璃門關閉後就會開始噴霧，稍有刺痛的感覺，但絕對要保持站立，不可以蹲下或躺下，雙腳打開和肩平寬，雙手插腰、閉眼、閉口，精神要集中在玄關位，好好保持這種姿勢。

交待完後守將出來，便把正面的琉璃門關閉，這時仙靈石由透明的淺黃色，漸漸變成不透明的鮮黃色，也慢慢噴出黃色的噴霧，由四面向中央噴出，愈來愈濃，三分鐘左右全部的吸收者均瀰漫在黃色的霧氣中，愈來愈濃，終於人影消失在黃色的霧氣中。

我們在琉璃門外卻一點霧氣也跑不出來。我們等了約二十五分鐘左右，黃色霧氣漸散，再過五分鐘左右霧氣全消，仙靈石恢復了原狀，守將打開門，他們依序出來和原來剛進去並無二樣，換下披風、整衣，在外面排成一橫隊。

我問神將：我可以訪問一下嗎？

神將：可以，但請在原地看台訪問即可，不要接近他們，以免發生不測，他們來自幽冥，兇暴得很。

我說：這麼遠訪問不親切，沒關係，我們下去好了。我有令旗、雷印，他們不敢冒犯，否則會自討苦吃。

神將要再阻止，秘史搖搖手示意不會有事。我們下了看台，走到他們的隊前，我向守將鞠躬，向隊伍行了禮。

我說：各位前賢大家好，我為中天法門，現在是地球的凡人，為體驗精靈所的種種，今天訪問一下大家，一個個回答好了。我請問一下剛才的感受如何？

他們的回答大致相同；有一點點刺痛，有一點頭昏，現在精神百倍，視力加強。

我說：大家有機緣在此相見，也希望大家好好修行，不論輪迴凡間或仙界，一定要珍惜這次機會，失去這次機會，以後可能更困難。

他們眾口說：我們一定會珍惜，感謝大仙的關心，是否請大仙指導我們，或告訴我們一條明路。

我說：其實「修行就是斷因」，而且使用「禪法」，如果你們要進階，中天有安排進階的課程，老師會教導你們。如果有一天和我們中天法門的學員在一起研究，大家當個好朋友是很好的。我衷心祝福各位進入訓練所，也希望大家好好再修行，有成就的一天。謝謝。

離開了仙靈泉，神將還一直說他很擔心，怕有差錯，對所長不好交待。

我說：藝高人膽大，當然有恃無恐。況且秘史在身旁，何懼之有。

秘史只笑了笑，沒有回答。我們感謝神將今天的領路，又害人家擔心受怕，和神將握手言別，交心在不言中，回返家鄉。

【文後筆記】

一、中天精靈所宇宙間共有三座。
二、出了地球天界的第一個宮殿，就是中天精靈所。
三、各宗教本是同根生，應該互相扶持，而不是毀謗！
四、無無極至尊玉皇上帝大天尊敕封果位，這就是正式的果位或官職。
五、中天精靈所設在靠近西天的地方為何因？
六、世人常將中天精靈所誤認為中天凌霄寶殿。
七、中天精靈所是准神仙訓練的地方，層次也分的很清楚。
八、中天精靈所是進入果位的第一關。
九、中天自己下凡徵高層次的學員，是為了什麼原因？
十、原子貪求近功，不知修道者說是迷信，而修者總找不用動腦筋的方便門，不知何謂正解。

十一、口傳心印只有歷代祖師才有。

十二、聖連達星宣端說當時中天法門第十二代師父傳法事蹟。

十三、有緣逢第一代師是要有天時、人和的。

十四、第一代師擁有令旗、雷印，因此只要好好修，上無極天界是沒有問題的，只是凡人不識，有中天三寶為後盾，自我領悟價更高。

十五、人都是以自我為中心，要破執是困難的，要起大信心更難。

十六、行嘉卡星學員說中天法門第一代師學法過程。

十七、何謂內外雙修，又是如何修呢？

十八、躬身可行為日常法，不受文字語牢，了悟自性，這才能灑脫行道。

十九、中天法門希望每一位修行者都能證入採藥，證六神通，都能上無極天，當個無憂的大羅金仙。

二十、全宇宙只有三個中天精靈所，每所都有四塊仙靈石，它有什麼功能？

二十一、一般所稱的靈界下層次是屬於幽冥世界，在凡間界之上層以上我們統稱為神界。

二十二、聽說別人擢升是九玄七祖，為什麼我們只有三玄七祖呢？其中有何差別。經過這個管道上到神界的多不多，層次如何？

二十三、凡事循規蹈矩，依程序步驟去完成是最完美的，日無私照，地無私載，道是大無私的否則會變成，一子成道三玄七祖都升天，三玄七祖升天還要看以後的修行，才能定果位，不是不用修的。

二十四、修行的真義就是「斷因」，中天法門高層次禪修就是進階證果位的課程。

第八章

中天三寶

經過幾個月的沉寂，是夜，秘史來喚醒，要再次謁見　師尊。真靈離體已很熟悉，經過中天精靈所，有股說不出來的哀愁。

雖曾拜訪過，依然感覺很遙遠，秘史說我多愁善感，感懷芸芸眾生，我隱忍默許。和特史進入了雷城。相同的聖境，我們在主殿拜謁　無無極雷祖，禮儀畢。

無無極雷祖：阿麒，幾個月來可好？進修得如何？內修有進展否？

我說：感激師尊天恩師德，為弟子的我銘感五腑。師尊的安排適逢天機人運，雖然還有很多人以為拜拜神、唸唸神名佛號就算修道，如無供養靈魂只有在漸頓邊遊走，未真正入門。所以內修外德是必須分離的。內修時要使靈魂不受肉身所牽制，脫離五行，靈魂心自如，不受肢體支配才算是真正的內修。除了內修之外的動作均屬於外德，財施、法施為外德之功德最大者。此次中天法門依　無無極至尊玉皇上帝大天尊所示，所有中天法門所施的外德，中天將加重比例敕封，尤其是財施和法施的部分特別加分。

無無極雷祖，弟子講的對否？

無無極雷祖：阿麒你說的沒錯，中天法門此次對第一次入門者做最佳的優待，此生有緣何待來生，來生也不一定會遇上，當今最好的法門。天上果位人間證的確沒錯，你知道很多高僧大德，雖然有神通卻從不顯現，但心裡明白將來上天的果位在哪，也可以正確預估圓寂死亡之期，這不是神話也不是迷信，而有很多實證可證明，如果他們無具神通力如何知道何時要走呢？所以本法門是可以讓你在人間就可得證的一種法門，這是普天之下沒有的。中天法門也希望有輕鬆修道、快樂得證的一面，不要苦行，不要面壁，愉快的成就，就算你在人間苦行而得道，將來你在天上還是註定要苦行，這是很累的。所以人間快樂修道，將來天上也快樂成仙做佛，這樣不是很好嗎？

我說：自古中天沒有直接辦理普渡，最多只有助渡或監督，這次為什麼由直屬無無極雷部親自辦理普渡？

無無極雷祖：自古以來，我們中天之神位如有欠缺，往往由西天各宗教或教派去調或借，經過精靈所訓練後，由雷部甄選並呈　無無極至尊玉皇上帝大天尊依果位直接敕封。但這幾十年來宗教興盛，卻產生很多偏差，看熱鬧及湊熱鬧者多，層次水準也愈來愈低，真才實學也愈來愈少，所以我們向西天調到的人數也愈來愈少，你看靠近西天的中天精靈所，向西天借調來的寥寥無幾，低層次的倒有很多，但中、高階層卻少得可憐，西天他們現在人才也不夠用，怎麼肯借調！未雨綢繆之下我們也得自力更生，而大羅天之大羅金宮也多數轉往無無極團隊去了，我們也不能耽誤他們。現在大羅金宮也出現很多空宮的現象，你當初自告奮勇要當雷部代言人下凡去了，中天 無無極至尊玉皇上帝大天尊非常高興，你為我們第一次在九大行星系能實戰的招兵買馬，希望我們需要的人才，能由我們的管道自己挑選上來。太極中天及無極中天也都有缺人才荒，而且數目龐大，南天、北天、東天缺位也很多，向中天求助，中天理應幫忙，因南、北、東三天之公務神祇也是由 無無極至尊玉皇上帝大天尊敕封任命的。也因為如此 無無極至尊玉皇上帝人天尊，特准以神蹟顯現，無無極雷部無形令旗、無極雷部的掌心雷印讓你帶下凡去，有這兩項法寶應是無往不利的，這是正法時期，戒律上有很多特殊的優待。比如修法加持更容易、功德上加分等等，中天之仙神也會努力來助道，更希望中天道場深耕人間。

我說：雷部兩項法寶，是不是指我左手先天手之指印及掌心印。我小時候母親有帶我給算命仙看過，算命仙也說不出個所以然，長大之後我也找許多算命或手相的書籍，找不到相關的資料，當時也沒發現有特殊的地方，也沒有出現不平衡的現象，跟一般平凡人無兩樣呀！

無無極雷祖：小的時候，你未負重任跟平常人是一樣的。從點化得道之後，這個異象也開始顯現出來，你不可隨便展示給別人看，這樣會傷了別人的運氣，你也不可亂使用，否則無形界會受損傷，希望你遵守如利器在手的謹慎。你將左手伸出我來解釋，一般人之手指除了大姆指二節外，其餘各指均是三節，男左手是屬於先天手，代表先天命理。你的食指卻有四節，這是無極雷部給你的令旗，見旗如見雷部，各地之中天神祇必須尊重你如同尊重雷部一般，其餘四天，見雷部令旗也必有尊重之心，在魔、妖、鬼界更是聞風喪膽。所以雷部令旗在宇宙間無往不利，具有號召鬼神之神威，如有不敬重就有如違反雷部之意。而掌心雷為執行之雷印，而掌中之事業線由下而上再折回來，是返璞歸真之意，形成一山形，山上有火，山中有二條閃電痕，這便是掌心雷印。如果掌心雷印配合十成的內力，在無形界具有無堅不摧之威力，爆破是沒有免疫力的，所以在各廟堂或無形界要謹慎使用。如果使用三成內力為修道人加持，可順化其趣，通關達竅，在很短的時間內，使被加持者唾液變甜，即可開始採藥，以修禪改良修道人之身體狀況，改變為仙體，使修道者功力大進，並做內部順竅，很容易進入神通的境地，如得證神通是可證明以後的果位。如修道很久唾液未變甜，無法滋補身體改變仙體，或無證得靈感神通，那修道者趕快試試這掌心雷印的神蹟，你會有意想不到的收穫。二成可烙入人身，形成雷記以達靈界的辨識，使各天神佛加持，鬼卒魔界遠離，所以你以令旗及掌心雷印為修道學者加持的時候，必須注意內力的火候。如有需要藉助雷部神威，雷部也會義不容辭的幫助你。阿麒，你要知道你不是孤軍奮鬥，你背後有　無無極至尊玉皇上帝大天尊、有雷部的龐大團體為你的支柱的。人類與生俱來的指紋或掌紋是從小到老都不會改變的，每一個人的指紋都會不相同，掌紋或指紋要偽造是很容易被識破的，也很容易露出馬腳的，所以指紋掌紋要造假，在人類而言是不可能的，指紋與掌紋具有不可替代性，你看你們警察辦案指紋採證就可以明白。而要令旗及掌心雷印同時擁有，又同時在先天左手上顯現，就算是巧合其機率也等於零，這是獨一無二的，這是上天安排的神蹟，冥冥中註定的玄機，也是修道人上中天、南天、北天、東天最便捷的管道。這是得證天上果位最佳的時機，否則何時能遇到令旗與掌心雷印齊全。中華難生，令旗、雷印難遇，有大智大慧的人直超的道路。

我說：我手掌印之奧妙，大概已知道一點，不可展示唯恐傷了別人。那什麼時候才可以看呢？

無無極雷祖：有緣巧遇天上仙佛，可求得福祿回，真道卻難求，為何讀破千萬經典卻無法入悟，真的是真經不在文字間嗎？還是人常執著於文字相？所以我常交待秘史要跟你講，要講經說法或書寫文書，必須使用大家看得懂的文字，不要使用還要解釋的文言文，不要再讓人在文字間再去找真經。但還是許多人依舊執著在原版的經文，這是人為的執著；也有人認為不要傷腦筋去研究經文，整天唸神或佛之名號，就以為與仙佛為伍即為得道，這些實在不是很正確；還有人認為長時間參禪打坐就可以入悟證得無上果位。其實有無果位是很容易證實的，前面也有說過。

（一）唾液變甜，可採藥轉換仙體，恢復本來天命之性，可固本培元，強壯免疫系統，減少罹病機會。

（二）第六感會變得很靈敏，有時出現六神通之一種或多種，因為這是正確修道所得的副產品。

如果你不用功或方法不正確，這些現象是永遠都不會出現的。所以你如果追求天上果位、追求神通、追求入悟，雖然心不能有所求，但一直都沒有出現，可改為現在最新的方法，也許會創造流行。令旗、掌心雷印的協助修道法，是你意想不到的方法，也是別人無法仿造的方法，可幫助你打通任督兩脈順化其竅門。因令旗及掌心雷印是可印證的，如果你要印證有沒有，請於每月農曆十五日之夜間五時至七時，至於其他時間要印證，恐有損傷。如要印證請當天勿食葷物，以增長靈氣，也可得到較好的運勢，但請勿反覆印證。

我說：《師說》內有言：「古之學者必有師。師者，所以傳道、授業、解惑也。人非生而知之者，孰能無惑？惑而不從師，其惑也終不解矣。」吾為雷部之代言人，代理無無極至尊玉皇上帝大天尊，及雷部　無無極雷祖傳授中天三寶，這三寶為本中天道場之精華，為修道人必備高階的秘寶，為登天梯必要之利器。歷代祖師傳祖師或主教傳給繼承人，您知道為什麼他們三言兩語就傳完了，他們傳的是什麼呢？這千古相傳，為什麼只有上位傳上位，而其秘訣是什麼呢？為什麼這麼短捷卻是至高至尊？為什麼很多得道傳授者，在授道時一直暗示，他們在暗示什麼，為何眾生卻一直無法解讀？為何聖人在世時，不是每一位聽課者都能成道歸於正果呢？為何會有成就高低呢？這其中差別在哪裡呢？是不是有不傳之秘？這點我可請教　無無極雷祖來解釋這千古之秘嗎？

無無極雷祖：阿麒！你問這個問題會給很多修道者有很大的打擊，很多高德及祖師也都避談這個問題，有時談及這個問題又不得不答時，這些高德會用舉例來說明或用某一句詩語或某一個動作而表達，但這些回答就算是大智大慧的神仙也無法解答，更何況是眾生呢？為何這些高德或祖師不直接以白話來回答這個問題？很簡單，那就是靈界的戒律（天條），這個戒律是靈界各個主宰都必須去遵守的，因為這是各個主宰當初所協調同意的，觸犯這一條可是不好玩的，會被我們雷部五雷轟頂，誰都無法保奏，否則靈界戒律蕩然無存。但這一點靈界是允許一人一生可以用一次，那也就是祖師傳給祖師，

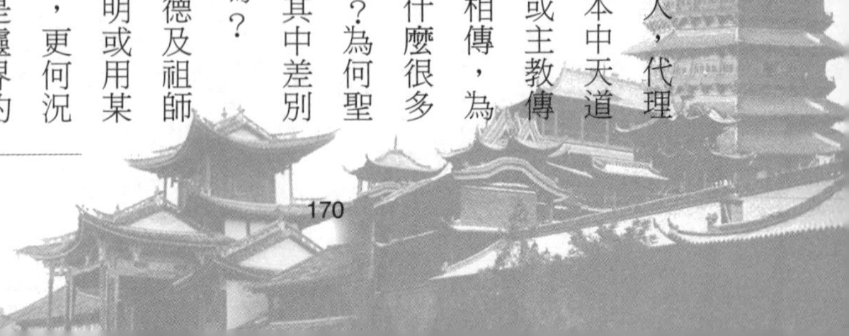

不可能再有第二個人接受傳授，否則到處都是祖師。阿麒！你要知道既是戒律，凡屬靈界都必須遵守，我們雷部更不可能知法犯法，所以名正言順去傳授那是行不通的，你再怎樣去做比喻，眾生也會把寶視如糞土，我倒可以暗示你如何做，中天道場高階的修士會大量增加，這是法外施恩。

我說：這個方法好極了，感謝 無無極雷祖的教導，真是我們中天道場之福，也是有心人的福澤。所謂的「參禪入定造化通，一輪明月照當空，玄關正竅宜看守，時時沉沒好用功」。

無無極雷祖：詩句無誤只是方法要講究，玄關正竅要看守，只能看守而且要船過水無痕。其實玄關和正竅均可使用，你有出入肉身多次，你能瞭解靈魂出竅在何方？有何區別？

我說：雖然出入身軀好多次，但總覺靈魂出入和關竅不是很有連帶關係，每次都是護身神幫忙，倒不是縮小後從玄關或某個竅出入，我總覺得當沈寂時，有一股磁力好像從頭頂往上拉，整個人就脫離肉身了，並未縮小呀！一出來就看到護身神了。

無無極雷祖：形式各有不同，這就是所謂明月照當空，你是當空明月或水中明月呢？其實我們的身體就好像一個房子，房子開了很多門，你從哪個門出來，只要你對房子四周環境熟悉，並沒有多大的影響，你還是你，並不是你從哪個門出入，你就不是你了。天地無私，用功修持明師助，不會沒有修持就得道，所以希望有志者，日日精進。

我說：我們這次中天普渡為中天道場，中天是否有名額限制呢？

無無極雷祖：一般宗教均會有萌芽期、成長期、強壯期、衰退期，也有稱為正法期、像法期、末法期。所以中天這一次試辦普渡，就如剛才所言，一個宗教傳承只有一個天命，而這一次中天天命是非常特殊的神蹟傳承，會出現很多神蹟與修持體驗大公開，也可在未往生前即可驗證，這是前所未有的，使普渡和修持都會變得很容易，渡人之功德及財施法施之功德加重計分，中天在你有生之年只准區區一萬個名額，也請你勿超收，不像別的教派，從頭至尾可能收了好幾千萬的名額，請你珍惜之。只要依中天法門之法實修，修上無極品位可登入大羅金仙界，脫出三界之外，不生不滅，永世不受輪迴苦。無極界可分上品、中品、下品，每品有九個等級，最高為無極上品九級，在無極之境有三品二十七級也；修至太極與仙班同列，可分太極上品、中品、下品也有二十七級；修至皇極之上，可登錄城隍、土地、山神同列，享受人間香火萬年。為何要分那麼多級數，每個人因果不同，雖一樣受法，因果願力成就、用功程度、功德的加持、環境影響會產生很大的不同。如世代祖師在世，為何眾弟子沒有一個修至世代祖師一樣高的等級。如果以現在要求每一個修行者修到世代祖師的標準，那是緣木求魚，也不能動不動就拿來做為圭臬，所以孔子也會因材施教，成就的高低由你自己來決定，我們也希望你們都修到三界之外，當然帶業成就只要有願力我們一樣非常鼓勵。願力榮登中天各國度，往生之時會由雷部神將接引至精靈所訓練，並由雷部審核果位並呈　無無極至尊玉皇上帝大天尊，親自敕封中天、東天、南天、北天之公務天神或地祇神明或大羅金仙，享受有尊嚴的神仙生活。並在精靈所內定期舉辦三界之內之神祇進階修道課程，上渡無極以下之氣天仙，其下也可渡地府幽冥鬼魂，也在精靈所設班普渡，此謂之三曹普渡也。

我說：一子得道，三玄七祖都升天算是天恩嗎？

無無極雷祖：理論上是行得通的，不過有但書。所謂得道才能有真功德回饋，三玄七祖均可被擢升至精靈所參加修持，會受到細微的照顧，願力參修也會較高，但如果不努力修持的話，一樣會下降，要知道，天上沒有無功德的神，公修公得、婆修婆得是至理名言，不是一子得道，三玄七祖都不用修就可得證果位，如果是這樣的話，那就是循私而無天理。況且在靈界會因自己的靈格高低，而自動歸附所應歸附的地方，除非有功過或其他因素的升降，否則要虛報都是不可能的。真靈都是坦真的，你的一舉一動人家馬上明白，你再如何掩飾，上得較高的靈界，無法接受靈流也會馬上被識破。

我說：感謝上天的慈悲，也感謝　無無極雷祖的慈悲。有的宗教有末法時期、三期末劫、世界末日、罡風劫等等劫數，中天法門是否也有劫數？

無無極雷祖：每個宗教均會有興衰，所以會有所謂的正法期、像法期、末法期。接天命之後播種期最容易修持，因有創教祖師。接天命者滅度之後，天命會散開分枝，但依其教法修行即可證得果位為正法期，像法期雖有教法及修行者，但多不能證果，最後正法衰微，人多卻不能修行證果，稱為末法時期。這是每一個宗教的過程，不能避免，只是時期長短有很大的差異。中天法門今屬於最初的播種期，你們世人要等待到何時，才會再遇到創教祖師再世呢？至於三期末劫、世界末日、罡風劫等等災劫，並非每個宗教均有，因每個主宰的不同，來源不同所產生的災劫也各有不同，不是每個宗教均會受到同樣的災劫。就像我們中天法門就沒有災劫，所以災劫是別的主宰的事，我們不便去談論它。

由各個主宰創造人類之後，先天的善靈慢慢受到生生死死的輪迴，善靈的純白已染上污泥，如何皈依中天三寶，回返我本來純白善靈，若經明師之指導，可超生了死，進入永不退轉之大道。三寶而言在天為日、月、星，在人為精、氣、神。如今，幸遇明師，可還原子本來之面目及了悟先天之性，投入中天國度而皈依中天三寶。其中天三寶為：

（一）皈依中天靈流。

（二）皈依中天指法。

（三）皈依中天國度。

茲說明如下：

（一）皈依中天靈流：

靈界靈流前面已說過，靈流為靈界之能量，為靈界之一切動力。靈界越高級，自性愈清澈，所接受之靈流、靈流壓愈高，需要靈流量愈少；反之靈界愈低微則所接受之靈流壓愈低，靈流量卻需要愈高，所以靈界愈低之靈，常常有入不敷出的痛苦，就好像人無法吃飽之飢渴，而且永遠如此。所以低靈界永遠是個貪婪的境界，陰暗潮溼、無窮的慾望、醜惡、固執、無秩序、怪異猙獰面目，所以愈往下界之靈，所居住的凶靈就越凶惡，最下層的靈界就如地獄般之恐怖景致，這是靈流非常稀薄的地方，吸收不到靈流的地方就會形同地獄一般。反之，在人而言更形複雜，凡間所到達的靈流亦不多，而人類又受五行所蔽，蔽塞少者可接受少量之靈流感應，俗稱的好人；若人類蔽塞多者，阻隔靈流的感應，就會形同在地獄般的性格，貪婪、暴躁、面目恐怖，這就是所謂的人間地獄。所以人類吸收靈流感應愈少，接受肉身之能量供給就愈多，依賴於肉身不能自主，陷於七情六慾中不能自拔，自性污邪執著，本來面目不復見。為何我把它稱為人類只有靈流的感應，而不是直接接受靈流？因人接受靈流的地方是閉塞的，這個地方就是玄關。既然玄關閉塞，也就無法接受靈流，只能因為五行所制較少，而接受靈流的感應而已，那感應畢竟不多。能夠打開玄關以靈流供養於自性，也可清除身中之穢，漸去五行所制，所以靈流直接輸入，可脫胎換骨，身中之內境，了明於心，竅竅相通，在明師指導下，短時間之內，有如高僧修禪幾十年，唾液變甜且可甜到如蜂蜜般，這是皈依中天靈流的明證，也是千古不傳，秘而不宣的絕學。也是祖師對祖師的傳承，這是非常偉大的明證。這唾液變甜為修禪者都希望之境地，很多修禪者也都認為這是虛擬的境地，但在皈依中天靈流後，這唾液變甜為修禪中稱為的採藥確實存在，這是不容置疑的。採藥之相對融合為煉丹，是身中境的煉丹，不是鉛汞金的煉丹，至玄至妙隱顯莫測，在人身中能使靈得到滋生，長生不老作佛作仙。藥者為本來之性，採藥就是恢復本來先天之性，也就是恢復本來之面目。真正的高僧大德，是必須經過長時間的禪修，也必須經過採藥之過程，才能變化為仙體仙命，並滋養本來之自性。那要如何使用極神秘之靈流呢？這是千古之秘，也正是所謂的教外別傳。但法師接掌中天道場也必須讓所有智慧的芸芸眾生，得有機緣接觸這不傳之大道。天地造化非常奧妙，人之玄關生而閉塞，而玄關之竅為接受靈流之出入口的起點，不打開如何接受靈流，洗浴本性使其清源，在打開之後，靈流也並非會自然流入或流出，必有其訣才能運化，如何灌輸才吻合祖師之道，當然必依其秘訣而行。在皈依中天靈流之後，法師以令旗及掌心雷印，配合純靈流震開玄關門，如無三兩三的純靈流如何震開此門戶，無此內力或靈流者是打不開玄關之鑰的，這是靈流內力的考驗，不是拿一個命令或一個法匙便能打開的。這是為了防止邪惡之人進入靈界騷擾，因為打開玄關門就等於此人已進入靈界的始點，當然必須接受篩選、管制，所以這打開玄關門不是象徵性的打開，而是要有能力、有實力也要有接受天命之創始法師才會有效的。法師打開玄關門之後，並以三成內力順勢導流，導引千古之秘靈流，並用千古之秘導法，加持靈性並清源除垢之後，唾液慢慢會變甜，變甜之後即可開始採藥。靈性提升之後即可證以後之果位，也就是修道者跟凡人有所不同的地方。這正是「雖名得道，實無所得」。得道之人沒有得到可以看見的東西，但卻可得到看不見的採藥，這是凡聖最大的區別。而採藥日勤，配合外功之行使，則本性愈來愈清澈，受五行所制也愈來愈小，依賴肉身供養也趨少，第六感會愈來愈靈敏，終至因緣成熟，瓜熟蒂落，六神通即顯現，這是證果位最佳的明證，你也了然於心，神通所證果位在何方。但勿得意忘形，四處顯耀神通，更該退藏於密，勤加修練，並同於內功外德，性命雙修，更證無上果位。這是千古至今千經萬典中看不到的，也是真經上無法記載的，因為這是不傳之秘，真經當然不能記載，也不因真經無記載它就不存在，卻因而更形寶貴且可讓你親身去證道，所以這中天法門是無人能比的，在皈依中天靈流後，在短時間內，你就會感覺如修禪幾十年的績效，讓你欣喜，不禁感念天恩師德，這都是真實不虛的。玄關為靈流之出入口起點，它只有零點二公分那麼厚而已，很多經典都有談到它，你可以加以印證。但多以文言文來做說明，意廣而深無法了解其真義，含糊廣射，是故使用白話　目了然，經典均有意指玄關為歸鄉之路，它是個門戶出入口。而要如何歸鄉？正就如一間房子之門，告訴你一定要出這個門才好去找返鄉路，當然第一步驟需要把這個門找出來，並打開這個門，然後依中天靈流之指引找到返鄉之路，順利在這大道之上推進。所以中天靈流就是提供你能源，幫你打開心扉門戶，並安排你正確的返鄉之道，並在返鄉之路上提供必要的支援及體力能源，中天靈流勤加練習，歸鄉之路不遠。由此可見採先天一氣為採先天靈流，並於採藥，則為結金丹藥母，大智大愚者可明瞭其意。中天禪修依四程序而行，其途是一幹多枝的，看你之靈根決定應選擇之法，導師會依而得法，使用何法進入中天靈流，並非一法適用於全體，中天靈流廣博而精深，望其德共勉之。

（二）皈依中天指法：

中天指法又名令旗掌心雷指法，使各天之神佛加持，鬼卒魔妖遠離，見令旗、雷印受神靈尊崇，鬼卒魔妖畏懼，見雷印知其天尊之門生，不敢違逆。如果法師以二成功力烙入修持者之指掌，可形成中天指法，中天指法猶如法師授法施法，天下獨一而無二，一見中天指法，三界之內外都知其法師所授之法，修持者亦可自行運用指法，也有一樣的功效，也一樣見令旗如見法師。而其皈依中天指法之修持者亦可自行運力殺妖除魔，並可暗夜裡或陰盛之地不受陰靈之侵擾，也不受邪魔入侵，這是其一。其二可利用指法吸收自然界或靈界之靈氣，或採世間草木之類靈氣。中天指法分為三段，各有結印，依師之需而行其法，為第一代師親授之法，簡單而易行。熟悉指法後，可自行結印精進，內功成就，指法結印相配合，相得益彰，以助長虛心煉道，採藥以為性命之丹也。

（三）皈依中天國度：

持用中天法門，當然最後皈依中天國度（中天國度包含中天、南天、北天、東天之無無極、無極界與太極界，屬中天之地祇神明），最後也可回歸於無無極團隊，極樂之世界，以達不退轉之永恆之生。出生兩茫茫，誓入中天之國度，信、願、行於中天國度，臨往生之時，雷部派遣將軍接引至精靈所訓練，並適應中天國度之果位，並受中天無無極至尊玉皇上帝大天尊親自敕封。皈依有二種情形：

一、皈依中天國度，往生誓願為雷部之大羅金仙或雷部無極或太極之神將，這是單一宏願，請持念　無無極雷祖大天尊。

二、皈依中天國度除雷部之外之中天、南天、北天、東天之大羅金仙或無極太極或中天之地祇神明者，請持念　無無極至尊玉皇上帝大天尊。

唸二個天尊之聖號，最重要就是一心不亂，也可栓住心猿意馬，使心勿外放。唸天尊之聖號必然往生中天國度，唸天尊之聖號，其產生之磁場念力非常浩大，可感天神，下化幽冥，其功德至高至大，亦可迴向清除業障無明，清澈本性，凡中天弟子必恭心持唸。

我說：　無無極雷祖之釋，真是貫通古今，廣大的概括整個宇宙觀，為我們凡界之幸福。很多修持者，看遍很多經書，亦然不知從何下手，修道到底在修什麼？　無無極雷祖是不是可以說明一下。

無無極雷祖：很多經書使用文言文，有時一段經文有很多種解釋，有的霧裡看花，這樣表現會認為較有水準，短短詞句就必須有一長篇的白話文解釋，那含意之解釋也不見得正確，也許白話粗鄙，但卻最實際，看了就懂，所以我也希望你用白話，當然白話也有缺點，就是要含糊的地方，不能用詞句把它霧化的很美。很多經書都使用含意表達，比如春夏秋冬、四季成長與修道有何關聯，你可能必須猜猜看它的內涵，它是沒有直接說明的。三綱五常、仁義禮智信跟修道有何關係，雖然說了很多，你可能不知道，修道時你要把它擺或供在哪裡，所以修道者看經典，你必須先意會就是看龍首，以自性來領悟，否則看了只會增加你的知識而已，對禪修卻用不上。道修了好久，只是會講經說道，卻跟凡人沒有什麼差別，這就是修道必含重點，龍首看住，其他只是行經的路線不同罷了。所以我建議分成二部：

（一）就是內修，內修以禪修為主，如何將污穢的自性洗清。

（二）就是外德，外德以財施、法施為主體。

這樣就可及格了，其他再慢慢加分，不是漫無目標似無頭蒼蠅。以中天法門為例，先把中天三寶修好再加上財施與法施就會及格了，這樣是不是很簡單。

我說：以何種人適合修持我們的中天法門？

無無極雷祖：每個宗教最終目的均是相同的，只因每個主宰之教律有不同的形式以及標準與成就的高低而已，欲求得真解、緣消舊業、自性圓通，並非在文字間咬文嚼字，要知道，靈界是不使用你們的文字的，否則反而會導誤經解。修持中天法門最終的目地就是上得大羅金宮、不生不滅、永不退轉，現在最有前瞻性的法門，最有前途的全新法門，為廣收原子並無資格的限制。以前有在別的宗教修過，或從未涉及過宗教之男女老幼，不分職業貴賤，只要有心向上，創造人類幸福，我們都讓他參加並表示歡迎。

我說：有比參禪禪定更高的法門嗎？

無無極雷祖：原則上禪定為修禪最高的法門。但中天法門有跟修禪一樣的效果，而且更容易修持，更容易成就的靈動法門。這是中天法門中這次普渡的特色，可以隨時讓修持者在行住坐臥間活動靈力的一種靈動法門，這法門必須以修禪做基礎的，願同修好好努力，內功外德說的容易做得難，靈動法門卻可以說的容易，做起來也很容易。

此時，無無極雷祖頓了一下。

接著說：阿麒！你來這麼久，我們是這裡的主人，但無無極界又沒東西可招待你，無極也不食人間煙火的，下次你來中天太極，我吩咐他們好好招待你，以彌補這一次，好嗎？不過我會吩咐特史帶你瀏覽一下無極雷部的特殊景觀。

說著特史已來到跟前，我們一同拜謝　無無極雷祖，並感謝指導與加持，我和特史退了出來。

特史：你們凡間大概要吃吃喝喝才算招待，所以　無無極雷祖也入境隨俗，感到沒有請你吃喝有點不好意思。因為無無極界是不吃東西的，如果真的要吃也是願力的化境，吃了等於沒吃，多此一舉。再說，在此靈流充滿，我們也都能量充足，既然　無無極雷祖點化得道，你大概也會使用靈流，自性慢慢清靜，靈性的妄念也會減低，仙體會漸成，六識減弱，自性清明。

我說：凡間的習性或許如您所說。雖然我沒吃到無無極界的瓊漿玉液，但受　無無極雷祖的器重與開導，我已法喜充滿、恩感五腑了，更不敢有所求，無願無慾樂逍遙。

特史：您不執著享福，那我也比較放心了，我們走，靈返可愛的故鄉。

【文後筆記】

一、內修外德是必須分離的。內修時要使靈魂不受肉身所牽制，脫離五行，靈魂心自如，不受肢體支配才算是真正的內修。除了內修之外的動作均屬於外德，財施、法施為外德之功德最大者。此次中天法門依　無無極至尊玉皇上帝大天尊所示，所有中天法門所施的外德，「中天」將加重比例敕封，尤其是財施和法施的部分特別加分。

二、自古中天沒有直接辦理普渡，最多只有助渡或監督，這次為什麼由直屬無無極雷部親自辦理普渡？

三、雷部令旗在宇宙間無往不利，具有號召鬼神之神威，如有不敬重就有如違反雷部之意。

四、「掌心雷印」配合十成的內力，在無形界具有無堅不摧，爆破是沒有免疫力的。

五、三成內力為修道人加持，可順化其趣，通關達竅。

六、二成可烙入人身，形成雷記以達靈界的辨識，使各天神佛加持，鬼卒魔界遠離。

七、有比參禪禪定更高的法門嗎？

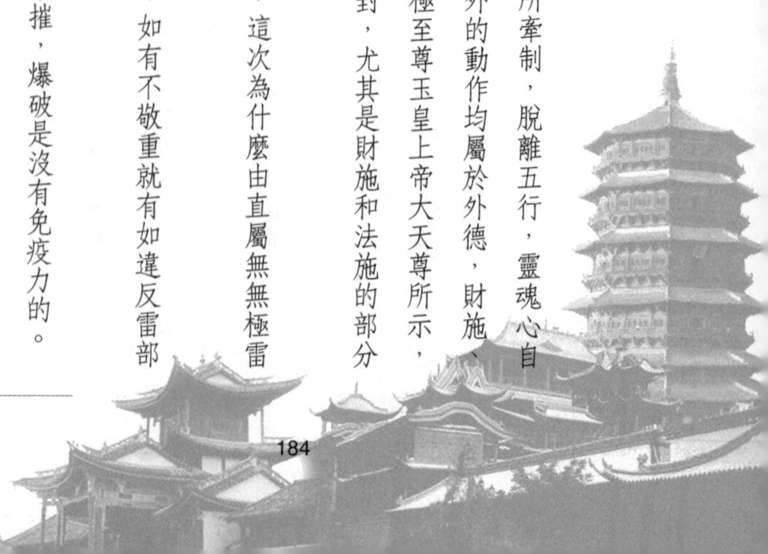

八、真經不在文字間嗎？還是人常執著於文字相？

九、歷代祖師傳祖師或主教傳給繼承人，您知道為什麼他們三言兩語就傳完了，他們傳的是什麼呢？這千古相傳，為什麼只有上位傳上位，而其秘訣是什麼呢？

十、我們這次中天普渡為中天道場，中天是否有名額限制呢？

十一、只要依「中天法門」之法實修，修上無極品位可登入大羅金仙界，脫出三界之外，不生不滅，永世不受輪迴苦。

十二、無無極雷祖說中天三寶之一；皈依中天靈流。皈依「中天靈流」的明證，也是千古不傳，秘而不宣的絕學。

十三、採藥就是恢復本來先天之性，也就是恢復本來之面目。

十四、如何使用極神秘之靈流呢？這是千古之密，也正是所謂的教外別傳。

十五、得道之人沒有得到可以看見的東西，但卻可得到看不見的「採藥」，這是凡聖最大的區別。

十六、中天法門是無人能比的，在皈依中天靈流後，短時間內，你就會感覺如修禪幾十年的績效。

十七、要如何歸鄉？歸鄉之路在何方？中天靈流勤加練習，歸鄉之路不遠。

十八、中天禪修依四程序而行，其途是一幹多枝的。

十九、皈依中天指法；中天指法又名「令旗掌心雷指法」，使各天之神佛加持，鬼卒魔妖遠離。

二十、中大指法分為三段，各有結印，依師之需而行其法，為「第一代師親授之法」，簡單而易行。

二十一、皈依中天國度；誓入中天之國度，信、願、行於中天國度，臨往生之時，雷部派遣將軍接引至精靈所訓練，並適應中天國度之果位。

二十二、無無極雷祖之釋，真是貫通古今，廣大的概括整個宇宙觀，為我們凡界之幸福。很多修持者，看遍很多經書，亦然不知從何下手，修道到底在修什麼？

二十三、以何種人適合修持我們的中天法門？

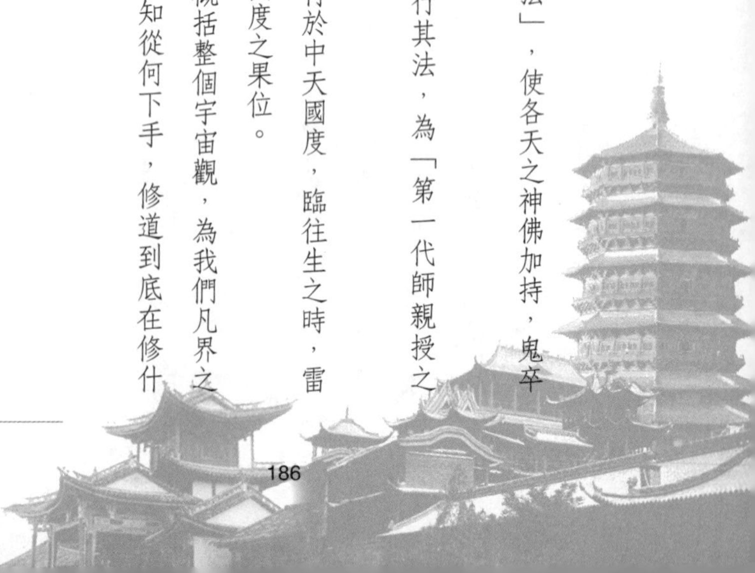

第九章

拜謁無無極至尊玉皇上帝大天尊

是夜，朦朧之中秘史叫醒了我，靈性甦醒。

秘史說今天將拜謁　無無極至尊玉皇上帝大天尊。由秘史陪同，在無極中天凌霄寶殿轉換由特史陪同先拜謁　無無極雷祖。

無無極雷祖：阿麒你今日前來，　無無極至尊玉皇上帝大天尊將召見你，最主要是親自會見你敕封法號，賜你法寶，解你疑惑。因中天法門在地球上算是全新法門，而中天各神將之名稱可能和現有之宗教之尊神有所重疊，所以　無無極至尊玉皇上帝大天尊有叮嚀，中天神將在地球上出現，盡量不使用法號，因地球對中天神將較陌生的，有的無法分辨是何宗教，法號重疊更混淆，其實有些助道的神將，跟我們修道並無直接關係，有報出或無報出法號並不妨害或影響修道。而玉皇上帝這個法名，只在五教中提及，並未做完整的介紹，而他們使用上帝之名，是他們本教中的上帝，並非中天的上帝，並非掌管中天、南天、北天、東天及幽冥之宇宙主宰之　無無極至尊玉皇上帝大天尊。而各宗教中又有上帝之名者眾多，又常把中天眾多之管轄神祇，法號重疊，弄得無法分辨是屬於何宗教，或屬中天公務之神尊。今天　無無極至尊玉皇上帝大天尊會以整個面來為你解說來龍去脈，而不是以單個宗教立場來解釋這個宇宙形成的形態，如果以單一教立場而不是廣義的解釋，永遠無法明白這靈界間的組織，而各說各話這樣更混淆不清，所以中天法門之中，除必要之外，一律減少法號的稱呼，也讓各教之神尊法號重疊，造成宗教派中互相詆毀、互相攻擊的事件減到最低。這個神尊在這個宗教上可能地位崇高，但在另一個宗教可能就故意詆毀或貶至很低的層次，我想宗教間的互相排斥，會帶給社會的凡人，上一課宗教的鬥爭，會以為宗教更會計較，哪裡是寬宏大量的，比社會上的凡人更適用適者生存的自然定律，我想這有負面影響的。

我說：感謝　無無極雷祖之慈悲關懷。人性弱點無法抵得過適者生存的自然定律，這是修行者應去深深體會的，是故為世人幸福理應更精進，揚善棄惡，修身養性，摒棄自私自利、自大心態，這樣才能以宇宙真理，戰勝適者生存的自然法則。

無無極雷祖：妙道在平凡中求，持之以恆，不離軌即是道。很難或很深的學問，無法理解，無法實行，那只能算是一種哲學而已。阿麒、特史我們一起前往去拜謁　無無極至尊玉皇上帝大天尊！

我們以念力飛行，　無無極雷祖在前，特史和我在後平行，我們後面有四名神將跟隨。我們漸入無無極凌霄寶殿的前景部分，前景不算長，大概只有五百公里吧！奇花異卉，特史告訴我，這些植物全是願力所化。輕奏仙樂，似有似無，地板深黃色的寶石，透明又平坦，我們好像在淨澈如鏡、湖面無波上飛行。

到了牌樓引寺前，有一種很特殊的植物，形像鐵樹，顏色深黃，高約一米，會慢速移動，枝葉間也會小弧度的上下左右擺動，發著光輝，非常漂亮。

無無極雷祖對我說，這種植物叫「看門狗」，只有這裡有，左三棵右三棵，它最主要的功能是辨識身分及傳導訊息，或將此地之景，傳達到內院，有一點像地球的監視系統，只不過它是植物罷了，它很溫和不會講話，但可以用靈界語言和它做心靈感應交流，它也會使用靈流為能源，它們的年齡在三億年之間。

我蹲下來仔細的觀察它，它一動也不動，我說你好嗎？它會搖搖枝葉，我告訴它，我從地球來的，下次要認識我，做個好朋友。它只有搖搖枝葉。我站了起來，特史對我說，它有接到檔案，知道你是地球來的，它也願意和你做朋友，希望你會靈界的心電感應術。我說好，對它搖搖手，它搖搖枝葉。

進入牌樓引寺，真的非常壯觀，非凡間寺廟可比擬。就引寺而言，可能就有地球亞洲那麼大，整個凌霄寶殿有好幾百層那麼高，約有好幾千個地球那麼大，壁雕精細，七寶琉璃雕柱，光輝奪目，無法以凡間之語比擬工程浩大壯觀之景。

無無極雷祖不是這裡的客人，是這裡的主人，所以沒有神將出來迎接。過了引寺兩排侍衛，一邊文官另一邊武將，各有三十六名。至前殿，　無無極雷祖搖搖手，示意特史和四名神將，在此等候不要進入。　無無極雷祖和我進入前殿，文官、武將兩邊排，人數很多，一個接著一個，約有一千公里長吧！

最前面有帷幕，帷幕是半透明的黃色寶石，是一顆顆串起來的。每條有一百零八顆，共有一百零八條，每顆約有三公分直徑，我想大概有兩種意義：其一，三十六天罡和七十二地煞為一百零八也；其二，一百零八顆也就是一加八為九，九為極數也，也為至尊之數。

帷幕之內，有一團黃色強光面積蠻大的，光度非常強，要瞇瞇眼才能把強光看清楚一點，裡面也只是一團如霧而已，大概就是一團虛靈吧！

無無極雷祖謁見，我行三跪九叩之禮，並祝　無無極至尊玉皇上帝大天尊萬壽無疆聖聖壽，與天地齊壽。

無無極至尊：大道本無形，萬理歸一宗，無無極無上道，本是飄渺間。　無無極雷祖、法師免禮，雖然中天法門在宇宙間施行良久，但地球可是頭一遭。令旗、雷印顯奇蹟，行仁致義，本是至性，凡夫姓名亦雷同，故朕敕封法號為麒麟法師，行號麒麟大師，符合你性及今日凡名。麒麟為四靈之首，亦代表中天之仁民愛物，行仁有道，一體天心，無分富貴貧賤，職業高低，凡誠心遷善，可為朕之門生，與朕同在，為凡界幸福現曙光，為人類和平而奮鬥，沐浴自性，知皈依天堂之道，同扶朕道，億萬功勳。

（由此敕封開始之後都稱謂麒麟）

麒麟：謝　無無極至尊玉皇上帝大天尊降恩，吾秉麒麟仁性而行仁道，天梯既垂，天理現前，我赴湯蹈火在所不辭，願行中天法門之道，覺悟而登無無極之門。

無無極雷祖：　無無極至尊玉皇上帝大天尊敕封麒麟法師甚好，符合天道人心。吾無無極雷部、無極雷部及天龍八部，鼎力而助道，一覺迷靈早返無無極，永不輪迴，大羅天上列仙君。

無無極至尊：朕本無形虛靈一片，為中天法門故。麒麟法師你今既有凡人之軀，免你虛空而無覺，化相金光之身，無礙朕之先天本性。

一片金光之虛靈，慢慢轉化為有形體，是標準的皇帝相，皇帝之衣飾，面容白皙留有鬍鬚，看似五十歲左右，法相莊嚴，既化身為法身，即無所謂的三十二相八十種好，這是虛幻之詞，倒是全身金光通透，光輝耀目。

無無極至尊：麒麟，這樣是不是親切多了。修行如一個杯子，內虛空才能裝物，不要時常裝得滿滿的，且裝物之後要能清除，常保虛空，才能虛空再裝物。

麒麟：　無無極至尊玉皇上帝大天尊此喻極佳，人要虛空，提得起也要放得下，勿執著於事，否則心胸常被雜事填滿。在無極界中，有的會有形體，為何您虛靈一片，是不是修持法不同呢？

無無極至尊：非也，這是因事因地而異。在無極上品以上，要不要保留形體由自己決定。無為無形體，只留先天一氣，但有形體較親切，這與層次高低無關，就如朕剛比喻之杯子一樣，你體會一下。

麒麟：感謝　無無極至尊玉皇上帝大天尊開示，說到層次高低，我一直不明白，什麼叫永不退轉，是不是只要進入神界就永不退轉，還是多高的層次才不退轉。

無無極至尊：麒麟！你問的很好。永不退轉就是修行或修道過程中，得到果位之後，不再受輪迴之苦。一般分為短暫不退轉和永久不退轉。

所謂短暫不退轉，有二：

（一）如紅塵壽命約一百年，如果修到的果位年數為百萬年或千萬年，以紅塵壽命而言，長到不可言喻，這樣稱為短暫不退轉。

（二）修證果位雖然不高，但一直精進，故不墜落亦稱短暫不退轉。

所謂永久不退轉，就是修至無極以上，有條件進入無無極團隊，就可以隨心所欲不退轉。所以要進入無無極團隊才是真正的永久不退轉。若以地球各教所言：「如極樂世界、進入無極、大羅天、與天齊、與老母娘同在、與上帝同在、真神、大道之極等等」，就是意指進入無無極團隊。現在無無極團隊有千億名之多，所以進入無無極團隊是各宗教之最終目標，真靈進入無無極團隊後，真靈之年齡會一直減少，直到返璞歸真，但不退轉亦即不再輪迴。但無無極團隊也會有帶願回返紅塵的，這叫倒裝下世，這種情形是比較特殊的。在無無極團隊要倒裝下世，必須要真靈下降，不得以分身感應下世，而在三界之內是可以分身分靈感應而倒裝下世的。很多人會誤認為神尊倒裝下世，以為是這神尊之真靈下降其實非也，分靈分身，真靈還在神界，分靈分身是他另外再創造新的真靈，和他原來的真靈是完全獨立的。

麒麟：　無無極至尊玉皇上帝大天尊解釋的很清楚，以靈界全貌來釋疑，前所未有。我想請示　無無極至尊玉皇上帝大天尊您的地位在宇宙間如何？有的宗教把　無無極至尊玉皇上帝大天尊貶得很低，到底這靈界是如何組織的？

無無極至尊：他們以他們的立場所言，朕並不分辯，所謂不知者不罪，故意詆毀罪在輪迴，也不是故意曲解，事實就會被曲解，事實還是事實。朕中天是公務機構，下設無無極雷部、無極中天、太極中天，除西天較特殊之外，全歸朕所管轄。而西天是各宗教的匯集天，西天之主宰有無數個，各宗教在西天都會形成一個系統，西天雖也歸朕之轄區，但是獨立自治的，作業也獨立，不過也必須共同遵守靈界戒律。你知道嗎？自有宇宙以來靈界已有萬億年，自然形成靈界的管轄體系，而你們地球自有凡人文化以來區區幾千年，你想想靈界之所有高級神尊，早已成就一個體系，現在你們凡人把它說得很模糊，所有靈界神尊都由你們凡人來做，這是你們凡人自我封建，都由凡人來接管天界，那未有地球或凡人之時，誰來管理天界呢？進入無無極團隊都屬於主宰級的神尊，在無無極團隊就有千億名之多，這些主宰逍遙，已不再管紅塵之事了。中天最高之主宰為朕，即　無無極至尊玉皇上帝大天尊，中天無極之下有中天太極、皇極及幽冥世界，這些都是朕的轄區，東、南、北天沒有無無極，最高只到無極，法師你想想朕掌靈界萬億年，會比你們凡人修道百年地位還低嗎？所以修道人要謙虛內斂，勿自我貢高，我希望法師你要謹記。至於西天的主宰多，每一個宗教或教派的起源就有一個主宰，西天主宰稱呼也很多，如地球上的阿彌陀佛、上帝、老母娘、玉皇大帝、至尊、阿拉真神、天父、真聖、真理、天道等等不一而是，因各司其職而有所分別而已。中、南、北、東雖歸朕所轄，內部職務必須由朕敕封，但它的作業是完全獨立的，各天對朕也是非常尊重的。至於西天眾多主宰也常常各自為政，因為每個主宰都是獨立的體系，不受別的主宰管轄。至於幽冥界本是朕的直轄，因西天也有眾多原子在內，所以現在有一點快變成西天的版圖了。除了中天之外其他的東、南、北天及幽冥，西天各宗各教也可派員駐守或參加他們的行政管理，也可不派員參加，看他們教派的需要程度而定。比如東天而言，東天掌管每一名修道者的命運定數，也可轉換生靈的先天命盤，非常多的宗教是需要的，各宗教在東天無極界或東天太極、皇極界均會派員駐守，及參加他們本身教內教友在東天的轉換工作及行政工作，南、北天及幽冥也都有相同的情形，這是最古老靈界所協調下來延續至今的規矩，或許這樣的制度，在你們凡間無法去想像。或許有人問中天無極至尊玉皇上帝和某個宗教的原始主宰誰大，朕只能告訴你，只是分工的不同，無極天以上沒有分大小，如果有分大小，是人為的分別。

麒麟：這是靈界的秘密大公開，沒有一個宗教談過，或許每個宗教都站在自己的立場去看這個天界，當然無法看清楚整個面貌。我是否可再請教　無無極至尊玉皇上帝大天尊，地球上每個宗教都說他們是主宰，是創造人類的主宰，這是怎樣的解釋，到底從何而來？　無無極雷祖有解釋過，　無無極至尊玉皇上帝大天尊您的看法是如何呢？是不是真的如　無無極雷祖所說的一樣？

無無極至尊：我中天所言屬真，　無無極雷祖所言也非假，這也是千古奇談噢！大概你們沒聽過這種解釋一定會懷疑，每個宗教只談本教之事，莫管他人瓦上霜，今日統合解釋，你還是認為是非常稀奇之事，但事實就是事實，這是遠古各主宰協調所訂的規律。各主宰均有幻化感應，創造新原靈的能力，可創造人類所有的原靈，只是每一個主宰在定期內會依比例限制數量，中天比例最多為百分之四十分發到千門萬教之中。其中，用於特殊案例為百分之十，特殊案例如核准在案之顯化分靈，倒裝下世之分靈等。這些創造出來的原靈，必須依修道過程升入神界，或無修行而墜入輪迴，所以原靈在公平原則下一直在混合，也無法分清哪個主宰所創造的原靈了。所以不論動物或生靈的多少，它出生多少，它就附於多少的原靈，如果超過儲備量的話，再定期核准增加原靈，以備不時之需。為何出生之嬰兒不知前世事，不論是新原靈或輪迴原靈，為應靈界之公平戒律，除非受特別核准除外，不得以顯化或顯示神通之方式為之，這可是犯了靈界的戒律。如果可以顯化或使用神通的話，只要某神將顯化在半空中講道說法，那時大家都來歸附了，也不用普渡了，紅塵也失去意義了，誰會日出而作、日落而息呢？

麒麟：的確，這也是洩盡靈界之天機，啟化眾生，這部分我已明白，但有很多經典也談很多神通顯化，那不是犯了靈界的戒律嗎？

無無極至尊：除了特別核准之外，其他一律在戒律之內，超過現實的就算是顯化或神通了。很多經典是人為的因素居多，有時與事實有差距的，所以人為之因素不是事實，也就不犯戒律，但妄言是和輪迴有關的。所以世事真真假假，是要有大智慧去判別的。特別核准之顯化神蹟並不多，為何會有那麼多的顯化，聰明的你想一想便知道了。

麒麟：那麼我中天法門，哪些是可以使用的神蹟呢？是否有特別的核准呢？

無無極至尊：中天法門中之令旗、雷印是核准在案的，但只核准第一代法師而已。中天三寶你就要依你的智慧去避開戒律問題。至於著書披露天界之景亦是核准在案的，也請你放心。中天法門在別的星球有施行過，所以有前例可循，又有可印證之修道法，真是震古鑠今的法門，麒麟你得好好努力。

麒麟：謹遵玉旨，如未如數普渡眾生，差一名恕不登金仙果位，以報　無無極至尊玉皇上帝大天尊天恩。

無無極至尊：好。好。麒麟你有此宏志，朕足以寬慰，內相送上戰袍一件，此戰袍雖屬無形，在三界之內「如朕親臨」，真靈護持不畏水、火、風、雷，妖魔鬼怪退避三舍，再賜玉質指令一只，如賜萬法之師，可拒無形之敵於萬千，三界之內，號神靈以助道，見指令如見朕之神威。雷部給你有形之令旗、雷印，朕給你無形之戰袍、指令，望你加倍努力，勿辜負朕之期待。

麒麟：感謝　無無極至尊玉皇上帝大天尊隆恩，我定當謹記今日誓言。

戰袍加身，威武無比，玉質指令，套入雷部令旗之食指內，握在手中冷涼爽氣。

無無極至尊：麒麟，你本為無無極雷部之金仙，應允下凡去，下一次朕請特史帶領你至凡前所住之金宮瀏覽一下，並更名為麒麟金宮，以便隨時提醒你，今日之誓言。

麒麟：我下凡前就有金宮？我不知道。但感謝　無無極至尊玉皇上帝大天尊核准瀏覽，並敕封為麒麟金宮，但今之誓言絕不反悔。我可否再請示　無無極至尊玉皇上帝大天尊，我除了普渡眾生之外，我有訪問聖連達星，他們第一代法師也幫信徒做更改命盤之事，求財、求福慧，是否可行？

無無極至尊：麒麟，你本身能量充足是個能人，不論你做什麼法都會高人一等，當然做求財、求福、驅妖、治病等，都會被各天所接受，其接受率非常的高。況且東天、南天、北天都是我們的轄區，自不在話下，朕允許你施法，但最好跟普渡眾生有連帶關係比較好，且不可破壞因果輪迴，你是個聰明人應知道朕的心思，更不可強渡關山，如有疑難時，你可請教秘史，或和秘史研究，秘史能解則解，不能解會傳達到雷城或無無極凌霄寶殿來。麒麟你不是孤軍奮鬥，你背後有龐大的組織支持你！

無無極至尊玉皇上帝大天尊下了金階，雙手拉著我的雙手，柔軟溫暖，有一種慈父的幸福感覺，我感動得不禁落淚。　無無極至尊玉皇上帝大天尊馬上感受到為人子女的孝思，思念親人的天性。

無無極至尊：麒麟，你乃性情中人，我會吩咐秘史安排你和你凡間的往生父親見面，你父親今在聖連達星任土地公之聖，未受擢升，朕能體你之孝恩，如《詩經》內記敘之蓼莪，如謂父母之恩如昊天罔極，永遠報答不完。

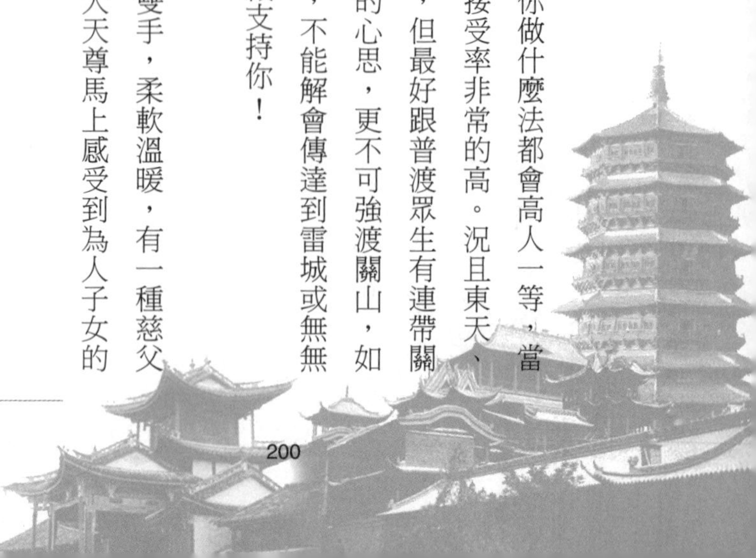

麒麟：感謝　無無極至尊玉皇上帝大天尊的成全體恤，天恩家惠兩雙全。

無無極至尊附耳低聲說：麒麟請隨我入內殿，我另傳你秘法。

出了內殿，我三跪九叩辭別　無無極至尊玉皇上帝大天尊，玉帝真如父親一樣的親切，真捨不得離開。

麒麟：我是否可留下？

無無極至尊：麒麟，朕也捨不得你離開，朕與你如同父子，真希望有一天共聚天堂。

辭別了　無無極至尊玉皇上帝大天尊、　無無極雷祖、滿朝文武及神將們，我和特史出了凌霄寶殿。

回轉地球。

【文後筆記】

一、無無極至尊玉皇上帝大天尊整個面來解說靈界來龍去脈，而不是以單個宗教立場來解釋這個宇宙形成的形態。

二、人性弱點無法抵得過適者生存的自然定律，這是修行者應去深深體會的，是故為世人幸福理應更精進，揚善棄惡，修身養性，摒棄自私自利、自大心態，這樣才能以宇宙真理，戰勝適者生存的自然法則。

三、大道本無形，萬理歸一宗，無無極無上道，本是飄渺間。

四、無無極至尊玉皇上帝大天尊敕封法號為「麒麟法師」，行號麒麟大師。

五、什麼叫永不退轉，是不是只要進入神界就永不退轉，還是多高的層次才不退轉。

六、在無無極團隊要倒裝下世，必須要真靈下降，不得以分身感應下世。而在三界之內是可以分身分靈感應而倒裝下世的。

七、無無極至尊玉皇上帝大天尊細說靈界是如何組織的。

八、進入無無極團隊都屬於主宰級的神尊，在無無極團隊就有千億名之多，這些主宰逍遙，已不再管紅塵之事了。

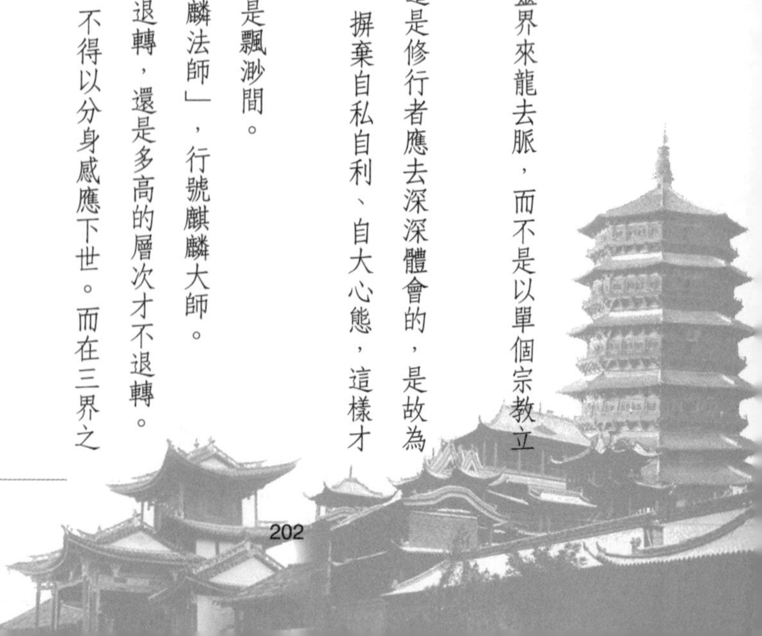

九、中天最高之主宰為　中天無無極至尊玉皇上帝大天尊，中天無極之下有中天太極、皇極及幽冥世界，這些都是朕的轄區，東、南、北天沒有無無極，最高只到無極。

十、在無極天以上沒有分大小，只是分工的不同，如果有分大小，也是人為的分別。

十一、地球上每個宗教都說他們是主宰，是創造人類的主宰，這是怎樣的解釋，到底從何而來？

十二、很多經典也談很多神通顯化，那不是犯了靈界的戒律嗎？

十三、中天法門，那些是可以使用的神蹟呢？是否有特別的核准呢？

十四、著書，披露天界之景亦是核准在案的。

十五、　無無極至尊玉皇上帝大天尊賜無形戰袍、指令。

十六、第一代法師除了做普渡眾生，是否也幫信徒做更改命盤之事，求財、求福慧？

第十章

無無極大羅天之麒麟金宮

秘史喚醒我告訴我，你很期待的麒麟金宮今日要造訪了。我真的很想看看什麼模樣，很可能也是我未來列居的地方。我常追問秘史，金宮的情形或何時造訪，秘史總是顧左右而言他，備感神秘及期待。

到了中大無極凌霄寶殿轉換特史，特史今天也很高興，特史告訴我，由地球到麒麟金宮約一百二十萬光年左右的距離，這麼遠我想都不敢想，但念力飛行也愈來愈純熟，特史告訴我，為何叫金仙或金宮，因為在無無極中天凌霄寶殿的西方，故稱為金仙、金宮。

在無無極大羅天之西方，和特史通過一線天之後，直奔金宮而去，很遠處我們見到了金宮，金宮依山勢而建，全是銀白色的，有點像中天精靈所的顏色。外觀像是別墅的造型，每座約三百公里長、三百公里寬、樓高三層，每座金宮的排列非常整齊，特史告訴我，這一區大約有一千座金宮，每座外型都大同小異，這裡有許多區，每一區的造型都不相同，相同的就是金光閃閃。

這裡每一座金宮的前庭都有二個武將看守，特史和我降落其中一座，門上匾額寫著麒麟金宮四個大字，特史和其中一名守將快速溝通，溝通完後，守將進入通達。

過了一會兒，守將和一名少婦出來，少婦年約三十左右，穿著華麗，面貌姣好，全身閃著毫光，身高約有一、二百層樓高，見了我禮拜，並說：法師，歡迎您回家。我也回禮，她並向特史鞠躬，也歡迎特史的來訪，特史和少婦是舊識，因同屬雷部。少婦縮了一下身高，並請我們進入。

裡面陳設很豪華，金銀色半透明寶石地板，閃閃光輝，不遜中天精靈所的內部，只是面積較小而已，說它小但若與凡間相較的話，實在太龐大了。裡面大都是金銀色，各種寶石的壁雕，太美麗了。

我們在前大廳落座，少婦送上三杯飲料，說是特別為我們準備的，很好喝，喝完後覺得精神很好。

少婦：在無無極天沒有什麼好東西可招待的。我叫阿音，招待不周請法師和特史原諒。

麒麟：阿音，為何只有您在此呢？

阿音：我是麒麟金宮的總管，也是以前您的總管，就是替您管理這座金宮的，現在本金宮的編制為五名，目前四名在二樓列隊等待。

麒麟：阿音，我看您的層次不低，這麼高的層次，為何屈就在這裡當總管呢？好像不太合理。

阿音：法師眼光真好。沒錯，我的層次在無極中品五級，在別人的眼裡我已是高高在上了，但在法師的面前，我永遠是您的部屬。至於為何會當總管，這可是有一段歷史的，我說給法師聽。不過說這段往事，會覺得榮耀與難過。榮耀是我跟隨了您，難過的是您離開金宮至凡境。在三千年前，法師您本是　無無極雷祖跟前一名巡查司令官，層次在無極中品六級，職務是巡查各天往來之異動情形，善惡、劫厄、消藏並輸入水晶石，做永久的紀錄，以備中天升降的隨時整查。我那時任職北天之劫厄消藏的任務，層次為太極中品四級，也屬於消災解厄的紀錄工作，必須注視凡人的一舉一動是否有違紀，如有善舉就加分、有惡事就減分、定期做修正、報告主管並做成水晶石紀錄，由我管轄的共一百名左右，工作算蠻繁重。因為這是有紀錄的重犯名單，既為天神也該盡忠職守，不敢懈怠，我們在職務上必須接受您的盤算就此認識您，您為神很熱心，也喜在職務上幫助，如有疏忽或不懂處，您都可包涵或耐心指導，我也一直認為您是一個非常好的上司，工作認真不馬虎、清清楚楚不含糊，如有紀錄不清必然追查到底，甚至和您到現場去查證，而且非常有擔當，不會把責任往下屬推，我想這樣負責的上司一定有前程，值得去追隨。有一天您又來巡查，半開玩笑說兩隻手不夠，要雷部派個助理協助您，以減少您的工作量，我看機不可失便毛遂自薦，我說我當您的助手，對您有多大的好處，我是多麼的能幹與聰慧。您當時裝出一副無辜的表情說，回去和　無無極雷祖說說看。過了好久，您來查巡順便帶來了好消息，　無無極雷祖答應了，我當時非常高興雀躍，我想您一定跟　無無極雷祖說了很多好話，不然沒熟識　無無極雷祖，　無無極雷祖怎會答應，我心中想我一定要努力以報答您的提攜之恩。我跟我的主管談，主管看在您的面子上勉強答應，但要交接後才可以，還好有一批新進人員進來，過三個月後，我交棒了，我名正言順的成為您的助理，您真的很照顧我，在無極、太極間無所謂的男女關係，雖然形像上是男跟女，但是沒有任何不同的，也沒有男女的分別，更無男女的肉身關係。您很細心教導我職務上業務，也很細心教導我如何進階修道，把您很特殊的修行法教給我，我真的受益良多，我更希望永遠成為您的部屬，而且是忠心不二的部屬，三千年來您已修至無極上品六級，擁有金宮也不再帶職務。那時我承蒙您的教導，我的層次升得很快，雖然我升至無極中品五級，但我願永遠追隨您，就如地球的千里眼、順風耳一樣，永遠追隨在媽祖的身邊。我自願永遠當您金宮的總管，　無無極雷祖常常開玩笑說，我是金牌總管，果位最高的總管。您和　無無極雷祖是師徒之情誼。當年，金宮的人數本來就不夠多了，大部分都升至無無極團隊去了，金宮人數又更少了，無無極雷祖來找您，您義不容辭擔下地球中天法門第一代法師，我捨不得您走極力勸阻您，您很堅決，而且　無無極雷祖也一再保證，一定要讓您回得了金宮來，如果您真的回不了金宮或迷戀紅塵回不了神界，我一定上稟　無無極至尊玉皇上帝大天尊，冒死上諫，就算犯了戒律也要把您救回天上來。我每日在金宮等候我的主人歸來，一天盼過一天，終於到今日看見您真靈回到金宮，雖然不知凡前事，但我總算鬆了一口氣，就算以後回不了金宮，但上昇神靈界已經沒問題了，我著實放心不少。

看著她，眼睛已含有淚水。

麒麟：您講的我都不知道，這已是凡前事，您也不必掛心我的未來。假若真如您所說，您也不必等候我，為自己的前程打算去吧！不必苦守金宮，擔誤您未來美景。

阿音：法師您不用激我，我心如止水且心意已決，要永遠追隨您，永不改變。我有交待地球雷音塔眾同仁，如果您有危難要立即通知我，我捨了性命都會救您。

麒麟：這是您的事，我不能替您作主，隨便您好了。對了！那要擁有金宮，要多高的果位才行？

阿音：這不一定，最少要無極上品一級，有時也可能上品二級或上品三級以上才能擁有金宮，有時視任務而定。金宮有的會帶職務，有的就沒有帶職務。

麒麟：對了！那您現在已是無極中品五級了，如果再五級，您也可以擁有金宮，何必在此擔任總管呢？

阿音：我是個死腦筋，就算上天安排我擁有金宮，我也不會去，我還是會在此當個總管，破很多紀錄的總管。我做事很有原則的，也是知恩圖報的人，我不是固執，而是我做事的作風。想當初沒有法師的提攜，誰會把私有的修行法傳授給我，那我現在還可能在太極中品呢！所以我一直認為我追隨您是對的，永遠都是對的！

麒麟：阿音，您的固執倒是和我很相像。

特史：法師，我們今天來是探視金宮，不要再摸索過去了，您應該向前行勿往回看，以免墜入另一個深淵。

麒麟：特史說得對，英雄不提當年勇，更何況我不是英雄。

特史：法師，為什麼您受我們敬重，您知道嗎？連　無無極至尊玉皇上帝大天尊、無無極雷祖也欽佩您，您知道為什麼嗎？因為您為中天法門，不惜以身試火，以真靈下凡去，如果回不來，您就永受輪迴之苦了，您沒有退路，這種全力以赴的精神，不由得我們感佩。一般神尊普渡都喜歡使用分身分靈，以感化靈力創造一個獨立的新靈，這便是分身分靈，反正回不來和他本尊之真靈一點關係都沒有，這是非常大的區別。

麒麟：您說的這些我都記不起來了，講了等於沒講。阿音，那您帶我們參觀一下金宮好了。

特史： 無無極至尊玉皇上帝大天尊已把這座金宮，更名為麒麟金宮，已屬於您名下了，您不認為這座金宮是您的嗎？您看 無無極至尊玉皇上帝大天尊多麼疼愛您。我想 無無極至尊玉皇上帝大天尊有傳您絕招吧！

麒麟：我有立下誓言，未渡足人數，絕不上金仙果位，所以未完成之前，這還不屬於我，我有盼望可以上來參觀金宮，但那只能說是參觀而已。

阿音：法師，如果您在凡間遇困難或無法解決的事，請託秘史轉告我，我會盡力達成，就算赴湯蹈火，在所不辭。請隨我來。

麒麟：凡事難料，真有那麼一天，我會不客氣的通知你，你不可以說不認識我。開玩笑的。

以低速念力飛行。阿音告訴我，這裡只有一種清洗的方式，是一種霧氣清洗方式，

這是　無無極至尊玉皇上帝大天尊以前賜的，只有我們這裡才有。無無極天是不食人間煙火的，思衣得衣，均為願力所化，食衣住行均無憂，願力之宏偉，住之大殿亦是願力所化，而且歷久彌新。

阿音：這是公事室，裡面很寬敞。裡面有辦公室、會議室、剪綵室、休息室，最內部那張桌子，是您凡前的座位，我們把它保持得很好，不讓別人來坐這個位子，以示對您的敬重，包括我們及這裡的屬下，不會有人去翻您的東西或使用，這裡每一個人都心存敬重心，或許真誠相待，真心回饋吧！

麒麟：阿音，我有個請求，我可以坐坐這個位置嗎？

阿音：好。

特史在後面幫我拉高身型，坐上去還覺得如小孩子坐上大人的位置，但氣勢很好、很過癮。

阿音：雖然您凡前和今日面貌不同，但英姿不變，仙風道骨，玉樹臨風，架式不變，我們都希望您早日歸來，帶領著我們，我們也永遠追隨您。

麒麟：這些書櫃裡面裝的是什麼？

阿音：我抽一片給您過目，這就是水晶片。有一點像你們凡間的光碟片，我們這裡的水晶片，一片的容量大約有你們凡間光碟片的一千萬倍，而且是智慧型的，不需使用電腦，只要將手放於水晶片上，它會自動辨別基因密碼及辨別身分，只要使用真靈的心電感應術，就可以知道裡面全部的內容，我們真靈在讀取資料，比你們大型電腦快上幾百萬倍，這是我們真靈比凡人優越的地方。比頭腦而言，我們真靈的頭腦記憶，就如以無極界而言，腦筋記憶比你們凡人頭腦很好的人多五千萬倍，思考的速度快上幾十萬倍，而且我們真靈也可以儲存在第八意識之中，記憶之後不易忘記，普通時候全部儲存，所以平時我們過著無憂的生活。

麒麟：真的靈界比我們凡人進步太多了，我們凡人總覺得我們的科學太偉大了，殊不知那只是滄海一粟。

阿音：這間是您凡前的禪修室，這是靈石禪修台，這靈石禪修台是位宗教主宰送的，它具有充實靈流的功能，可以吸收或回流，您以前也常在靈石禪修台上靈修的，您不在我們也沒有去動用它，它會和禪修者心靈對言，會讓您有很好的心境。

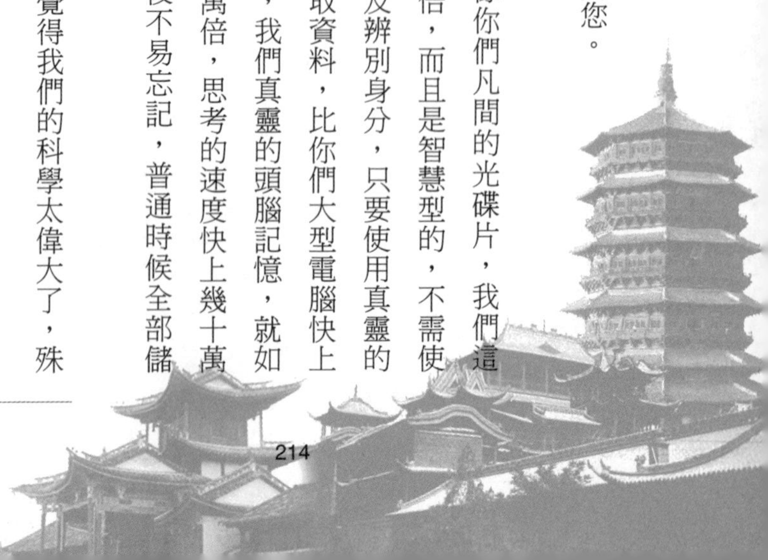

麒麟：我可以禪坐一下嗎？

阿音：可以。

我一上坐覺得渾身熱起來，好像忽然有人在心裡溝通，就如夢中，雖然夢境不說話，我們卻知道它在說什麼，大概的意思是這樣，主人您好久沒來了，我非常想念您，想想過去的時光，我們都是相依偎的，我今天把一部分的靈流再輸送給您，希望您精神飽滿，也希望永遠記得我。

坐了一會兒，我起身下了靈石禪修台，真是好寶貝，我會永遠記得你的。

阿音：這是霧氣清洗室，是玉皇上帝送的，最主要功能是洗清真靈的雜念，去除雜氣，法師您可以試試看，將雙手放在上面即可，它會自己動作。

霧氣台並不大，有一點像橄欖球一樣，大約它的五倍大吧！深紅色透明狀，表面很光滑，我將雙手輕輕放上，阿音說加一點點內力，由雙手掌慢慢繞上一股紅色輕煙，一直往上蔓延，卻都保持在膚上一吋左右的距離，不會散去，慢慢蔓延至全身，覺得非常清涼，全身舒暢，沒有一點壓力，忘卻一切煩憂，真是寶貝，雙手輕輕離開，身上所有的紅色輕煙，又全部被吸收回橄欖球內。

阿音：法師，您喜歡蓮花嗎？我們這裡有個蓮花座，以前您很喜歡坐，慢慢繞著金宮的四周，享受那一份逍遙自在。

麒麟：凡境家鄉種了很多蓮花，有人稱為蓮鄉，這是植物的蓮花，當然和聖境的完全不同。阿音，您不會告訴我，這也是人家送的吧！

阿音：這當然也是人家送的，是一個非常出名的宗教神尊送的。其實這些都是宇宙精華之氣結成的，不是您想創造它，它就會有，這些寶貝也不是普通神尊可以擁有的，它是真實的，不是願力所化，這些均擁有智慧而且是永不毀損的，沒有實力誰會將天地間的寶物送給您，人家不會留著自己用，大地之精不容易得到的。

麒麟：這蓮花那麼小又瘦弱，怎麼坐呢？你們怎麼不把他養肥一點，不然坐上去肯定會把它壓垮的。

阿音：它又不吃飯，如何養它？要肥大一點，沒問題。

雷指一比，突然長大，有十公尺那麼大。

阿音：夠大嗎？

我們三人落座，坐定，它便會自動啟航、自動駕駛，慢慢的，真是悠哉半日閒。

麒麟：這蓮花可以出遊嗎？它的速度如何呢？

阿音：這蓮花可以遨遊天際，其速度不能跟念力比，它的速度算是很慢的，因為它是有質形的東西，但坐起來卻是很舒服的交通工具，如果您要悠哉舒適，蓮花座是很好的選擇。

我們繞了幾圈，就下蓮花座，它又自動回復。其他有一些小擺飾也很奇異，我們無法一一去詳述。我們又不是去兒童樂園，其實人生如戲，又何必去計較。

阿音：我們上樓好了，二樓是健康室及休閒室，並介紹我們的成員。

上了二樓，二名文官、二名武將列隊歡迎。法師好！特史萬安！禮拜回禮。阿音介紹成員，文官阿威，今之果位為太極中品四級；文官沙沙亞，果位太極上品二級；武官阿修，果位太極下品八級；武官特多巴，果位太極中品二級，都是高級天神。此時；四名文武官同聲說：法師，我們永遠追隨您。

麒麟：我已不是你們的長官了，在沒有長官的地方是不會有成長的，你們各奔前程去吧！

沙沙亞：雖然雷部有讓我們選擇去留，但我們五名都決議留守金宮，等待法師回來，我們找不到更好的長官了，我們相信法師不會棄我們而去的。

麒麟：各位盛情，麒麟感入肺腑，但各位要知，吾今在凡界，不一定回得了金宮，誓願未成，不要抱太大希望。

四人同言：不論如何，我們誓守金宮，等待法師榮歸。

麒麟：感謝各位。對不起，我空手而來，忘了給各位帶禮物，下次看能不能補送。

特多巴：法師今日真靈前來，我們都看到了希望，那是最好的禮物。何況您在凡間

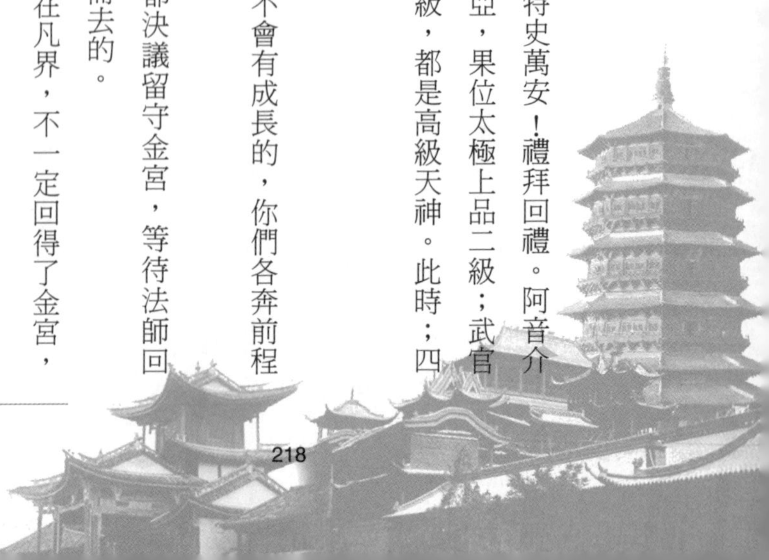

任何東西都無法帶上無無極界的。

麒麟：這位叫阿修吧！你們普通的時候，都在金宮裡做些什麼事情呢？

阿修：自從法師下凡去，我們金宮不再帶任何職務了，大部分時間都和總管禪修修行，不然就下棋、談天、做做訪友，日子很逍遙，只不過有時候必須……。

麒麟：有什麼不好意思說？那好，換特先生說說看。

特多巴：其實也沒什麼。偶爾我們四個其中一名會下地球去探望您，一個回來換另一個再去，這已變成例行公事了，反正我們也沒有其他任務，但卻很擔心法師。

麒麟：難怪我總覺得在凡間總是有人跟隨，我有問過秘史，秘史總是說，雷部另有雷將保護，都是你們四名輪流嗎？總管有沒有去過呢？

特多巴：初期總管是和我們一起輪流的，但後來發生一件事以後，總管就不曾再離開金宮了。

麒麟：有那麼重大的事情嗎？

特多巴：法師您下凡去不久，忽然有一天雷聲隆隆，在普通的時候，有事時在外面的守將會感應通報，我和沙沙亞一組，立即出去查看，原來魔界老大誤闖無無極界，這位魔界老大修持也很高，所謂道高一尺，魔高一丈，他也很自在，可能認為你又奈我何。幾十名雷將奉命驅趕他，他也分不清東西南北，到處閃躲，跑到離金宮幾百公里的位置來了，我們立即以心電感應術通知總管，總管明白了狀況趕了過來，河東獅吼，震撼了整個法界，或許情急，釋出無限大的能量，號令住手，魔界老大及雷將們全部愣住了，這個「杏某」怎麼這麼兇，卻是內力十足。

總管說：「切勿在此動手，金宮有傷一石一瓦，唯你們是問，也休怪我不容情，對你們不客氣。雷將們，你們沒看到我的金宮嗎？如果你們誤毀了我的金宮，我看你們往哪裡跑。」雷將們全部都放下了神器，好像洩了氣的皮球。

魔界老大膽怯的說：「這位女將，勿兇，妳是女中豪傑，幾十個雷將，我也不會看在眼裡，妳的內力與兇悍我臣服，我不是故意打擾你的清修，請原諒，只是被追，到處亂跑，請指點一條路，以便離開。」

總管說：「那好，雷將勿再追趕，你們的任務要他離開，他有意離去，帶他離去即可，勿再追趕，勿擾金宮。」

說完悻然轉身離去，這件事傳遍了整個雷部，以後雷部神將要來拜訪，都會戰戰兢兢，也從此以後，總管不曾再離開金宮一步，這也給我們四名上了一課，什麼叫盡忠職守。

麒麟：你們五名真的非常負責，要找到這麼好的下屬真是福氣，金宮受損，可以再修復，何以為此限制你們的行動呢？阿音，我要你們快樂自由，不要心有顧念，知道嗎？地球那麼遠，你們不要再去了，那邊有秘史照顧我，已經足夠了。傻孩子不要哭，通通擦乾眼淚，我沒看過仙神掉過淚的。

阿音哽咽的說：法師，您已經不是凡前的您，您在凡界我們非常不放心，怕您有所閃失，我們已商議好了，保護金宮是我的責任，護衛凡界的您是他們四名的責任。法師我們都是心甘情願的，沒有一絲的勉強。

麒麟：我的個性固執，我看你們也一樣固執，可能我講了也沒什麼用，但一定不要妨害到你們的職務。我會記得你們的等待。

參觀偌大的金宮，奇花異卉，奇石羅列，金光閃閃，金宮聖地美景，凡人欲求，金仙大道，寸土寸寶心靈間，金宮玄妙，凡界修真，人身難得，天化真靈。

人間功名利祿，數十寒暑，轉化泡影，萬萬年基業，唯人身可證，今不入玄台，輪迴苦海，迷亂華歌，轉眼雲煙，大智大愚，永證蓮品。

依依不捨，終要捨，相見時歡，別亦苦，黃燈古神，對燭台，離了金宮，返凡塵。人之心念起住，生老病死，受別離苦，歡笑痛苦總難免，修行人要保持平衡，就算有起伏也要盡量淡化之，事過境遷，船過水無痕，在最短的時間放下心念，勿常執著於心，提得起，放得下，即是放心，慈悲喜捨，才能啟迪大智慧心。

【文後筆記】

一、為何叫金仙或金宮，因為在無無極中天凌霄寶殿的西方，故稱為金仙、金宮。

二、麒麟金宮總管阿音細說麒麟法師凡前事。

三、中人無極北天專司善惡、劫厄消藏之業務。

四、神尊倒裝下世，果位再高，迷戀紅塵也是一樣回不了神界，這是一個相當大的賭注，不是凡間人所能體會的。

五、要擁有金宮，要多高的果位才行？

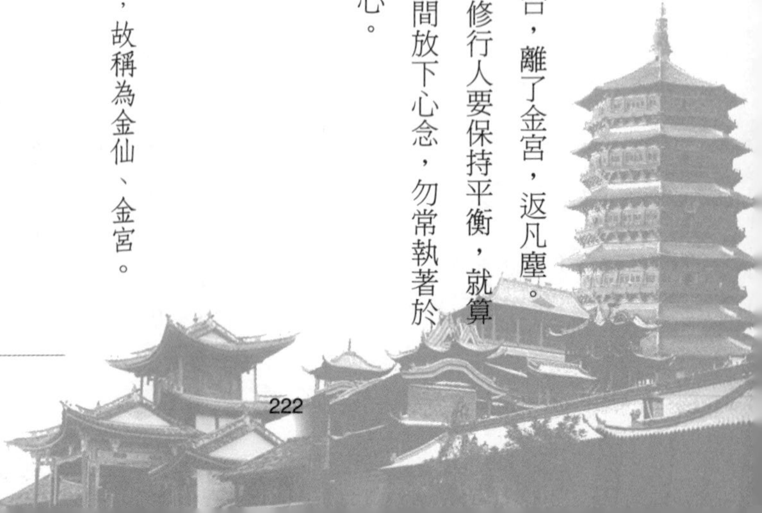

六、一般神尊普渡都喜歡使用分身分靈，以感化靈力創造一個獨立的新靈，這便是分身分靈，反正回不來和他本尊之真靈一點關係都沒有，這是非常大的區別。

七、真的靈界比我們凡人進步太多了，我們凡人總覺得我們的科學太偉大了，不知那只是滄海一粟。

八、麒麟金宮之蓮花座，靈界之寶物都是宇宙精華之氣結成的。

九、凡間任何東西都無法帶上無無極界的。

十、魔界老大誤闖「無無極界」，金宮女總管阿音顯神威。

十一、人間功名利祿，數十寒暑，轉化泡影，萬萬年基業，唯人身可證，今不入玄台，輪迴苦海，迷亂華歌，轉眼雲煙，大智大愚，永證蓮品。

第十一章
無極凌霄寶殿

秘史來訪，今日要上中天無極凌霄寶殿，覲見無極至尊玉皇上帝大天尊，這是九大行星系之中最高主宰。

註：無無極至尊玉皇上帝大天尊和無極至尊玉皇上帝大天尊是不同等級的，但是都同屬中天，請注意以免混淆。

秘史：千宗萬教在西天，中天無極管盡凡間事，西天宗教慈航又普渡，中天修持封天神，凡人願往西天之樂土，不知今日中天大羅金宮殿，第一次廣開中天門，納入聖賢之人才，西天樂土凡人熟知，凌霄寶殿凡人無足跡，中天初開神仙門，智慧雅士來報名，是非選擇易過關，無八十分也有五十分。

麒麟：秘史你說的太離譜了，好像中天法門只要報名就考上了，中天法門初期也許很容易修，也無設限，但也要有心人，無心種植與栽培，哪能花朵滿園開，天梯已垂，也要有膽識攀爬，原地不動，永遠無法上天梯，天堂和幽冥都是我中天之領土，進一步為天神，原地或退一步即幽冥，你喜上昇或下墜呢？花無百日紅，人無千日好，人是不可能百年無憂的，為你的永恆，留下美好的回憶。賜福、延年、解厄、赦罪，亦是我中天轄區之東天業務；人寰造化樞機，降福消災，求財帛，唸經祈福，修行劫厄消藏，亦是我中天轄區之北天業務；修行果位高低考查，亦是中天轄區之南天業務。所屬中天天神果位無數，修行至可登各天之宮殿，內功修果位，財施、法施外功修來世福，中天法門特重加持外功，使財施、法施外功果位轉為內功果位加分，這只有中天法門有。秘史我說得是否正確？

秘史：法師所言甚是，自家人辦自家事，總會留點情面，不會拿右手打左臉，拿左手打右臉的。好了！我們不談修道事，我們以念力飛行至九大行星系無極最高階凌霄寶殿吧！

凌霄寶殿，顧名思義，如凌駕在雲霄之上的寶殿，殿之下層常年有雲霧籠罩，好像是一座雲中之城，這是九大行星系無極中天凌霄寶殿的特色，也是它的由來，其他四十七座無極中天凌霄寶殿就無如此的景像。

每一個宮殿都是奇異寶石所創造出來的，有毫光等這些都是各神殿的共同特色，九大行星系無極中天凌霄寶殿之朦朧美，真是其他宮殿比不上的。佔地有地球的大小，五光十色，毫光四射，真是美啊！守將引導我們進入內殿，文武兩邊排，我和秘史覲見，並恭祝玉皇上帝萬壽無疆聖聖壽。

無極玉帝：麒麟、秘史免禮，二位辛苦了，你們二位也該計畫，中天天神的報名單，何時才要交呢？

麒麟：時機未成熟。沒想到真的是關聖帝君，您是全宇宙最年輕就坐上玉皇上帝的寶座吧！

無極玉帝：問你們的成績單，要記得交。承蒙各仙真的舉薦，掌控九大行星系之生儀形態已有一百多年了。說實在的論資歷，的確我是最年輕的玉皇上帝，才一千八百多歲而已，比仙真們動不動上千萬歲的差太多了。

麒麟：玉皇上帝承天啟運，統掌無極諸天、地球及行星，管轄三曹，德澤被幽冥，凡間億兆之生靈，倍極辛苦。

無極玉帝：麒麟將來為中天奉獻，也是很辛苦的。

麒麟：敢問玉皇上帝，無極中天組織型態是如何？

無極玉帝： 無無極至尊玉皇上帝大天尊是我們直屬的長官，宇宙間只有一個無無極中天，但卻有四十八個無極中天。當然這麼多的無極中天，全部屬無無極中天管轄。我們無極淩霄寶殿也就單單管你們太陽系的九大行星而已。你知道你們地球有多少的生

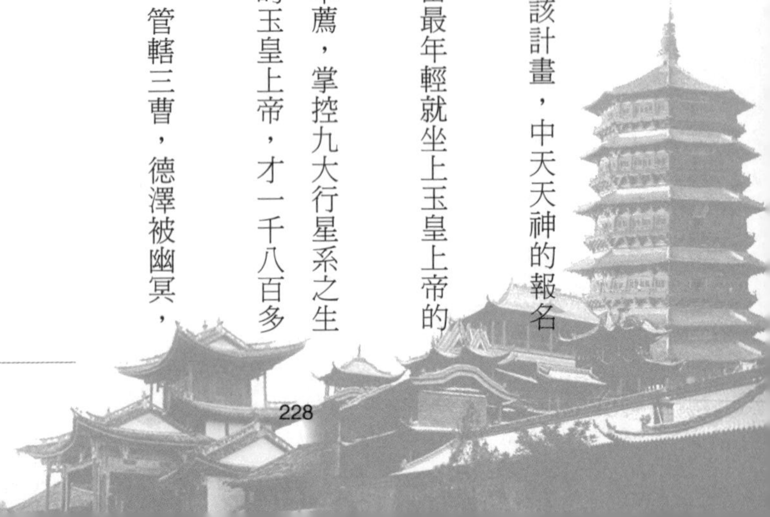

靈嗎？多得你都無法想像，從人類鳥獸，魚蟲蝶蛾，細菌類，屬會動的、會呼吸的都屬於生靈，如果一個生靈的一生就算一個軌跡，全地球有多少軌跡，累積一百年的地球就有多少軌跡，中天無極如何去掌控每一條軌跡，這必須要有大團體大智慧的。

麒麟：那宇宙之幽冥界到底有幾個？其型態如何呢？

無極玉帝：一般而言，一個無極中天之下必然有一個幽冥。幽冥直轄權是屬於中天無極的，但現在倒有一點像西天的幽冥界了，甚至幽冥界也被歪曲了，有機會你可以請　無無極至尊玉皇上帝大天尊核准你去幽冥界。但吾先提醒你，到了幽冥界要看整個面，不要只看一個點，你就會明白原來幽冥是如何組織的，為何各宗教所言不盡相同。

麒麟：感謝玉皇上帝的提醒，我會記住的。每一個修道人，都以為修到比您玉皇上帝果位還高，也會常藐視您，玉皇上帝您的層次那麼低嗎？

無極玉帝：麒麟，你是故意問的吧！那吾也故意的回答你，其實你也知道吾的層次高低，修道人常常自我貢高，以為修到什麼獨一無二的大法，也不知道條條道路通羅馬的道理。其實吾的層次和各宗教的創教祖師或教主一樣高，各位修道人，你有辦法修到和你的創教祖師或教主一樣高嗎？如果沒辦法請謙虛一點，你們的祖師或教主和吾在一起時，大家還要客套一番呢！喜歡分化離間，或詆毀各教門，其罪在幽冥，外披宗教衣，其言不如眾生，只是假宗教之名，行自私自利之行為，是不合格的修行人，到最後要回歸教門時，還需先經過幽冥的放行。是故修行者應木訥寡言，沉默是金，切忌言語犀利，口舌之弊！中天無極雖然層次不高，但小單位有高層次幹部不足為奇的，現在中天無極，層次在無極界的幹部，可是成萬上億的，我們中天無極也是人才輩出，也不出差錯，否則你們凡間生靈會慘兮兮的。

麒麟：以關聖帝君來說，有很多的名號，又是西天護法神。玉皇上帝您有那麼多分身嗎？

無極玉帝：關聖帝君是個大團體，在你們凡間我就有幾十萬個分身分靈，宗教的護法神也是分身分靈，真正的本尊在這裡，就是九大行星系最高主宰無極至尊玉皇上帝大天尊。有的宗教稱朕為玄靈高上帝大天尊。

麒麟：如果凡人修西天的法，是不是就歸附西天了，也就脫離中天無極的管制了？

無極玉帝：各天均有連帶關係，是不可能獨立的。就算你修西天之法，只要有凡體，不論層次高低都必須受中天無極的管制、東天命盤的重組、北天劫厄消藏、南天修行的評分。你認為有凡體可能肉身成聖賢嗎？如果不幸下墜幽冥，那還是在無極中天的管制之下。

麒麟：現代人常為財運，祈求財神或土地公，它們真的會將財運送給他嗎？是不是巧合呢？

無極玉帝：財神或土地公本是吾無極中天直轄的天神，雖然果位不高，卻和凡人很親近、很隨和，好像管區一樣，有求必應。但凡人求的百分之八十就是財，到後來就慢慢變成散財的職務了。那財從哪裏來呢？財神或土地公必須定期上表稟告中天無極凡間實情，他也會把人們的祈求順便附上，久而久之就好像是慣例了。上表之後，無極中天有零至百分之五十的給予權，中天無極也會轉入北天之劫厄消藏，北天也會給予零至百分之五十的給予權，那看總共核准多少，由原申請單位具領，所以就會產生出名的財神或土地公。因為他們申請的案件多，自然或然率就高。吾想麒麟你問這個問題，大概還有別的用意吧！不然這麼淺的問題，你問秘史，秘史就可以把它解釋的很清楚了。

麒麟：真的被玉皇上帝看穿了。沒錯，這麼簡單的問題請示玉皇上帝會被笑的。我想討份賞，我希望玉皇上帝也幫幫我們中天法門財運不佳的學子，使他們不因三餐不繼而中斷修行，您的恩澤最大。

無極玉帝：這個方面，中天無極盡能力幫忙，但請麒麟篩選，真的有必要才上表來，中天無極將從寬審查，但也不要隨便點名，修道之人要淡泊名利的。

麒麟：感謝玉皇上帝的慈悲，我代表中天法門窮困的學子，衷心的感激您。

無極玉帝：吾有一件事叮嚀你，希望你好好記住。中天法門是最新的教門，是必須獨立的，你想依附其他宗教之內是行不通的，吾知道你在這方面的努力，也碰很多軟釘子，不是神尊們不幫你，我們只能打幫助道。而人類有教派之別，這些廟宇都已具規模，你想使用他現在的資源，要他放棄原有的經營模式，而讓你做新的法門新的嘗試，這很難行得通，不會有人開好路讓你順利去宣揚中天道法的。一切都得靠自己，墾荒最不易，萬事起頭難，但是功德卻是最大的，你有那麼長的預備期，也該好好的籌備一下。你有想過如何去開創嗎？計畫如何呢？

麒麟：感謝玉皇上帝的關心，我想中天沒有一個神尊跟我談如何墾荒，如何宣揚中天道法，我也一直想，只要好好充實自己，時機到了，自然會有人找我談。我也很努力的找過很多現成的教門去談，但常被看成異類，不然就被看成騙財騙子，他們雖是修行人，已失去追求純真境地。所以我改變方式，不再使用舊宗教的資源。今日玉皇上帝既然關心，我也把想法提供出來參考，看是否有改進的意見。雖然核准在案，但我預計把我和靈界接觸的經驗，寫出來成為一本書，以廣闊的面去披露天界的真面目，而不是以宗教的立場去看靈界，請求老天幫忙，能找到合適的出版社出書，將天堂聖景推展出去，這可是功德無量，功加五級，並開始宣揚我中天道法，徵收共修會學生。玉皇上帝您看我的構想好不好？

無極玉帝：初期出版社功德並非五級，在中天的功德評估是很特殊的，再延伸出去所產生的功德都要算在內，一般而言會延伸五十年，把發展出來的功德全加計在內，這可是無上功德啊！至於你開的共修會總壇，這是初期的模式，個人經濟有限，吾不能強求。有一個新的開始，就會成功一半，吾祝福你馬到成功，我中天無極也是你直屬單位，有什麼需要或幫忙，轉告秘史即可。

麒麟：眾生難渡，大智慧者難尋，我會更刻苦去宣揚，請玉皇上帝寬心，一切會遵照戒律，不會超越戒律，帶給人類幸福與快樂，也感謝玉皇上帝願意協助。有那麼多神尊的鼓勵，給我最大的信心與執著，刻苦宣揚，謀事在人，成事在天。我們可不可以談一下修道與靈的歸屬，使我們對靈界有更新一層的認識。

無極玉帝：好像我們已進入正題了。所謂的靈界，包括無無極團隊、三界之內外、幽冥、妖魔鬼怪，凡有靈性而無凡體均屬靈界。靈的來源可分為二種：

（一）剛誕生的叫做新靈。

（二）染有習氣的叫做輪迴靈。

新靈較為純淨，天真無邪，剛由瑤池宮（每個宗教稱呼不同）化生來的是新真靈；輪迴靈是舊靈，有高層次墜落的，有低層次升上來的，有神尊帶願來的。靈界真的無限大，靈必接受歷練才能擔下大任，要有能力才能有擔當，不然化生真靈全新的很純淨，不用修就能擔任天神之職，那是錯的，剛化生下來的新靈，就如嬰兒一樣，你必須養大他並教他技能，才能存活。靈也是一樣，新靈非常小並無擔當的能力，所以到凡間修持，把靈養大就可擔任重職再歸入無無極團隊，這是新靈必經的過程。真靈是不回歸原來的出生地，就如人類出生之後，必為自己前程去奮鬥，創造美麗的前景，幸福的家庭，充實的生活，而不是常常歸於父母的蔭育下。所以真靈出生後，就得接受歷練，成熟後歸入天神之仙籍或歸入永恆的無無極團隊，而不是再回去他的化生地，如果真是如此，西天不就人擠人擠死人嗎？新靈較為單純，但一出生凡間即受肉體五行、物慾及種種的束縛，新靈單純但靈力弱小，沒有什麼靈力，你可以看見小孩之靈較為純真而無邪，就會產生靈力薄弱，肉身也較瘦弱而多病，因為肉身所產生的靈流不足供應新靈所需，但長大之後，這種人大部分心地非常善良的，所以要充實靈流，不受肉身所限制。

修道真正目的在於培養真靈壯大，不需再靠肉身來供給靈流，自然不受肉身牽制，自然可以做自己的主人。至於舊靈就不同了，因為幾次輪迴之後，多少會殘留在內心深處，對凡人也有一套應對之法，雖是小孩，頑皮搗蛋，好動好言，這是新舊靈最大的差異。真靈在肉身上所佔的比例，只有幾千萬分之一而已，小到不能再小。新靈化生下來又特別軟弱，就如一小塊白布，你說多久可以把它染黑，告訴你，最快幾小時，最慢幾十天就可以完全染黑了。雖然新靈本性善良，如何加強他的靈力或將染黑的善靈再恢復本來的面目，那就是修道的主要課程，你認為我說的有無道理。你會認為新靈純善哪有那麼容易染黑呢？吾告訴你，一個仙佛倒裝下世，是不是比新靈更高的境界？更有經驗？如果不知修，一樣染黑，一樣墜入紅塵，回不了天界。那輪迴靈就不一樣了，雖帶有黑點來降世，可是經驗老道，靈力也較活潑，不見得染黑的速度會比新靈快。一般而言，人類出生時，新靈的比例大約只佔百分之三而已，大部分都是輪迴靈。靈是要吸收靈流，就好像充電一樣，使靈力一直增大，接收靈流滿了，就不必再受制於肉身，也不必再受肉身供養了，甚至還可以供養肉身呢！所以靈流是吸收的，開啟玄關接受宇宙的靈流，而不是把念力放入宇宙中，放入宇宙中有何益，宇宙無限大你在尋找什麼，找高層次的天神嗎？還是你對宇宙喊救命，發出ＳＯＳ，就算你的念力能到達善靈界，那又如何！誰會接受你那不純的念力，就算他善意的回你念力，你又不會接，那不是白忙一場，而且一直在流失念力，更陷輪迴的深坑。其實你不用發出念力，微弱的靈流有到達凡界的，雖然非常微弱，卻很少人會使用靈流，所以還是足夠你使用的。所以我們必須學會吸收宇宙的靈流，因為仙神界也是一樣吸收靈流的，仙神才能具有神通及幻化的。凡人之所以為凡人就是吸收靈流沒有仙神發達，所以凡人要靈力加強才有力量擺脫肉身的不正當肉慾、物慾、情慾及三毒，如果你的靈性永遠長不大，你如何擺脫這些牽制呢？所以在中天法門中，我們以最正確的修持法供養你的靈性，吸收宇宙的靈流，不久之後你就可以證入採藥的階段了。所採之藥再供給肉身，轉換仙體，不久自性光輝，有緣則可證入神通之境，得證將來之果位。當然有麒麟之輔助，讓你更得心應手，麒麟也會使用內力幫助你通關達竅，內容更有千古不傳的秘訣，更有驅除邪魔之法，改變氣質，健壯身體，就算原有病體，也可治癒或得以改善。

麒麟：人類總是喜歡實例印證的。吸收靈流可改變氣質與健壯身體，在我本身也得到很好的印證，我小時候一直身體狀況不好，三天二頭跑醫院，連醫生都非常熟識，現在證實，使用靈流可以改良體質，使身體得到健康與強壯，耐力也比以前好多了。我敢問玉皇上帝，是不是別的星球之中天法門也是如此的，現中天有很多神將是別星球中天法門來的，是不是可以找一位，說說實際情形，並印證一下呢？

無極玉帝：中天法門中有很多人體驗，都得到不可思議的奇蹟，而且有意想不到的很多特殊功能，個人體會不同，也會有很多效果出來。吸收靈流只是中天法門的一部分，也是考驗有無耐心的一部分，靈流可清洗真靈，提供真靈能源之外，亦可供肉身轉強免疫力，卻病而延年，身體強健，自然身體疾病減低，也可得到快樂的老年，甚至可減低病情，還原健康的身體。諸位文武神將，屬中天法門出身，因中天法門而強健身體者，願意提供印證的，請舉手。

許多人舉手，玉帝示意要我選一個。我選一個外型較老的，文官打扮，頭髮與鬍鬚黑中摻白，臉色紅潤，雙眼炯炯有神，精神奕奕，倒不能以童顏鶴髮來形容。伏首頂禮，玉皇上帝准奏。

老文官：我願為印證，我是中天法門一份子，願為中天法門盡綿薄之力。我叫阿中，生長在非常富有的家庭，自小父母疼愛有加，也非常依順我的意見，我是獨子，嬌生慣養自不在話下，二十歲娶妻陳約氏，育有二子，夫妻和樂，我雖是公子哥們，但仍保持本性善良，父母自我二十八歲相繼加入中天法門，父母也虔心向道，也常鼓勵我有空聽聽老師講道，以結善緣，我老推說沒興趣、不喜歡，父母苦口婆心，我從不領情，父母也無可奈何。有一天父母告訴我，他們要專心於中天法門，並要我承接衣鉢擔下家庭重擔，那年我三十二歲，慢慢的，我接觸到廣大的社會，人際間的關係亦趨複雜，生活不再正常，交際應酬也是日常便飯，還好從不越矩，可是身體還是積勞成疾。三十八歲那年，突然腹痛如絞，送入急診，經層層的檢查，發現我罹患絕症第二期，真是晴天霹靂，光明的人生慢慢被蟲蝕，忽然跌入谷底，一切茫然，我不知該怎麼辦？陷入莫名的恐懼中，死亡陰影及幽冥之境常浮於眼前，久久無法釋懷，人生頓失重心，一切都不再重要了，痛哭一場還是無法改變現實，忽然想抓住人生的尾巴。死不可怕，但是恐懼未來的去向。身體好一點以後，我乖乖的依父母的安排，拜見法師，法師聽過了我的敘述。

法師問：「你相信你父母所言的中天法門嗎？」

我回答：「以前不信，現在死馬當活馬醫。」

法師說：「絕壁生信心。」

就這樣，我加入了中天法門，而今的我重病絕症在身，所以法師特別關懷我，也很注意教導我如何吸收天地精華靈流，以及如何才能達到去除重病，恢復昔日之健康。法師告訴我，我必須比一般健康的人，多付出一點時間與信心。過了半年之後，我再回醫院做一次徹底的複查，醫生告訴我，我的絕症非但沒加重，反而減輕很多，醫生說不可置信，這已超出醫學的奇蹟。一般絕症只能控制，無法阻止病情不加重，只是速度快或慢而已，能夠減輕可是他執醫多年來第一次遇到，他問我如何做到的，我告訴他，我聽二個人的話，第一個是醫生，我相信你的專業，依照你給我的方式及醫療藥物，第二個是我加入了中天法門，我依照法師給我的無形指示，我完全依照二位的意思，不參雜個人的意見，如果有個人的意見，一定不能做得那麼好。又過了一年，我自認我已恢復昔日的強健，再做一次徹底複查，竟然奇蹟似的摒除了絕症的威脅，我也得到採內藥的實境，雖然法師平時沉默寡言，不是能言善道者，也不是很好的演說家，更不是說服家，但他卻以真誠的心，奇妙的法，深深的感動了我們，使我們信服上天的偉大。我自願加入服務的團隊，無怨無悔，望能為上天服務更多的人類，造福更多的人群。而醫生則是我加入中天法門實證中最好的見證人，也是我一生中第一個被我引導加入中天法門的人，我們感激法師為我們做的，我們感激上天的慈悲，在眾多的人類中選中了我們，多麼有福氣啊！我真正成為中天法門虔誠的信徒，也是上天服務人類的天使。法師常叮嚀我們不要執著神通，也不要刻意去追求，如果自然來了，要內斂，不可自我貢高，更不可欺師滅祖，一山另有一山高，有天地唯我獨尊的觀念最不好。七十歲那年，我無意間得證天耳神通，自此可聽到靈界天音，老實說在凡界之靈界天音百分之九十是低層次的鬼魅，屬於高層次的，大部分都是過境而已。因為真正高層次的神尊，是不居住我們凡界的。聽過幾次之後也不再新鮮了，我依照法師的指示，實有所得如未得的心境，只有偶而在印證當中會去談及，其實每個人的心路歷程，如飲水自知冷暖。七十五歲那年，法師交待好了一切凡事及教內聖事，並依上天指示，指定了下一任的法師後圓寂了，他告訴我們，這是短暫的離別，我們很快就在天上見面了。人生壽命有限，我在八十五歲那年往生中天境地，得證無極下品五級的果位，可能還有五十年的財施與法施未加入評估。我有至東天去查閱，我命中註定的年齡是四十歲，死於絕症，而如今八十五歲往生中天為天神，無疾而終，所以中天法門真的是上天為神的不二法門，勿入寶山空手而回，虛晃一趟人生。

麒麟：那很好，阿中你真的因禍而得福，並恭喜你榮登無極果位，與眾仙班同列。中天法門有許許多多功能的，只待修行者自行去體會，自己去品嚐。麒麟敢問玉皇上帝，為何您也是紅臉的，聽說紅臉的大部分來自雷部，有此一說呀？

無極玉帝：哇！麒麟，你在做身家調查，還查到吾之凡前。沒錯，吾之凡前亦是雷部武將倒裝下世，亂世用重典，三國時代名揚中國青史，忠孝節義，為雷部樹立典範。

麒麟：三國演義，震古鑠今，千里尋兄，五關斬將，古城集會，瞬斬蔡陽，英勇虎將，威赫千古。

無極玉帝：凡事已矣，過往雲煙，往日如昨，又能奈何，修行當下，日有當進，留住今日，永恆之生。

辭別了無極玉帝。

秘史：法師，久煉成鋼，經過這麼久的自修，是該為中天奉獻的時候了。法師我們永遠支持你，我也希望永遠追隨在你的身邊。

麒麟：感謝秘史的鼓勵，天上人間我也希望和秘史永遠在一起。

我們返歸凡塵。

【文後筆記】

一、無無極至尊玉皇上帝大天尊和無極至尊玉皇上帝大天尊是不同等級的，同屬中天，請注意以免混淆。

二、天堂和幽冥都是我中天之領土，進一步為天神，原地或退一步即幽冥，你喜上昇或下墜呢？

三、賜福、延年、解厄、赦罪，亦是我中天轄區之東天業務；人寰造化樞機，降福消災，求財帛，唸經祈福，修行劫厄消藏，亦是我中天轄區之北天業務；修行果位高低考查，亦是中天轄區之南天業務。

四、沒想到無極至尊玉皇上帝大天尊真的是關聖帝君，是全宇宙最年輕就坐上玉皇上帝的寶座吧！

五、無極中天組織型態是如何？

六、宇宙之冥界到底有幾個，其型態如何呢？

七、每一個修道人，都以為修到比玉皇上帝果位還高，也常藐視，玉皇上帝層次那麼低嗎？

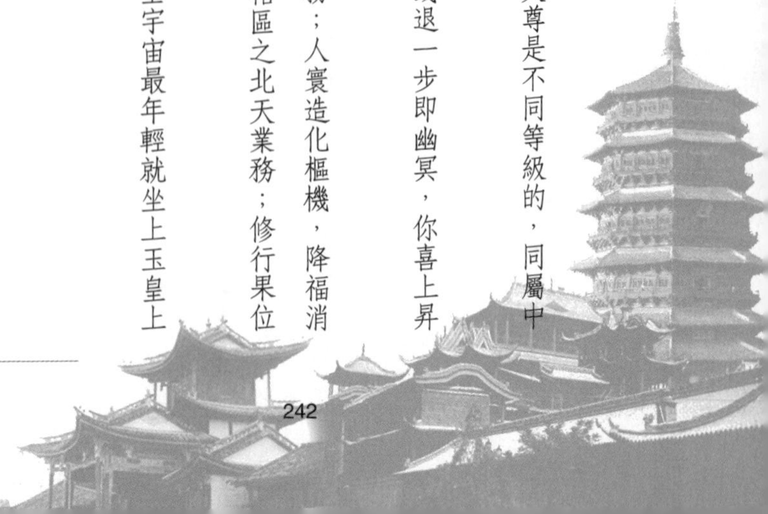

八、以關聖帝君來說，有很多的名號，又是西天護法神。玉皇上帝有那麼多分身嗎？

九、凡人修西天的法，是不是就歸附西天了，也就脫離中天無極的管制了？

十、現代人常為財運，祈求財神或土地公，它們真的會將財運送給他嗎？是不是巧合呢？

十一、《中天天堂遊記》是核准在案，以廣闊的面去披露天界的真面目，而不是以「宗教」的立場去看靈界。

十二、中天的功德評估是很特殊的，再延伸出去所產生的功德都要算在內，一般而言會延伸五十年，把發展出來的功德全加計在內，這可是無上功德啊！

十三、所謂的靈界，包括無無極團隊、三界之內外、幽冥、妖魔鬼怪，凡有靈性而無凡體均屬靈界。

十四、修道真正目的在於培養真靈壯大，不需再靠肉身來供給靈流，自然不受肉身牽制，自然可以做自己的主人。

十五、真靈在肉身上所佔的比例，只有幾千萬分之一而已，小到不能再小。

十六、靈是要吸收靈流，就好像充電一樣，使「靈力」一直增大，接收靈流滿了，就不必再受制於肉身，也不必再受肉身供養了，甚至還可以供養肉身呢！

十七、仙神才具有神通及幻化的能力，那凡人為何會做不到？

十八、中天法門中有很多人體驗，都得到不可思議的奇蹟，而且有意想不到的很多特殊功能，個人體會不同，也會有很多效果出來。

十九、靈流可清洗真靈，提供真靈能源之外，亦可供肉身轉強免疫力，却病而延年，身體強健，自然身體疾病減低，也可得到快樂的老年，甚至可減低病情，還原健康的身體。

二十、凡界之「靈界天音」百分之九十是低層次的鬼魅，屬於「高層次的」，大部分都是過境而已。因為真正高層次的神尊，是不居住我們凡界的。

二十一、雷部武將倒裝下世，亂世用重典，三國時代名揚中國青史，忠孝節義，為雷部樹立典範。

二十二、三國時期，震古鑠今，千里尋兄，五關斬將，古城集會，瞬斬蔡陽，英勇虎將，威赫千古，武聖關公。

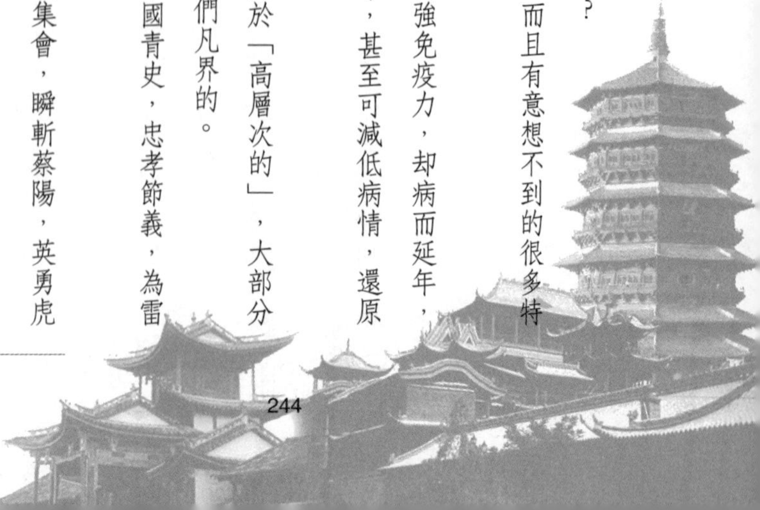

第十二章

九天玄女帶領瑤池金母賜法

是夜，朦朧之中秘史叫醒了我，靈性甦醒。

秘史：法師，今天我幫您引薦一位上古的神尊，祂是位女將，這位神尊，祂曾是符咒的執行神，聽說祂是黃帝的老師，您可以猜到是哪位神尊嗎？

麒麟：既為黃帝師，又是女將，我想九天玄女不為過。

秘史：猜對了，您知九天玄女仙居何處呢？

麒麟：九天玄女之傳說很多，大都是宗教上的傳說，但有時又會有年代不合的現象。

秘史：此神尊本尊仙居無無極大羅天之中天金宮，擅長神兵利器的製作，也是符咒之執行神，凡間顯化也很多。

麒麟：既在中天大羅金宮，那離麒麟金宮應該不遠。

秘史：只是不同區域，還是在無無極中天。

由秘史轉接特史，通過一線天，進入無無極境界，慢慢接近無無極中天金宮，和麒麟金宮不同位置的。這一區也是發著銀色光芒的，特史說這一區有一千多座金宮，形式

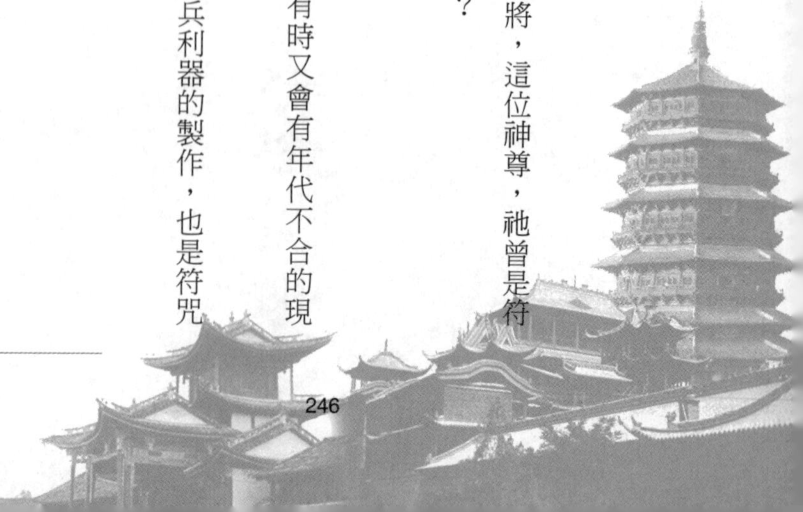

皆同，但外型和麒麟金宮是不相同的。我們停留在二千公里遠處。

特史：你知道是哪一間嗎？

麒麟：今天怎麼了，秘史和特史都出題讓我猜。那好，我猜猜看。中間那一間閃著特別的光輝，代表這個主人特別及層次很高，不然就有很奇特的天地精華在裡面，我想一定是這一間，不同的風華。

特史：不愧是法師，一猜即中。我以心靈感應術，通知我們已經到來，他們會派人來接，以免引起各宮的紛亂。

不一會兒，雷部守將前來接應，我們進入大廳等候，特史把我身型拉拔高，以配合人家的座椅。又過了一會兒，內侍送上二杯茶，人家的好意，就喝吧！也聽說九天玄女的茶水是有鎮靜清靈的效果，多喝也會延年益壽的。

這時九天玄女也出來了，身體輕盈，面貌姣好，身著華貴，全身金光閃爍，年約三十左右吧！我知道這年齡是虛幻的，幾萬歲看起來也像三十歲，這叫青春永不老。

弟子麒麟給大仙行禮。九天玄女立即阻止，她不喜歡禮數，隨和才會心安。

九天玄女：麒麟你不簡單，　無無極至尊玉皇上帝大天尊對你褒獎有加，　無無極至尊玉皇上帝大天尊有旨，要我帶你去取弓魂。這震天弓以宇宙精華所製，特有靈性，在我的神兵利器中也算得上得意之作，共有二把。一把神話傳說后羿下傳凡間去了，一把今在瑤池金母處，為什麼不直接到瑤池金母那兒取弓呢？因你是凡人，你要取的只是弓魂，我是製作者，當然對弓魂最了解了，你沒取到弓魂，就算取到弓身，那也是一無用處的，取到弓魂，它可以如影隨形的跟隨你，你何時要使用，何時要收藏都可以，很方便的。

麒麟：請問玄女大仙，我取了這弓魂有何用途呢？

九天玄女：這用途大了。簡單的說：第一，它既是神兵利器，隨時可以護衛你的安全，可以神化身、身化神，奇妙非凡。第二，它可以配合你的雷印，把雷印當成穿雲箭，功用非凡，降妖伏魔第一名，比較沒有空間限制。

麒麟：玄女大仙如此說，我可以完全明白了。我請問玄女大仙，凡間對您的傳說是真還是假？

九天玄女：法師，我是九天玄女的本尊，我在中天金宮已經幾億年了，我是符咒的執行神，很多星球均以我之名，行符咒之通關達竅的，是執行最古老的神尊。你們地球較早的時候，也有使用以我為名的符咒，現在比較少了，現在你們地球較喜歡用太上老君之名了。所以在執行符咒之時，我有很多的化身、分靈，當然這也是持我之名，我就是這團體的主導者，也是本尊，很多事情雖持我之名，但不需要我親自去做的。

麒麟：聽說你也是連理媽，有「九尊神體」是否正確？

九天玄女：我不是說過了嗎？我有很多分身、分靈，我代表九天玄女這個團體，當然這個團體內之分身、分靈也全部持我之名，什麼事情都本尊去做，這個團體就瓦解了，我們團體就單執行符咒，持我之名去執行就有多少名，你知道嗎？我舉個例子好了，地球有個很出名的神尊叫觀世音，她也有很多化身、分靈，如千手千眼觀世音、南海岸上觀世音、座蓮送子觀世音、白衣素頭觀世音、紫竹林中觀世音等等，這不一定是她的本尊，她也有很多化身、分靈，也是一個大的團體，觀世音是這個團體之名，也是本尊之名，所謂分身千百億就是這個意思，所以你說我是九尊神體的連理媽，或者是黃帝的老師…等等都是對的。

麒麟：靈界的組合，真的不能以凡間的觀念去解釋，如果以凡間智慧去解釋，有時會錯的離譜。就算錯得離譜，你們也不會去澄清，更不會去爭辯，好像錯了就錯了，與你們無關。我是否可有個請求呢？

九天玄女：凡人之煩惱，自因是非起，無是非即無煩惱，不要管別人怎樣想、怎樣說，即是斷了煩惱的最佳方法。你的請求我知道，是有關符咒執行通關的事情，我同意幫助你，中天執法是最公正的，絕對比任何教派公平，我會交待執行官，優先執行，凡奉我之名，由法師親書的一律轉達放行，凡通往中天、南天、北天、東天甚至西天或幽冥，均給予快速的達關。但我可告訴你，正法我幫忙沒問題，有犯戒律之符咒，恕難幫忙。

麒麟：我的為人剛直，邪法符咒不會去下，在此感謝玄女大仙的幫忙，在此感謝再感謝。

九天玄女：法師不用客氣了，你有需要我幫忙的地方儘管講，我也會盡力幫忙的，中天瑤池金母已在等待，我們現在就前往。中天瑤池金母宮在西天之西方，通過西天各宗教很多，所以通過西天的路上會有許多關卡，也請你們要耐心等候，勿強行入侵，以免讓人家以為我們心懷不軌，造成誤會總是不好的。

我們隨著九天玄女前往西天的中天瑤池金母宮，她有兩名女侍隨行，關卡真的很多，還好是九天玄女帶領沒有問題。快到達瑤池金母宮了，也是漂亮的金宮，是銀白色的，九天玄女告訴我進入請看匾額，而且要看清楚。

這座大型的宮殿全部都叫瑤池金母宮，裡面有好幾百間的瑤池金母宮，因為很多宗教及各天均有派主神在此駐守，並處理各宗教或各天的事務，我們中天也有中天瑤池金母宮，請看清楚認明前面黃色的中天兩個字。

進入引寺，裡面很大。匾額閃亮寫著「瑤池金母宮」五個大字，九天玄女帶我們參觀一下，裡面真的很多瑤池金母宮，有的裡面沒掛匾額，有的裡面掛的匾額也只有瑤池金母宮五個字，很多個匾額的字有看沒懂，每一個分宮都很大、很堂皇，這是西天之境地，屬各宗各教之本土，境屬無極天界。當然各宗教之殿都比中天瑤池金母宮數量多，佔地也很廣，我中天瑤池金母宮數量當然沒有他們多，中天瑤池金母宮有三百公里乘三百公里的大，勉強夠用，因為這地方是向西天借用的。

進入匾額寫的中天瑤池金母宮，金母帶侍女前來迎接，我想迎接的人不是我，當然是九天玄女。我拜見了瑤池金母，瑤池金母不像傳說中那麼老，那麼難看，或許只是化像，五十歲左右的女人吧！一臉母性的光輝，九天玄女和瑤池金母卻如同姊妹的親暱，或許都有幾億年的感情了吧！

麒麟：我請問金母，聽說金母負有化生原子，創造人類之責任是否正確？有人還稱你是「老母娘」是否為真？

瑤池金母：被叫「老母娘」，忽然老了很多歲。沒錯，各宗教之化生工作均在瑤池金母宮進行，這是每一個主宰交下的任務，吾中天所分配到的原子數， 無無極至尊玉皇上帝大天尊會交待下來，由我化生原靈，創造新人類。只是這百年來化生的全新原子有越來越少的趨勢，依照統計，好像輪迴的舊原子有越來越多。所以麒麟你要加把勁，勿讓吾化生之原子墜落紅塵輪迴而不知返，普渡任務在你身上，雖然我不會倚門望兒歸，但畢竟是吾所化生的，母子連心啊！怎讓我不心疼。

坐上會客廳，侍女送上三顆蟠桃，這是瑤池金母宮的特產，這是無極天的仙物，嚐嚐看。

麒麟：感謝金母盛情招待。在西遊記裡才知道蟠桃只有瑤池金母宮才會有，是這裡的特產，吃了延年益壽，永證果位。是每個瑤池金母宮都有種嗎？

瑤池金母：一半以上的瑤池宮都有種。你說得沒錯，延年益壽的確是有，但代表的表徵更具意義，有的人認為一定要享用到蟠桃，才代表果位已成，所以鼓勵再鼓勵，讓凡界也以此為目標，勤學修道、益世濟人、修橋造路、善書助印、渡人如己，享用蟠桃為食，但願世人了悟南柯一夢，蜉蝣瞬生，早修大道，永沐仙界，早證正果。

九天玄女：兒女是金母你化生的，兒女長大了，你也不能永留身邊，要到社會上去打拼了，也該給個鼓勵，送送禮物給人家做紀念吧！

瑤池金母：玄女之意我懂，意思是要我送個禮物給法師。我化生那麼多的兒女，每人要一塊，我的骨頭打碎了送給他們還不夠。法師請隨我入內殿吧！

由內殿再出大廳。

九天玄女：帶我們去看看那古董弓吧！那以前是我的傑作，我也可以算是它的生身父母啊！靈界太古之時，我發現了這種柔軟石，提煉了一百年之後，才做成這兩把弓，柔軟石現在宇宙間找不到了，我也賦予它生命，所以這古董弓之身價，價值非凡。今日無無極至尊玉皇上帝大天尊要法師取弓之魂，金母你不會心疼吧！

瑤池金母：玄女多謝你好意提醒，心疼就是不心疼，不心疼就是心疼，反正這千古名弓，也從來不用，早就擺在那邊當古董了，我偶爾也會去欣賞一下您的傑作，今日將弓魂送給麒麟，只是取其魂，弓還在，弓還不是放在我這兒，我也沒什麼損失啊！不過，我就是弄不懂，為何中天法門那麼多個，為何只有麒麟，無無極至尊玉皇上帝大天尊會送他弓魂呢？是不是代表什麼特殊的意義。

九天玄女：大仙問大仙才奇怪，我也不敢問　無無極至尊玉皇上帝大天尊。

一行走入內室，有兩名守將看守，守將退去，金母雙掌把門推開，門約有三尺厚。金母說，這要基因密碼才能打開，不是隨便的神尊都可以。室內不寬，弓長約二米，金銀色彩，閃閃發光，聽金母說，這弓可以大小伸縮的。

只見金母用雙手去撫摸它，有一種惜別的味道，過一會兒，對玄女點點頭，玄女走近，運起內力將弓的光輝提起，縮小，把弓的光輝印入我的右手掌內，弓沒入手掌內，不見了，並交待我一些事情。我看弓還好好擺在那兒，只是光芒不見了，弓體變成灰黑色了。

瑤池金母：麒麟，今你拿走了弓魂，將來有一天，你一定要還給我噢！玄女可作證，你不能借了不還。

麒麟：我一切聽天命，　無無極至尊玉皇上帝大天尊說歸還我就歸還，絕無二話，這你總該相信，你不相信我也該相信　無無極至尊玉皇上帝大天尊。

瑤池金母：麒麟！開玩笑的，你哪會是言而無信之輩。你下凡去，凡間遊子，都是吾所化生，願你珍惜他們，子受魔考鍛鍊，母亦痛徹心扉，我也願吾之原子們，早悟天道，勿在紅塵流連，望子早早歸。

麒麟：金母，我有個特別的請求，不知可以不可以？

瑤池金母：您要參觀蟠桃園！可以。

九天玄女說有事要先告辭，我拜別了玄女。

特史和我隨金母往內殿走，走到後面就是蟠桃樹，蟠桃樹高矮不一，高的有二十層樓高，矮的只有一樓高，高的結大果，果實較少顆，越矮的果實越小，但結的數量卻很多，全樹銀白色的，結紅黃色的果。

瑤池金母：最矮的一年結一次果，高一點的三年結一次，有的三十年結一次，我們這裡最高的三百年結一次果，我們這裡種植的面積大約五十公里乘五十公里，總共種植約二千五百棵，這些蟠桃樹是不行光合作用，完全以靈界靈流為能源而形成的。

麒麟：那是不是可以再繁殖？繁殖多一點大家都有仙桃吃了。

瑤池金母：繁殖的進度很慢，以現在的二千五百棵而言，約一萬年可以多二十棵左右，百分之八十都是最矮的那一種，我們的園丁已經非常盡力了。靈界有固定之靈流，在大環境中是不容易改變的，如果靈流改變了，天災人禍就會層出不窮。所以以東天而言，他們一直在維持靈流的穩定，經過東天的努力，使幾億年來宇宙間過著和平無波的生存環境。

麒麟：要維持宇宙那麼大的體系，真是不容易。這是東天的責任嗎？

瑤池金母：我們說到哪裏去了。參觀完了蟠桃樹，我歡迎中天法門之門生有機會生前實證，同時也歡迎上中天瑤池金母宮。生前能上來的，我也送一粒蟠桃做為賞賜。

麒麟：感謝金母豪情，所有中天法門的門生都有福了，快來領賞吧！

謝過瑤池金母，拜別起程，回歸紅塵。

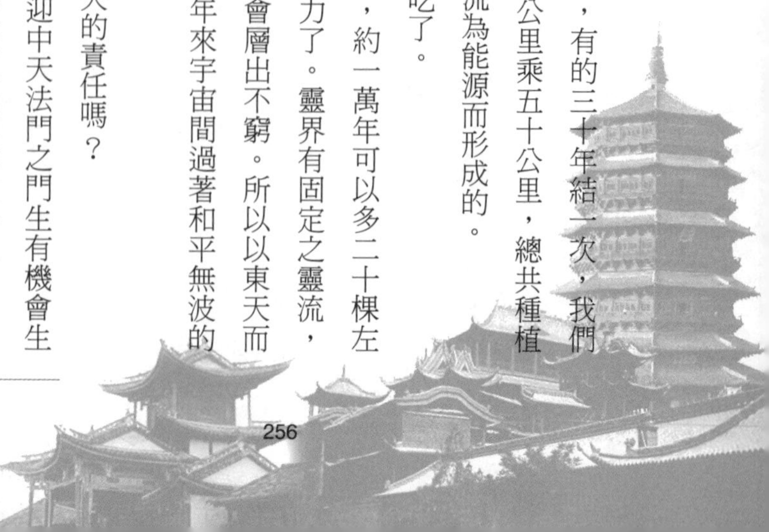

【文後筆記】

一、九天玄女本尊仙居無無極大羅天之中天金宮，擅長神兵利器的製作，也是符咒之執行神，凡間顯化也很多。
二、聽說九天玄女的茶水是有鎮靜清靈的效果。
三、弓魂有何用途呢？
四、凡間對九天玄女的傳說是真還是假？
五、聽說九天玄女也是連理媽，有九尊神體是否正確？
六、靈界的組合，真的不能以凡間的觀念去解釋，如果以凡間智慧去解釋，有時會錯的離譜。
七、中天瑤池金母在無極天界西天之西方。
八、金母負有化生原子，創造人類之責任是否正確，有人還稱金母是老母娘是否為真？
九、蟠桃只有瑤池金母才會有，是這裡的特產，吃了延年益壽，永證果位。是每個瑤池金母都有種嗎？

十、勤學修道、益世濟人、修橋造路、善書助印、渡人如己，享用蟠桃為食，但願世人了悟南柯一夢，蜉蝣瞬生，早修大道，永沐仙界，早證正果。

十一、中天法門那麼多個，為何只有麒麟，得使　無無極至尊玉皇上帝大天尊會送他弓魂呢？是不是代表什麼特殊的意義！

十二、蟠桃樹是不行光合作用，完全以「靈界靈流」為能源而形成的。

十三、靈界有固定之靈流，在大環境中是不容易改變，維持靈流的穩定就是東天的責任。

第十三章

無極中天雷電部——風雨部司令官

是夜，朦朧之中秘史來訪，叫醒了我，靈性甦醒。

我對秘史說，我很久沒有稱呼你為「護身神」了，大概叫特史、秘史較為習慣。

秘史說心無執著，聽得懂稱呼就好了。

秘史：今天要上九大行星系中天無極雷部，他們也是我們的直轄單位。地點在無極中天凌霄寶殿內的左側偏殿，我們由凌霄寶殿左側偏門進入即可。我已經跟無極雷部最高執行司令官說好了，今晚我們就去拜訪他。

秘史和我以念力飛行，上到了無極中天凌霄寶殿約離殿二千公里處，雷部守將已來迎接，大家見見禮寒暄了幾句，拉近一點感情，我們經守將引導從偏門進入。內部裝潢堂皇，七彩寶石地板，假山流水，詩情畫意，奇花異草，無極之景致較像凡界，閃閃光亮。

我們拜見了雷部的主管，在無極稱為雷電部，請他說明雷電部在無極之情形及如何執行職務。

雷電部司令官：在無無極界中，屬中天系統之　中天無無極至尊玉皇上帝大天尊地位最崇高，接下來各部門當中則以雷部　無無極雷祖居首位，雷部也兼各行政部門之管理。在無無極界中除了　無無極至尊玉皇上帝大天尊之外就屬　無無極雷祖地位最崇高，而無無極雷部跨文、武兩部。因承辦任務之不同，在無極界雷電部的地位就低得多了。中天無極至尊玉皇上帝居崇高地位，以無極之行政部門文官居首，武官以將帥部居次，雷電部再次，再過來才是水火部等等。所以在無極中天，雷電部並非地位崇高，但卻是一個非常重要，不可或缺的部門。如果是執行戒律任務時，無無極雷部以　無無極至尊玉皇上帝大天尊之名下詔直達中天無極玉皇上帝，統一配籌後，各部會配合，再由雷電部司令官下達執行任務。普通的時候由無極中天玉皇上帝下達給雷電部司令官，支配整個雷電風雨的行程，有時候只有風雨不打雷電時，也會下達給雷電部司令官知會風雨部司令官，有時會直接下達給風雨部司令官，視情況而調整。如果雷電部司令官在場，則由雷電部司令官執行權，如果只有風雨部司令官在場，則由風雨部司令官執行權，如果是霜雪部，大多由風雨部司令官執行權。

麒麟：感謝司令官解釋這結構。司令官在執行任務時，常會遇到的困難是什麼呢？

雷電部司令官：一般我們在執行任務時，大都是如此。雷神、電神、風神、雨神離地面二百至五百公里的高空，雷電部司令官或風雨部司令官會離地面八百至一千公里的高空指揮作業。一般而言雷神及電神執行名額較少，風神及雨神現場執行名額較多，有時雷電風雨名額加起來數千名同時執行任務，如大型颱風就有可能達到數萬名額。最怕的是風雨部司令官是生手，無法掌控那麼多的名額，會搞得一團糟，不是搞成風災就是搞成地區性水災。以前因為風雨部司令官常常更換，所以生手也常出現，如果有雷電部司令官在一起執行的話，那還好，總有個人可照料他。

麒麟：為何以前風雨部司令官會常常更換呢？

雷電部司令官：因為風部和雨部工作真的很繁重，而且很辛苦。風有強風、大風、中風、小風及微風，一年三百六十五天，一天二十四小時都得出勤；雨更累人，雨部還包括霧，因為霧是綿綿的細細雨，雨部還包括天上的雲，也是全年無休，時時刻刻，風雨無阻。你說風雨部司令官同時掌理這二個全年無休的管理工作，你說累不累人，而且吃力不討好，你們地球人也從來不會讚美他。如果讓你當個小小風神或小小雨神，反正執行一次任務那麼多的風神或雨神，全聽司令官的號令就沒事了，當個小天神多快樂，如果有一天你被任命為風雨部的司令官，一次管理那麼多名額的任務，而且要調得剛剛好，難噢！風雨部司令官果位已到了無極，果位很高，如果任這個職務，就會想辦法請調。地球一般分為八區，也就是有八位風雨部司令官同時在執行任務，中天無極玉皇上帝對這個職務也非常體諒，如有一點差錯也常常不了了之，因為要再找好的風雨部司令官也不容易，傷透腦筋，因為這個任務真的不是普通天神可以勝任的。但現在這個情形有改進了。雷電部司令官就好一點，一般也是八個名額輪值，沒有任務時，不用出勤。如果有重大的事件，名額不夠，可以馬上由無無極雷部調來。雷部人才眾多，而且大部分都是高材生。風雨部司令官一天大約要二十四名額輪值，有大任務時一次可能增到四十位以上同時值勤，而且不容易調整代理職務，所以除了天災外，有時大風吹錯地方，或大雨下錯地方，請地球人包涵包涵。不過，這情形已有改進，你訪問一下風雨部司令官，詳細情形他會告訴你。

麒麟：地球上的科學家們，不信雷電、風雨各司其神，以為只有自然的冷熱現象。司令官你認為如何？

雷電部司令官：我是不能如何，我也不能違反戒律，反正隨他們愛怎麼說就怎麼說。要說是迷信，否定我們的存在那也無所謂，但不是你沒看見我們，我們就不存在。科學家們以統計、慣性或冷熱對流的原理來解剖，以平均數來做概括，當然我們施法之時，也是有一定的程序及規律，做過許多次的統計之後，就會把這種規律做成一個公式或圖形，找一個較類似認為合理的解釋，雖然如此，科學家還是有很多現象牽強帶過，因為有很多現象是無法以科學角度去做詮釋的。不過，科學家們認為這全是迷信，但他們個人有時卻也是虔誠的宗教徒，不是很奇怪嗎？我來舉幾個現象，如果在同一個海平面上，可能產生高氣壓，旁邊不遠處又產生一個低氣壓，同樣的海平面，同樣的條件，同樣的日照溫度，同樣的濕度，為何會形成高低的氣壓呢？由高氣壓向低氣壓流動就形成風，科學家把這種現象稱為矛盾的發展，這種現象的基本形成，科學家用很牽強的名詞帶過，並無法很確定的把它解釋清楚。又如高低壓對流時為何不會產生旋轉，同樣的高低壓形成的對流就會旋轉，科學家解釋，當上升氣流中，水氣凝結成水滴時要放出熱量，這低層不斷上升，就會使空氣旋轉就會形成颱風，就算煮開水，空氣也不會旋轉，這是牽強的解釋。這種水氣凝結，真的會使空氣產生那麼快速的旋轉嗎？快到可以形成颱風，要多大的動力，會大到旋轉幾十公里的半徑，似乎不太合理，高壓流至低壓，普通時候不是直接流入嗎？這樣不是更快嗎？為何還會旋轉呢？既然知道高低壓的位置，為何不能預測颱風呢？要等颱風形成了才知道。為什麼不能很正確畫出颱風的方向，為何颱風所行的路線不是一直線呢？如果是高低壓所形成，為何颱風還會過境再回頭呢？那颶風之解釋也很奇怪，為何不能預測颶風的形成與路線呢？還有打雷時，科學家說雲和雲磨擦會產生電荷，那萬里無雲，打雷又做何解釋，雲沒有形體會互相混合，真的會互相磨擦嗎？烏雲密佈有時烏雲是靜止的，根本沒動，又怎麼磨擦？也會雷聲大作。那普通風大，雲飄來飄去為何不打雷，是跟溫度有關嗎？那雲本來就是水氣何來跟濕度有關，就算雲層很厚，可能一下子下了十幾天的雨嗎？我們不是挑戰科學，我們也肯定科學對地球的貢獻，科學帶來人類進步與幸福，我們也很敬重，但也請尊重靈界對地球的苦心，不然就算是人造雨，天公不幫忙，又能製造多少雨呢？

麒麟：聽司令官一席話，我們更體認大自然的力量真偉大，我們必存敬天的心裡，好好感謝大自然給我們的一切。雷部在無極執行時，有何特殊功能與意義？

雷電部司令官：最主要是執行違反戒律、現世報的。其次是威嚇，使品性不端之凡人有所警惕，妖魔速離。其次是殺菌，減少傳染病的產生，在高壓產生電弧電解，是具有強力殺菌作用的，以防止異類大量的繁殖。

麒麟：執行現世報、違反戒律者，會不會打錯人？

雷電部司令官：我們有層層的審核並確定罪證，且以基因密碼來鎖定，百分之百不會有錯，基因密碼在東天可查得到，所以不可能出錯，幽冥也使用這套系統，一個地球幾十億人，你改個名字，幽冥一樣知道哪時候來接你，所以不要心存僥倖，好好修道才是真的。

麒麟：這樣我就比較放心，不會出去被誤打。

雷電部司令官：法師！你也是雷部的一份子，怎麼對雷部這麼沒有信心呢？

麒麟：開開玩笑。我想訪問一下，風雨部司令官。

雷部守將帶領我們拜訪風雨部司令官。

風雨部司令官：法師、秘史前來拜訪，未曾遠迎，見諒。

麒麟和秘史回了禮。

麒麟：司令官辛苦了。風雨部的任務為何？和海龍王有無關係？下雨是不是龍吐水？

風雨部司令官：風及雨神為地球滋養萬物的重大任務。我風雨部司令官奉無極玉皇上帝之旨，調配其量，雖然辛苦，但為人類幸福，我願長期奮鬥，無怨無悔。你們說的龍王，可能就是雨神的任務。雨神施雨、霧或雲，並非真有龍在施行。如果真是龍，那龍抽海水，雨不就變成鹹的！如果是抽湖水，一次大面積的雨，那需要好幾個湖水呢？不被抽乾也會被吸掉好幾成，你看下過大雨，世界那個湖泊因此而減少？其實是由雨神所達成的，雨神有一種神物叫霧氣收集器，這是非常奇特的，你們凡界可能沒有人看過，你們凡人只注意天界的名神或大神，和你們最親近的小神，凡人從來不知感恩。

這種霧氣收集器二支成一對，一支是淺藍色的，一支是白色的，大肚長頸型，高約一尺，下肚有一半約為圓球型，直徑約半尺，就是這種，不怎麼好看。將瓶底接瓶底，就會開始收集。一般我們喜歡在夜間或凌晨時吸收山裡的霧氣，所以你會覺得太陽再怎麼曬雲層，或天氣再怎麼熱，下下來的雨永遠是冷的。這是山裡的霧氣所結成的，很多人到山裡總會好像遇到山精靈，其實那不是什麼精靈，而是我們偉大的雨神。如果山裡的霧氣不夠用時，才會吸收別地方的雲一起下，因為雲也會和霧氣一起融合而下雨。所以使用霧氣收集器來收集雲用來下雨，是屬於應急的。兩色的霧氣收集器瓶底對瓶底相接後，兩瓶口開始收集霧氣，你們凡人是無法看到靈界的，所以這些就算在山中你的眼前吸收，你也無法看到。吸收之後會互相融合，把霧氣分解成氧光子與氫光子，化成一種光粒子。如果不再吸收，就表示已經裝滿了，裝滿之後，大約可存放二千噸的雨水。因為化成光粒子就算存滿了，每支的重量卻只有五公斤左右。如果要釋放出來，只要把二支瓶的瓶口側併在一起，氧光子和氫光子就會如雲霧一樣擴散出來，形成白色的霧海。氧光子和氫光子會慢慢融合，產生水滴，接著就會開始下雨，這種光子是可以擴散到很大的面積。所以你看雨下的比較久之後，天空會看到白色的霧海。如果下雨的面積大一點的話，一場雨可能就動用幾千位雨神！如果密度沒計算好，可能就會下一場大暴雨。至於風就比雨單純多了。風是一種風粒子的移動，就如同推動海浪一樣，會長距離的延伸。它是一種神器，銀色的。風之手套是戴在雙手上的，就如同你們的手套一樣，只是掌背上有加上扇片，這種扇片可以以內力及念力控制它的大小，所以風之大小是可以控制的。每只手套約有一公斤重，不因長大而增加重量，要形成大風吹，加點內力就是了。如果地球的溫度有差，形成空氣對流而產生風的話，會依命令調整大小，有時加大有時減小。一般而言產生對流的機會不是很大。而產生對流的風，大部分都是熱風，這需要風神去調整，否則地球真的會悶死。一般正常的作業，全地球最少需要萬名以上的風神，如果有暴風雨可能會用上二、三十萬名的風神。這種手套你可看看。

麒麟：感謝司令官說得如此詳細，這可是洩露靈界的秘密。這麼切身的天神，我們從來都沒有關心過，你們卻默默的奉獻，我代替地球對你們致最大的敬意，謝謝你們為我們所做的一切，感謝你們的辛勞。我剛剛有聽雷電部司令官說，你們以前的風雨部司令官流動率很高，聽說現在有改進，如何改進？

風雨部司令官：我們近百年來有改制，把風雨部及霜雪部，全部改歸於無無極雷部直屬。所以現在雷電部、風雨部、霜雪部都是同一主管，那就是　無無極雷祖，所以無無極雷部才會達到三萬萬個名額，這是最龐大的公務機關。自從雷部接管風雨部、霜雪部之後，雷部在精靈所開了多所天神訓練班課程，報名都蠻踴躍的，而且雷部的人才很多，也可以互相支援。所以風雨、霜雪兩部也漸漸進入正軌，出差錯的機會也少了，執行天災、正常時刻，都有正面的效果。至於現在司令官的人數也大增，訓練出很多的天神幹部。風雨部現在已和雷電部一樣精進，調動率減到最低，也受到各司令官的肯定，這個天神幹部會越來越有前程的。

麒麟：將風雨、霜雪併入雷部，是否會產生不便的地方？

風雨部司令官：那倒是不會！訓練是獨立的。有時候我們也會上上別部門的課程，這樣反而更加融合。　無無極雷祖是一位仁慈、祥和的長者，所以我們比以前更快樂。

麒麟：那就好。我希望風雨部司令官能多關心我們地球的風調雨順，很感激您的恩惠。我可否問問你的來歷？

風雨部司令官：我本來就是一個宗教的虔誠者。我希望以宗教為家，你可以看出我的熱誠。時間一久，就順理成章的升上一方的主事者，我不知道這個教和你們地球有沒有類似的教，本來我覺得這個教很不錯，可以成為終生的侍奉者。一切教的事務、禮節我都非常熟悉。直到有一天，一個很久沒見面的老同學，不期而遇，跟我談起宗教的事。兩人就此針鋒相對、各持己見、不分上下，而他是中天法門公務普渡的。約了第二次再談，東談西談也無交集。我想把他招到我的宗教裡來，他想讓我加入中天法門。約談了第三次，我們兩個都很有耐心，這次也沒結果，相約好下次各人要拿出秘密武器來，我回去想了很久，除了信心之外，大概就是印證了。本教有很多人講了很多的印證，我把它整理一下，我想大概可以使他降服。見了面，他聽我講印證，我把它說得很神奇，接近了神話，他也很專注的聽，也不停的點頭，我得意了，我想這次該聽我的了吧！他聽完話，對我說，你講得很好，但別人的印證只能當作參考，是真是假無法分辨。他說要聽我本身的印證，我對他老實講，我自己的印證是真、是假、是虛幻、是巧合，我真的無法分辨，教友也拿去講給別人聽，說得跟神一樣，別人問我是真的嗎？我能說假的嗎？他也說他坦白講，如果要聽印證，中天法門讓你聽七天七夜都聽不完，修道要親自實證，那才是真實的，聽人家說的常畫蛇添足，他告訴我，他在這中天法門不算很久，但現在有親身的印證，採藥的印證，不然我不會介紹給你，他說到我的痛處，多少年來的盼望，修道修那麼久，跟凡人何異，他說我可以以現在的宗教再進入他們中天法門，如果不好，隨時可以退出，但到目前為止，沒有人退出過中天法門，就這樣，我依他的模式進入了中天法門，真的不久之後，我也得到了印證，採到了藥，改變了凡體，之後我便放棄我原來的宗教，到中天全心全力的修持，財施、法施我都做得不錯，我屬　無無極至尊玉皇上帝大天尊門生，往生滅掉因果後，果位拜至太極中品八級，我在中天太極任文書之職。過了約五十年，我的財施、法施生效了，讓我加昇至無極中品一級，剛好雷部在招風雨部司令官之職務，我聽了他們的說明會，我的資格又超過，馬上被錄取。我認為在風雨部任司令官才是真正的服務人群、造福人類，比任何善舉都實在，所以我選擇了我現在這個果位。

麒麟：司令官真是個熱血男兒，只要你的年資一到，就可進無無極團隊去享受無憂的生活，我也恭喜你證得無極果位。還有一個問題，人間常言四海龍王和雨神有關，真的有龍神嗎？

風雨部司令官：關於龍神，你指的大概是雨神，這是化像，是人感受所形成的化境。所謂龍的化身，是指霧氣收集器之元神，因為霧氣收集器之元神會使凡人幻覺進而產生龍形，這就是你們凡人所說的龍。這元神有偏執某種顏色之色身，進而產生多顏色之彩龍。雨神是執霧氣收集器之元神，且為數眾多，因雨神層次較低，轉換很快，所以雨神常下凡投胎以至凡間數量眾多。龍的傳人、龍的化身、天龍八部、各種龍神、進階的龍尊、各色之彩龍，都是雨神來降世的。因雨神數量眾多，天上、地上、凡間都有雨神的化像，更顯得我中天的無所不在。

麒麟：元神的化合，會很容易留在已轉世為人的記憶嗎？

風雨部司令官：雨神的位階較低，如果沒有進道上升的話，福德享盡，即降世為人。雨神降世為人只是一世之隔，在腦海深層中，總會自覺與龍神有直接的關連。至於小金龍轉世處處有龍神化身的優越感。至於四海龍王掌管四海領域，就如三山五嶽之掌管神一樣，不過支援雨神也是常有的事。

麒麟：既然小金龍、彩龍或進階之龍尊為我中天之神尊，為何轉世後都入西天去修行修道？

風雨部司令官：這是因為中天法門尚未啟動。中天法門啟動後，自然會回歸於中天法門來修行。神仙點滴在心頭，金光大道未悟時，根源未接難降伏，真靈性返歸中天。

【文後筆記】

一、請秉持靈界非等同科學的原則，勿以人間觀念去註解法界。

二、無無極界屬中天系統，　中天無無極至尊玉皇上帝大天尊地位最高，下來各部門當中則以雷部　無無極雷祖居首位，雷部也兼各行政部門之管理。

三、九大行星系中天無極至尊玉皇上帝居崇高地位，以無極之行政部門文官居首，武官以將帥部居次，雷電部再次，再過來才是水火部。

四、司令官你在執行任務時，會常遇到的困難是什麼呢？

五、為何以前風雨部司令官會常常更換呢？

六、地球上的科學家們，不信雷電風雨各司其神，以為只有自然的冷熱現象，司令官你認為如何？

七、雷部在無極執行有何特殊功能與意義？

八、雷部執行現世報，違反戒律者，會不會打錯人？

七、風雨部任務如何，和海龍王有無關係，是不是下雨時是龍吐水？

九、以前風雨部的司令官流動率很高，聽說現在有改進，如何改進法。

十、無極風雨部司令官說修道過程。

十一、別人印證只能當參考，是真是假無法分辨，修道要親自實證，那才是真實的。

十二、人間常言，四海龍王和雨神有關，真的有龍神嗎？

十二、神仙點滴在心頭，金光大道未悟時，根源未接難降伏，真靈性返歸中天。

第十四章

火陽星之文君帝君

盛夏。豔陽高照。白天高溫，夜間溫度還是居高不下。

秘史來訪，靈出會秘史。

秘史：法師，這種天氣熱嗎？白天三十八度、夜間三十四度，你感覺如何？不會老待在冷氣房吧！

麒麟：心靜自然涼。我不喜歡低溫，熱倒是不怕，我流汗不多，體質的關係吧！為何問這個問題？

秘史：問這個問題，當然跟此次詢訪有關。四十八個無極界星球中，有一個星球叫做火陽星，因和恆星轉距較近，一年只有二百天。夏天時白天的溫度有五十度，夜間也有四十度，全年只有春夏兩季。而在春天時白天有四十度，夜間有三十五度，你能適應嗎？

麒麟：這麼高溫！我看地球人一定會說熱死人。不過我想他們已過那麼久的年代，應該是適應了吧！我們不會是直接去他們的星球做訪問吧！這是違反戒律的。

秘史：法師，你也幫幫忙。我在法界那麼久了，還要你教我法界的戒律嗎？

麒麟：我不是要教你，我是怕你忘了，提醒你一下，沒壞意。

秘史：我們不是要到火陽星去，火陽星是宇宙第一個有中天法門的。今天我們要造訪火陽星中天法門第一代師。因為火陽星氣溫超高，他們的平均壽命只有四十歲，也就是二百天乘以四十，只有八千天而已，所以他們已經到第二十代師了。

麒麟：那意思就是說？火陽星中天法門第一代師早就涅盤了，那我們要到哪裡去拜訪他？

秘史：他現在的仙居在麒麟金宮的右區金宮中，距離麒麟金宮約三千里，算是很接近。他是你十二個師兄弟中排行第四，今已回歸金宮。

麒麟：我可以順便再拜訪一下麒麟金宮嗎？如果照這樣說的話，我還是他的大師兄？為什麼他會比我早下凡塵？

秘史：沒有受核准，不能拜訪麒麟金宮！你是大師兄比較沉著，做事情總是最後才出馬。

麒麟：順便拜訪一下，不用多少時間。

秘史：沒核准就是犯戒律！不然你自已跟特史說。

麒麟：我看會犯戒律，說了等於沒說。

秘史帶領後，轉換特史，朝麒麟金宮而來。

特史：法師！我知道你會想念麒麟金宮，所以我們特地在遠空停一段時間好讓你懷舊。我們今天的目的不是麒麟金宮，所以不能下去探望，天命難違，你要諒解。

麒麟：遠觀懷念，我可以唱一首歌【對你懷念特別多】。

特史：法師！你唱的不好聽，歌詞又零零落落，心裡不好受就不要唱，以免更難過。法師多愁善感，人之常情，雖然體型瘦骨嶙峋，心胸卻是寬大的，雖無大將之風，卻掌中天無上法，或許是給世人視感上的考驗。慧眼才會識英雄，世人總不識，來時糊塗去時迷，黃泉路上業隨身。如有法師心境，哪有遊子不歸返。

麒麟：特史你總是說英雄，我沒有一點英雄樣，只有比較關心別人一點而已。如今同一個空間不同景，人事景物全不同，歸家在眼前，如大禹治水三經家門而不返。

特史：「宇宙本位在眼前，紅塵未了憶前景，萬緣跟隨中天師，蓮長花果同時出。」法師是經家門而不歸，也讓中天學員及凡間眾生上一課。法界森嚴公正而無私，不因私情廢戒律，一切秉公而行，法界不講人情，你能修多少，法界就給你多少，不會多也不會少，人間講情，法界不通行，如犯戒律，就算是仙佛，天律依然不饒，努力修行不要攀親帶故，一步一腳印，不投機不取巧，遵守法界戒律，除了遵守戒律規定外，還有一點更重要，因中天是一世證果之修法，未往生即可適應法界，所以依中天之法潛修，會有很多學員有六神通的出現，靈魂出竅者也不在少數，請法師叮嚀學員，謹依戒律而行，不是自己高興就好，隨意而做，將會觸犯戒律。尤其是靈魂出竅者只能依法界旨令而行，就如今日一樣，未受核准就是不能去，不是你會出竅了，高興去哪裡就去哪裡，這樣因果輪迴將毀於一旦，宇宙秩序全面瓦解。我相信法師會篩選的很好，不會亂了綱紀，別星系的先進之中天法門，有非常多的學員具有此能量，但都沒有觸犯戒律的情形發生。

麒麟：懷念歸懷念。你現在講的，秘史不知講過幾十次，我都背起來了，我會確實遵守，也會要求學員遵守。

一團火球在遠方而來，青色的光芒，非常光耀，照亮了整個空間。

麒麟：特史，這種流星會不會打擊法界。這顆看起來很小，直徑不會超過三百里，飛行速度超慢。

特史：法界有防護的磁場，遠方時就會偏離，不會直接撞上。還沒有法界被流星撞上的紀錄，這一顆這麼小，不用多久就毀滅了。

我們目送流星的通過，宇宙星空，多不勝數的流星奇景，宇宙運行之道，是大道的起點。流星已遠離，我開玩笑的說忘記祈禱。

特史：那簡單。我們用念力飛行比流星快上幾千倍，一追就到。

兩人相對笑了起來。我們往右區的大羅金宮而行，這區域還是閃著銀色的毫光。這區域是依山之形態而建，約有二百個金宮，守將已在等候帶領我們。

文君金宮是我們今天的目的地，他們在金宮前庭等待迎接我們。前庭共有四人，其中三人是武將打扮，主人是文身裝扮，似曾相識。

見禮回禮後。

主人說：特史好呀！大師兄別來無恙，我是你的四師弟文君帝君，我可是唯一的本尊別無分靈。

麒麟：文君帝君，好聽！為什麼你是帝君，我是「法師」？感覺上帝君是個偉大的果位。

文君帝君：我們以慢速念力飛行進入大殿，邊走邊談。吾功德圓滿，回歸本位，受無無極至尊玉皇上帝大天尊敕封為文君帝君，這是正式的果位。大師兄在人世間是凡人，是不會有正式果位的。凡人有果位是虛妄之言，是人為的自封，不受上天的承認。所以大師兄只能稱「無上師」或「法師」，這是上天對果位的界定，如果有一天功德圓滿，大師兄的果位定然不低。

麒麟：帝君，這是最好聽的安慰話。你是我四師弟，做大師兄的又不能說，希望你能提攜，感覺好像有點奇怪。不過帝君既有正式果位，還是要將你的經驗傳授給我。

文君帝君：大師兄別這麼說！人間短暫，紅塵勿依戀，因中有果，果中有因，修行是減少因果的羈絆，業障就不會顯現，頓悟本性，身中聖跡，明白性養其身，肉身轉成仙體，以性命功修練而成就，這就是所謂的性命雙修。

我們一群已經進入大殿，大殿富麗而堂皇，都是以黃色的裝飾為主體。各類壁雕很特別，可以看出別具匠心，中庭大而空曠，特顯主人的豪邁。

大殿最前方為一個超大型的講堂，非常雄偉，座椅是深黃色的，佈置高級又優雅。

麒麟：帝君，這大型講堂這麼大，可容納多少人？高級靈溝通不是都很發達嗎？為何還需要講堂，是教育用還是用來講法？

文君帝君：是講堂也非講堂。因座位寬闊，一萬個座位會覺得很大，但每年度都會邀請雷部長官、同僚及各天主宰好友在此聚會。聚會時真是星光閃耀，宇宙間超級主宰神靈聚一堂，勝過蟠桃聖會。幾次下來， 無無極至尊玉皇上帝大天尊讚許有加，而無無極雷祖師尊也獎勵，說我在宇宙間的協調做的很好，拉近各天的平衡。其實當初我以 無無極雷祖師尊做主辦，文君做主持，大家都不看好，各級長官、各天主宰哪有時間來參加聯誼聖會。第一次都是衝著 無無極雷祖師尊的面子來的，沒想到後來各級長官、各天主宰都很踴躍參加。我想如由 無無極雷祖師尊來辦太過於正式，而文君來辦則隨和又沒壓力，真正達到聯誼的效果，幾次下來也成就文君，每次聚會變成例行公事了。

麒麟：特史有參加過聚會嗎？秘史呢？

特史：文君聖會我都有參加。因為長官及各天主宰長官都會駕臨，我能和長官及主宰們見面是我的榮幸。至於秘史前幾次有參加，今跟隨法師任務在身，任務為重，不克前往。

一群仙佛及麒麟由大殿轉往會客室。會客室經過精心設計、氣派非凡，我想帝君很注重禮儀，因為會有許多大人物常來造訪吧！入座，神將送上茶品。

文君帝君：大師兄、特史來訪，沒什麼可以招待，送上茶品亦是假作真時真亦假，虛幻之物請笑納。

麒麟：茶品是外物，非真能加持。所以修道人是不假外求的，自有陰陽、男女、坎離乾坤，萬物皆備於我方寸之間。

文君帝君：自性自渡，迷時師渡，悟了自性自渡，頓悟即見本來面目。法身清靜，因師而得法，師法甚深，如無窮無盡之珍寶，學法者看你挖寶能得幾何？

麒麟：人法地、地法天、天法道、道法自然；中天之道、自然無為；法大宇宙之道、行小宇宙之有為；視人身為小宇宙、外在世界為大宇宙，大小無有分別。如天有日月、人有雙眼；天有星斗、人有數不清的毛孔；天會下雨、人會流汗；大地有叢林植物、人全身細緻毛髮；天有打雷時、人有震怒情緒；天道擬人化、人體自然為。悟得天道之心、猛然省悟、吾心是道、道即吾心。今訪帝君，最主要是明白第一代師之心境，借心習法。

文君帝君：文君知道特史和大師兄今天的來意，最主要是聽聞文君如何在火陽星創立宇宙第一個中天法門。其實中天法門在宇宙間是全新的法門，跟宇宙間各教門相比，是超越的、是真正宇宙觀的、是最先進的及最符合科學的禪修法。宇宙間原本有四十九顆智慧星，現在剩下四十八顆，以無無極雷部的評價，火陽星是較容易普渡的星球，評鑑的等級最高，所以最容易開花的由文君來普渡，做開路先鋒，成為宇宙第一個中天法門的第一代師。而九大行星系之地球，評鑑的等級不高，是最不容易開發新宗教的星球，是有困難度的，所以交給大師兄親自出馬。

麒麟：帝君，地球真的會很不容易普渡新教門嗎？還好我沒有看過無無極雷部的報告，不知者不知懼怕。不過就算難還是要有人來普渡，也許就是難，成就反而更高。真的各星球普渡都有難易度嗎？以前四十九個智慧星球，為什麼會減少一個？

文君帝君：智慧星球減少一個，目前並未毀滅，正在造山運動。因為科技過於發達，帶來便利也帶來世界紛爭不斷，自我本位主義盛行，共同的業障，殘酷又好戰，武器的競賽，核子反應性、毀滅性的武器遽增，大戰的結果，使星球偏移軌道，雖偏移軌道不多，但已引發地殼的重組，可怕的造山運動發生，山變成海，海變成山，在天災人禍重大變革中，人類是不堪一擊的，只會造成禍害，卻無法阻止地殼的激烈變動，導致整個板塊位移，長時間的持續，動植物全部滅絕。這不是天地不仁，而是自作孽不可活。等經過幾千年後板塊重組完成，造山運動平息下來，所有的文明不復存在，這個星球又重生了，又從黑暗時代開始了，再經過幾千萬年後，這個星球又慢慢成為文明之星球，這叫做物極必反。星球也是輪迴的一部分，這種星球的輪迴就是「道」。「人」的輪迴是短週期的，而星球輪迴是長週期的，是大小輪迴之道。天地萬物都無法脫離輪迴的定則，而普渡就是維持輪迴的正常運轉必要的維護者，使宇宙在正常的機制下依軌道而循環，特顯普渡在宇宙間存在的重要性。所以普渡會因星球的人種、文化、習性、環境、壽命而形成難易，平均壽命愈短，科技愈保守，習性文化就愈純樸，接受新宗教洗禮就愈容易。如果科技愈進步，資訊愈發達，猜疑心就愈重，人和人之間的信任度就會下降，對舊有的宗教就會有依戀作用。反之，對新宗教就會有迷思，不論新宗教多好，都無法放下我執，這就是較難普渡的星球。

麒麟：帝君說的情形和我們現在的地球，有很多相同點。比如說在地球的高山區可以找到海底的貝殼或深海魚類的化石。理論上來說，這些貝類或化石是不該在山上找到的，但它確實存在。如此來推論，我們地球也經過造山運動的洗禮，還有那超越現代科技的古埃及金字塔，也可能是前次文明的產物，也許是上天故意留下來提醒地球人類的。因為金字塔用現在的科技要製作，還是困難重重的，何況古時候根本沒有能力可製造。

文君帝君：文君講的是正在造山運動的智慧星球，不是指你們地球，勿對號入座。中天法門是宇宙觀的法界團體，就算有一個智慧星球毀滅，還有很多個智慧星球存在，法界地不會少了一個而產生變化。如果只有一個星球有這種宗教，而這個星球毀滅或重組的話，這個宗教就不存在了，因為依附的法界地不見了，這個法界就會退回它的本位，萎縮到很小。

麒麟：帝君的意思就是說，中天法門如果有一個智慧星球毀滅，中天法門還有其他星系的中天法門，依附的法界地只是轉移而已，中天法界不會退回本位和萎縮。不過若只有單一智慧星球的宗教，會因為智慧星球的毀滅，喪失法界地，也連帶使所屬的法界退回它的本位，萎縮到很小。在《中天天堂遊記》中之點化得道中說的很清楚，只要法界或法界地有一方不平衡，這個法界或法界地就會消失或退回它的本位，所以才會有三期末劫、世界末日、罡風劫、火燒水淹世界。這就是要你們在法界地或法界未消失前趕快修，否則會來不及。只有中天法門不會有這些劫數，也不受這些劫數的影響。

文君帝君：這些道理大師兄你早就明白！這是點化得道依存的關係。我們還是談火陽星好了。

麒麟：好吧！火陽星氣溫超高，壽命又短，應該是落伍又迷信吧！

文君帝君：不能用此做定義，火陽星也有很發達的文化，這是別的星系做不到的。還有就是火陽星易使中天法門定植生根，所以宇宙第一個中天法門才會選在火陽星，也為以後的各星系的中天法門做示範。如果第一個推展成功，以後推展到別星系就會深具信心，有範例可循，所以由最容易上手的火陽星開始。

麒麟：這樣的安排合情合理，好的開始，就是成功的一半。

文君帝君：文君也來談談在火陽星的修道歷程。文君出生在中型國度，國民生活艱苦，以農立國，文君家還算小康，家父銘高府君，母弘恭氏，家有二姊，家父亦從事農耕工作，日出而作日落而息，生活很規律，是很純樸的農村型態，課業之餘，文君也幫忙農事，高級學府畢業，經父母的同意，出了家門，到鄰近的都市謀生。文君到印刷廠當學徒，十五名工人，這裡老闆兼師傅，工作很繁重，人地又生疏，文君很努力的想學好這份工作。印刷書籍，因工作關係，都會去翻閱，看有沒有印好，每一類的書刊都有，善書、工作科技書、報表、廣告等等。講到善書類，比較奇怪的是一位老先生，四十歲左右，穿著樸實，走路很慢，說話也很慢，但很客氣很有禮貌。時常來找老闆，老闆說他是好客人老主顧，稱呼他為復忠先生。老闆在時都會詳加跟他解釋，版面排列的情形，封面要如何，排版的死角在哪裡，復忠先生總是用很認真的態度在聽，每天都會來校稿。後來文君才知道，他印的都是善書，完全都是他發心自費自印，只要他認為有必要的善舉，出錢出力在所不惜，真正的善心人士。有一天午休時間，文君輪值，員工都午休去了，復忠先生到來，問老闆在嗎？文君很恭敬的說，大家都午休去了，文君可以帶你看稿，文君也很仔細的解說，看完後。

復忠先生：「小兄弟新來的，幾歲了？」

文君說：「十四歲。」

復忠先生：「高級學府畢業。」

文君說：「是。」

復忠先生：「小兄弟謙虛有禮，耐心得體，將來定可做大事業。」

文君含笑代答他的稱讚。由於復忠先生的關係，文君開始注意他印刷的善書，也慢慢進入善書的世界，也燃起不可思量的興致，對未來產生追求的美景，明白人生並非只有吃喝玩樂或工作或結婚生子，等待老年的來臨，終其一生。而應積極追求來世之目的，人生之真諦，回歸在真理之上。約過了一年多，因善書的機緣和復忠先生有了心靈上的默契，一天文君午休當值，復忠先生事先問好來找文君，他要介紹我到一個全國非常聞名的掌教師傅那邊當義工，做編輯的工作，掌教師傅出門演講，會拿回紀錄或錄音帶，把它編輯包裝成書，這機會難得，可以接觸到掌教師傅，機會不可失，欣然答應。

期待的休假日終於到來，因太興奮使得晚上睡不著，想著明天如何拜會大師，快到天亮時才迷迷糊糊睡著。一大早鬧鐘響起，精神為之一振，趕緊梳洗，不久後復忠先生開車來接我。路程蠻遠的，進入深山區，蜿蜒的山路，帶著朦朧的霧，遠遠可見宏偉的寺廟，深山古寺別有一股禪意，繞著山路而行，車輛停在停車場。復忠先生告訴我，我們要爬三百六十八個階梯才能到主殿，他早已聯絡好了，掌教師父達陽法師會等候我們的到來。爬階梯真的累人，很多年輕人也是氣喘如牛，休息再休息。復忠先生年紀大了，卻不噓不喘的，雖然走路慢卻很穩健，說起耐力年輕人還真比不上，真令人刮目相看。看到主殿牌樓嵌著【文山禪寺】，兩人進入主持會議廳，達陽法師髮鬢全白，蓄短髮長鬚，有股說不出的莊嚴法相，神秘的風采，真是和藹可親的長者。文君和復忠先生合掌恭敬的頂禮。達陽法師告訴我，文君以前幫他撰寫的文稿很適意。他深深的仔細端視我，說文君很有慧根，很得他緣。就這樣的緣份，文君常向法師請益，更拉近之間的距離。其實達陽法師法會並不多，大概是德高望重，不輕易出門的關係，平均半個月才有一場法會，普通都做月刊上之法語，而這樣的緣份持續約二年。有一天，法師打電話到工廠來，法師不曾打電話到工廠來，老闆來叫我，我覺得很怪異。法師用很慎重的口氣說，叫我不要告訴任何人，請假七天去和他住，而且要愈快愈好。我跟老闆說達陽法師有事要我幫忙，要請七天假，老闆答應，隔天我準備換洗的衣服就上山去面見法師。

達陽法師：「今天要你隨我閉關七日，不讓旁人知道，也不見客，我將開悟之法傳給你。」

文君：「我非你記名弟子，也無文山禪寺之正名，文山禪寺法師級的弟子眾多，而法師你又弟子滿天下，再怎麼排也輪不到文君啊！」

達陽法師：「道統有異象，天意不可違，天機已顯，非達陽能左右。只希望不可說出今日潛修之事，否則眾弟兄將紛亂。你不是承接我教道統，將來和吾教無關。你將開花新局，因緣已俱足，吾將開悟之法傳於你，以開悟之法，你就會開啟應運的機緣轉承。」

感激天恩師德，雖然我沒有拜達陽法師為師，但心早已認定達陽法師為師父了。七天過後，我回到工作的崗位上。過了半個月，復忠先生來找我，說達陽法師圓寂了，問我要不要一起去看他，我聽到這個消息很難過，但還記得達陽法師的話，我推說家裡有急事必須回家去，不能和他同去。藉故要閃過這場離別，躲過這敏感的時刻，我向老闆又請了半個月的長假，回家陪伴父母，也順便幫忙一下農耕，使他們也可稍為喘息一下。假期結束，回返工廠已是夜晚。

同事告訴我：「文山禪寺的新任住持來工廠找你，我們告訴他，你請長假不一定哪個時候會回來。他已經來四天了，每天都來，我們還未上班，他就已經在那邊等候了，很有耐心。」

我想該來的還是會來，逃避也不是辦法，最後還是要去面對，今日事今日畢，就算避不見面，將來更難面對。我決定見見新任住持，不知是哪位師兄接任大典。隔天上班，虛空師兄已經在門口等待了。文君向他頂禮，並恭喜榮任住持大位，也帶師兄進入會客室。會客室只有我和師兄兩人。

虛空師兄：「冒昧來找文君師兄，帶來困擾請海涵。不得不來，別無他意，雖然師父圓寂時聖書已交代的很清楚，但還是有不解處。師父在圓寂前和師兄密處七天，還要不為外人所打擾。師父有交代你何事嗎？」

文君：「師兄多疑了。法師對文山禪寺並沒有談及，法師已知時日不多，和文君相聚甚歡，要文君陪伴度過人生黃昏時日而已。」

虛空師兄：「若是如此，為何選在圓寂前？」

文君：「這個文君是不了解的，或許是巧合吧！」

虛空師兄：「雖吾師在圓寂後有交代繼任大統之聖書，但吾師既然知道要圓寂，為何不當面叮嚀，只留下繼任大統之聖書。而最重要的傳承法函並沒有交代，是否你已承接法函？」

文君：「我不懂師兄所講的法函是何物，法師沒有交給我任何東西，也沒有所謂的法函，如果有，一定會向師兄稟明。」

虛空師兄：「那七日內師父可有特別的動作嗎？或有奇特的言語？」

文君：「也沒有什麼奇特的。不過，我想想好像有一段，不知含意。」

虛空師兄：「快說，有何留言？」

文君：「有一段話，法師說：『道統異象，天意不可違，文君你不是承接我們道統，而是開花新局。』這些話比較奇怪，我也不懂其中含意，法師還要我記住。」

虛空師兄：「我已明白，他日文山禪寺歡迎師兄開普渡之門。告退。」

文君想問明原委，虛空師兄已離去，留下一堆疑問。

文君偈曰：啟靈真機有玄理，一道金線顯珠璣，文君聖會勝瑤池，生滅盈虧現蓮黃。

文君帝君：約過半個月，文君依達陽法師之心法，開啟玄中之門。因緣際會，也是冥冥中的安排，與「護身神」接上線。文君之「護身神」和大師兄之「護身神」是同名不同神的，文君也因此開啟天堂之旅。文君看過大師兄的《中天天堂遊記》，大概的過程也都差不多，只是中天精靈所不是同一所精靈所，你們是九大行星系的，我們是火陽星系的，兩邊場景不同。文君有拜見九天玄女，也有個別拜見瑤池金母，但卻沒有九天玄女帶領拜見瑤池金母取弓魂那一段，更沒有魔界之旅。

麒麟：我也沒有魔界之旅。

文君帝君：不是沒有魔界之旅，是你將來才會遇上。

麒麟：帝君的意思，這是已經安排好的。將來弓魂和魔界之旅有極大的關聯，還要我去執行。對嗎？

文君帝君：雖然時機未到，不過法界的諸仙真都知道。大概還沒有知會你，我就先行告訴你吧！以後　無無極至尊玉皇上帝大天尊會召見你，你就會全部都明白了。說實在話，大師兄你現在的體型，玉樹臨風，仙風道骨，擔負這麼重的超級大任務，實在不協調。我也很擔心。但是這個任務目前卻只有大師兄符合條件，所有眾仙真也一致通過，非大師兄莫屬。

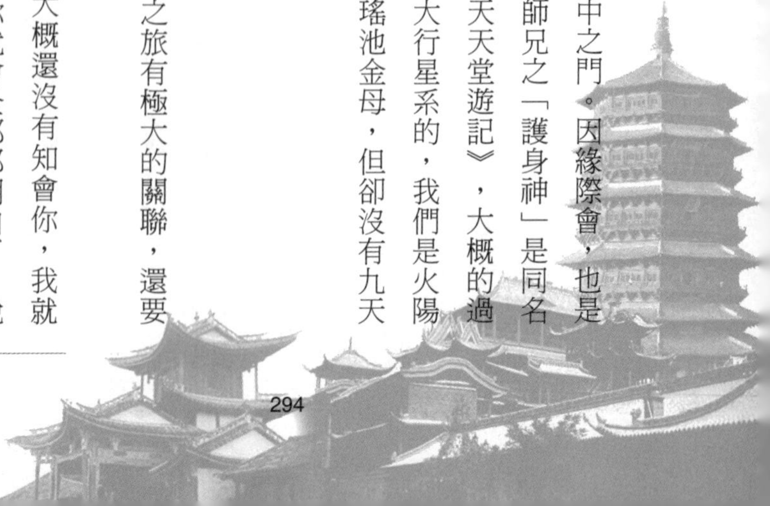

麒麟：帝君在說什麼？我實在聽不懂。不過聽你的話意，就好像已經決定我的魔界之旅，而且這還跟體型、弓魂有關，莫非要我上魔界戰鬥，而且符合條件的只有我，意思就是說不能推辭了？

文君帝君：誰叫你是大師兄。最重要的題外話說完了，我們回歸正題。

麒麟：什麼叫最重要的題外話說完了？你把問題丟給我呀！聽到魔界哪個不膽寒，那是管轄區之外，是無法紀的地方啊！

特史：法師請放心，我會陪你去的。回去我會請秘史跟你說明一下。

麒麟：好吧！特史都要去了，我比較放心。不過還是覺得怪怪的，一定會被修理的很慘。好康的總輪不到我，卻只有我符合被修理的條件。

特史：我看回去秘史慘了。

麒麟：好了。開開玩笑，沒什麼好怕的，反正最多是粉身碎骨，也剛好可以回歸本位。

文君帝君：是呀！普渡之心以眾生為念，為道鞠躬盡瘁，死而後已！文君因做印刷之便，自己利用自己空閒的時間編排，而老闆也很配合我，提供很多方便。文君把十五集做成一小冊，我可是很用心，做的很精美，第一集出版一百本，老闆跟同事就把一百本消化完了，老闆對我說，第二集他要訂一百本，同事加起來也一百本，我加印一百本，就有三百本了。很順利，因為頁數不多，很快就讀完，很多人都一直在問第三集何時出版，就連老闆及同事也問。復忠先生因兒子定居於國外，返國來找我，我跟他說這件事，復忠先生要這二集，我說身上已經沒有了，老闆便將一、二集借給復忠先生，還叮嚀他要記得還。隔日復忠先生又來找我，說第一集及第二集要幫我助印五千套，問我是否同意但不能跟他收版權費，我說哪來的版權費。復忠先生本來就有助印善書，他很容易就會把這善書散發出去。這個國度生活艱苦，不過每個人都充滿了向道之心，很快就得到極熱烈的回應，只要一下班，工廠門口擠滿了人，就好像市集一樣熱鬧，還請我講幾句話，有些人還拿椅子來墊腳，就這樣走廊變成我講道的臨時道場，人數還與日俱增。復忠先生來找我，看到那麼多人，也直讚許。

文君：「雖然人數激增，但因我個人經濟能力有限，這場所只能講課，不能實修，掌心雷印也無法運用，辜負大家的期望。」

復忠先生：「我今天來最主要的目的，就是要和你談論這個問題。我有上文山禪寺，掌門師兄說已經預備好一個大道場，要讓你使用，希望你有空可以上山一趟。至於河西這裡我有個房子空著，你可以去看看合不合適，這房子是空屋，面積蠻大的，需要的桌椅我會添置，我暫時也不去兒子那裡，留下來幫你，也要把自己的道修好。」

文君：「復忠先生之功德無量，今日對中天之貢獻，文君銘感五內，也代中天法門將來的眾原子，感恩您對中天的奉獻。」

就這樣，我一星期的假日在文山禪寺講課實修，一星期的假日在河西道場。文山禪寺本來在達陽法師的時候就已經聞名全國了，也早變成觀光聖地，今中天法門在文山禪寺，更顯光輝，每逢假日文山禪寺或河西道場，總是香客群擁，水洩不通，強勢魅力。

大徹大悟，了無牽掛，悟了視同未悟時。返璞歸真赤子心，萬流歸一，萬法唯心，貴之自在。修行即證，了無痕跡，明心見性，蕙質蘭心，處處是道場。

【文後筆記】

一、靈界有靈界的戒律，沒核准就是犯戒律！

二、宇宙本位在眼前，紅塵未了憶前景，萬緣跟隨中天師，蓮長花果同時出！

三、法界森嚴公正而無私，不因私情廢戒律，一切秉公而行。

四、靈魂出竅者只能依法界旨令而行，隨意而做，將會觸犯戒律。

五、文君帝君為　無無極雷祖第四大弟子，出任火陽星中天法門第一代師。

六、為凡人是不會有正式的果位的，凡人有果位是虛妄之言，是人為的自封，不受上天的承認，只能稱「無上師」或「法師」。這是上天對果位的界定。

七、人間短暫，紅塵勿依戀，因中有果，果中有因，修行是減少因果的羈絆，業障就不會顯現，頓悟本性，身中聖跡，明白性養其身，肉身轉成仙體，自性命功修練而成就，所謂的性命雙修也。

八、自性自渡，迷時師渡，悟了自性自渡，頓悟即見本來面目，法身清靜，因師而得法，師法甚深，如無窮無盡之珍寶，學法者看你挖寶能得幾何？

九、中天法門在宇宙間是全新的法門，和宇宙間各教門相比，是超越的、是真正宇宙

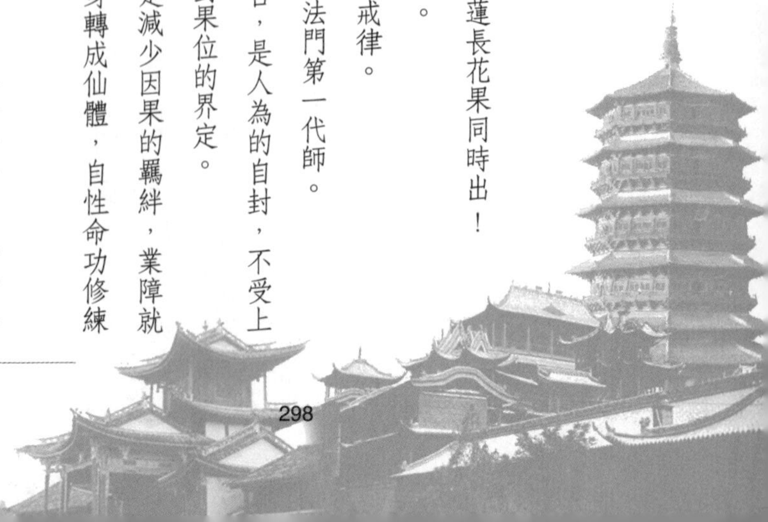

觀的、是最先進的、符合科學的禪修法。
十、九大行星系之地球，評鑑的等級不高，是不容易開發新宗教的星球。
十一、什麼叫造山運動？
十二、天地萬物都無法脫離輪迴的定則，普渡就是維持輪迴的正常運轉必要的維護者。
十三、中天法門是宇宙觀的法界團體，就算有一個智慧星球毀滅，還有很多個智慧星球還存在，法界地不會少一個而變化。
十四、三期末劫、世界末日、罡風劫、火燒水淹世界，就是要你們在法界地或法界未消失前趕快修，否則會來不及。只有中天法門不會有這些劫數，也不受這些劫數的影響。
十五、宇宙第一個中天法門選在火陽星，為以後的各星系的中天法門做示範。
十六、文君帝君談在火陽星的修道歷程。
十七、人生並非只有吃喝玩樂或工作或結婚生子，等待老年的來臨，終其一生。而應積極追求來世之目的，人生之真諦，回歸在真理之上。
十八、道統有異象，天意不可違，天機已顯，修道人功夫愈深，自會明悟天理，尋大道而行。

十九、啟靈真機有玄理，一道金線顯珠璣，文君聖會勝瑤池，生滅盈虧現蓮黃。

二十、人澈大悟，了無牽掛，悟了視同未悟時，返樸歸真赤子心，萬流歸一，萬法唯心，貴之自在，修行即證，了無跡痕，明心見性，慧質蘭心，處處是道場。

第十五章

九大行星系——無極東天青華帝君

是秋。秘史立床前，麒麟有感覺即刻使靈離身。

麒麟：時光易逝又是深秋楓紅時，氣溫低，有點冷，真靈對冷熱卻不敏感，也不會覺得冷，為什麼秋天會來臨？

秘史：地球行儀軌道合其序，也和自轉磁場日照偏移的角度有關，使地球平衡、穩定、不搖不晃。法師知道這些是何單位掌管？

麒麟：這個倒是知道一點，應屬於東天之任務。不過每個宗教講的雖然功能大同小異，名稱卻都不相同，也請秘史解釋一番。

秘史：每個宗教都有類似東天的機制，最主要是服務各宗教自己教內的禪修者，給自己的教友做紀錄的轉載。我先把東天說個大概。四十八個智慧星系中，有四十八個中天無極玉皇上帝大天尊，每個中天無極玉皇上帝大天尊，都會有一個東天、南天、北天。也就是說目前有一個星系正在造山運動並沒有廢除，所以是應該有四十九個中天無極玉皇上帝大天尊及四十九個東天、南天、北天。單就東天而言，是直屬中天無極玉皇上帝大天尊的公務機構，很多西天的宗教也有同屬東天的業務，雖同屬也相通。但中天系統的東大是公務機構，西天類同的機構是教內機構，這些教內機構會透過東天，進入中天的公務系統。而西天類同的單位和中天系統的單位，都是不相同的單位，西天類同的單位會透過東天完成這項的任務。這叫協同功能，這種協同功能不只用在東天，南天及北天也是使用這協同功能。

麒麟：聽起來很複雜，還算可以了解。我想凡間體系大概不會使用這種方式，因為人對人互不信任。

秘史：所以我常說法界體系不能用凡間概念解。九大行星系無極玉皇上帝大天尊，其所屬九大行星系無極東天青華帝君，青華帝君統領三部十二大天君，有正敕封百萬果位，護衛二萬，舉凡地球上之生魂、覺魂、靈魂都涵蓋在內，人類、動物、植物、細菌類，加起來數目非常龐大，工作量非常繁重。三部為統馭文書部、證道考核部、循環軌道儀禮部。

（一）統馭文書部：有三位天君。

一、新生核定組。

二、統馭總計組。

三、往生歸籍組。

（二）證道考核部：有六位天君。

一、修道認定組。
二、證道昇降評核組。
三、賜福、延年組。
四、解厄、赦罪組。
五、善惡、吉凶組。
六、忠孝節義評核組。

(三)循環軌道儀禮部：有三位天君。

一、軌道運行組。
二、四十兆億靈生儀調配組。
三、天災生消組(風雨旱震組)。

麒麟：這麼多組，我怎麼記得起來，講過就忘了。

秘史：這沒有問題的，我會標示給你做紀錄的，把人家弄錯了很不好。好了，我們前往九大行星系無極東天宮，讓帝君等候有失禮儀。它在九大行星系中天凌霄寶殿的東方，我們經過中天精靈所後，不再經過中天凌霄寶殿，可以直接前往。

我們到中天精靈所，已經很熟悉了，經過中天精靈所後，又是一片全黑的境地，雖然是全黑的境地，但已有經驗，心境依舊自在。修行也是一樣的道理，實際實修，一步一腳印，心無忌憚，就無恐慌，就會遠離顛倒夢想。

遠遠看見九大行星系無極東天宮，宮殿面積很大，非常特殊的是，金黃色的光芒，以宮為中心，呈半圓弧光罩，離宮愈近，顏色愈淡，呈淺黃色的光束，愈靠近外圓弧，顏色愈深，呈深色的金黃，非常漂亮，麒麟想色差是心之境所形成的吧！

而宮殿是綠色半透明的水晶，主殿牆瓦、地板都是綠水晶，就如反光之綠色城堡，雖顯得不協調，但真的非常美麗，和別的神宮比絕對不遜色。

兩位神將迎面而來，見禮又回禮。

秘史：兩位神將辛苦的等候，等會幫我們引見。法師，這東天宮漂亮吧！

麒麟：真是漂亮！凡間鐳射燈會也不會如此美麗，我以為是我色差或錯覺，原來秘史看起來也是相同的景。

秘史：此心同此景，真心無分別，你我赤子心，平等同此境。

九大行星系無極東天，為九大行星系無極之始，極光折射看起來特別美麗。看過美景後，記得要起程，由神將領航，進入牌樓，上面寫著九大行星系無極東天宮，其他的文字看不懂，裡面非常寬闊，奇花異卉自不在話下。

進入主宮主殿，陳設非常古色古香，上殿參拜青華帝君。青華帝君身著官服官帽，非常正式，看似五十多一點，美髯很莊嚴，有點像歌仔戲的妝扮。秘史偷偷告訴我，不是我們要來他才這樣妝扮，平時就是如此了。帝君下了金階和我們進入會客殿，一番客套後，落座。

青華帝君：秘史、法師前來，只能奉茶，沒有凡間的招待，尚請諒解。

麒麟：帝君言重了，麒麟已明白法界不思食，沒有招待的習慣，只是帝君隆重的裝飾，看起來很莊重。

秘史在跟我眨眼睛，意思叫我不要問他私人的問題。

青華帝君：套句法師的話，習慣了，吾可是古板思想，一板一眼的，做事絕不含糊也不徇私。秘史在跟你眨眼睛，意思就是不要說吾是老古董。

麒麟：初次見面也不好意思說老古董，留著下次再說。天地無私，天道循環不息，東天之重責大任，為何那麼多宗教都使用東天這個名稱？也和帝君同名，這樣很難區分。

青華帝君：我東天直屬於九大行星系之中天系統，是公務系統。所有宗教持東天之名，最後也必須進入九大行星系無極東天之公務系統。西天之各宗教，宗教本地執中，以宗教之東方之屬稱為東天，每個宗教都有附屬東天的系統，所以名稱會重複，因東天之任務，在各宗教中和修行修道有極大的關聯。

麒麟：無極東天真的管人間的修行修道嗎？

青華帝君：是有直接關聯的，主要是審核的任務。如果你均無宗教的信仰，在靈能就是為零，歸籍在幽冥，那一切均以過往業力所形成之命盤做為歸屬。所謂的命運安排、命中註定，冥冥之中的安排，皆是有前因而後有果，一切都在命運的宿命之中。等到某一天有了際遇，自會進入宗教修行，宗教法門會有入門儀式，告知天地，這份告天地文就會進入幽冥的審核司修道組，審核司修道組就會進行查核，有心上進者，或有進行修行者，就會行文至九大行星系無極東天的統馭文書部之新生組，以及幽冥審核司修道組之審核，這段過程是很嚴格的。所以確實進行修行的人，最快要半年才會行文到新生組，不是行文慢，而是要等待到確實後，才會行文。有的人雖入宗教，告天地書也呈報了，只報名不修道或修道法不對，是不被認定的，也將會面臨無法送文至新生組，這是宗教人士必要的認知，不要誤認只要進入宗教就已經脫離了幽冥，如無確實修道還是在中天之幽冥中。

麒麟：幽冥的審核司修道組只針對宗教法門修行認定做呈報嗎？那做善事或做功德或自行修行，就無法脫離幽冥了嗎？

青華帝君：法師，你問到重點了。這雖屬於幽冥之業務，不過這跟無極東天還是有密切的關聯。審核司之內有非常多組，其中福德組與功德組就是。行善助人在福德組；助印善書、助人修道，則被列在功德組中，而且要累積到一定的數額才會被呈報至無極東天的新生組。至於自修的修道者，因自己無約束力，往往修道常常反覆無常，所以必須修到某個層次才會被功德組認定，有的用自己的方法修行，根本無靈能，浪費時間又自以為是，並不會被認定。所以功德組會以靈能的標準做為上呈的依據，而不是以人的標準做為依據，所以自修的人往往以為自己修到什麼無上法，有時胡亂一通，誤人也誤己，這些往往靈能不足到可上呈的標準，可悲呀！所以正心正法是最保險的。

麒麟：帝君所言甚是，人之自我貢高之心，無法平復。不過我想知道幽冥福德組和功德組是如何分別？

青華帝君：福德組大部分是以財施為主，而功德組大部分是以法施為主，當然有時也有混合或例外的情形。福德建立在現世或後世的福報，有時也會有恩澤予後代，但以後世的福報顯現為最大宗。功德是以法施、佈施供養、助印裝修經書或啟慧性靈的書籍，因能迴向予法界者屬之，所以法施之心，不應該有著予名利的我執，將我執之心放下，上天會幫你做好福德或功德之估計，不用自己執著的去計較。

功德和福德分別如下：

（一）功德以法施為主，以財施為輔。福德以財施為主。功德可以自利而利他；福德大部分用於利他。

（二）功德可令人得以果位或超脫；福德用於現世或後世之福報。

（三）功德可使自己或他人進入修行法身；福德只用於改進現實。

（四）功德綿綿而無窮；福德因時空轉變而有盡時。

（五）功德能進入妙智慧之境地；福德用於當今時空之改善等等。

麒麟：在各組確立後，報入無極東天新生組，有何意義？

青華帝君：如果真實的報入無極東天新生組的話，也就是說靈的層次足夠脫離幽冥或將功抵過能夠天堂掛號，地府抽丁，報入後可以改善你的將來或改變原來的宿命。不論境界、功果、層次的高低，自一百年至數千萬年的果位都有，報入新生組後，暫由無極東天接管，經數月至數年確認後，會產生下列的情形：

（一）有修道者會轉入證道考核部之第一組修道認定組，進入修道認定組後，經過確定，有修道而無宗教者，就會留在無極東天的修道認定組；有宗教的，宗教內的東天機構就會向無極東天修道認定組申請轉核，如果申請成功，就會轉入宗教的東天修道認定組，以後就會由本來的原宗教進行接替的任務。如果原宗教修道認定組沒有提出申請或放棄申請，此員名單就不會被領走，那就會留在無極東天修道認定組。被領走進入原宗教的東天修道認定組後，以後都在原宗教的東天內自己審核，直到該員有意願脫離原宗教或福報享盡，就會回歸往生歸籍組，再度進入幽冥的輪迴系統。如果在東天修道認定組的，都會直接將層次、境界、功過直接報入證道考核部之第二組證道昇降評核組及第三組賜福、延年組，第四組解厄、赦罪組，第五組善惡、吉凶組。所以修道會直接改進其命及運，等往生後由文書組裡的往生歸籍組報入統馭總計組，統馭總計組再統合將成果報入九大行星系無極中天，九大行星系無極中天將其分類，屬正規者，上呈無無極雷部，轉呈　無無極至尊玉皇上帝大天尊敕封果位，並派雷部神將接至中天精靈所適應法界之生。不過為負規者，對不起，會轉籍入幽冥。

（二）福德功德者，報入無極東天新生組後，經過一段時間確認後，會報入證道考核部之第三組賜福延年組與第四組解厄赦罪組、第五組善惡吉凶組、第六組忠孝節義評核組。如有入宗教或皈依國土者，由皈依之各宗教之東天組申請轉核覆，如無皈依者，還會留在無極東天的各組中，如往生後和修道者一樣，屬正規者，上呈無無極雷部轉呈　無無極至尊玉皇上帝大天尊敕封果位，並派雷部神將接至中天精靈所適應法界之生。負規者還是會進入幽冥。

麒麟：帝君所言，即是功過在東天審核，財運、吉凶、災劫都在無極東天，這麼說無極東天對凡間的重要性蓋過各天之上呀！

青華帝君：法師所言差矣！東天、南天、北天，都直屬於中天的公務機構，各有所司。幽冥亦直屬於中天之管轄，所以幽冥呈報並非只呈報東天，幽冥亦報入中天、南天、北天。簡單的將各天的任務敘述如下：

（一）中天：

一、宇宙億億兆生靈管轄，延減壽的裁定。

二、天地間及各天之公務神祇的任命及生存管理。

三、執行靈界戒律，以維大道之運行。

四、災劫之裁定，福慧之加持。

（二）東天：

一、命運之定數。

二、宇宙星際星球之運行。

三、轉換生靈之命盤。

（三）南天：

一、考察諸聖、仙、神、佛之昇降。

二、轉呈各天之行政工作。

（四）北天：

一、宇宙各生靈之行儀。

二、劫厄之消藏。

三、轉呈各天之行政工作。

由以上各天任務之簡述，可知道各天最後都會交到中天來裁定，再轉呈無無極雷

部，再由無無極雷部轉呈　無無極至尊玉皇上帝大天尊聖裁，這是法界的整體系統。

麒麟：帝君說的好複雜，要把這宇宙系統及法界秩序弄清楚，不是簡單的事，其實修道我們只要知道宇宙概略就好，不一定要去深究，最要緊的是把自己的修道修好，這才是最重要的。

青華帝君：法師所言極是，很多修行者總是捨本逐末，追求一些無用的東西，反而荒廢應該追求的禪道，到最後還是無所成就。把自己修好最要緊，無關乎修道的不要浪費太多時間。

麒麟：不論貴為人君或權傾一時、富甲一方，如無法脫離幽冥是謂凡夫。雖身無分文其境在東天，亦可稱得上聖賢。將來之果位，東天殊勝，帝君其德不匪。

青華帝君：法師，謝謝你的讚嘆，這本是青華之職責，不敢有所懈怠。聖賢與凡夫，同俱有自性，是與生俱來的。東天與幽冥，智慧之分別，是謂天堂與地獄，其自性本不增也不減，其初靈無所分別，因受後天五行所制及因果牽連。如五行所限較少，聰明度較高；受限較高，聰明度就會降低。

麒麟：聽說無極東天最出名的一種靈果，和瑤池金母之蟠桃齊名，是否正確？客人到來也應該招待一下，不會吝嗇吧！

青華帝君：法師不是我們不招待您，是這種靈果對你們凡界來說，一點用處都沒有，又不能吃。不過，等會請賜福延年天君帶你們去參觀，這種靈果叫做長生果，你們凡間把花生或獼猴桃稱為長生果，這和無極東天之長生果完全不同。長生果和蟠桃雖然齊名，但生產過程是完全不同的。蟠桃對有凡身的凡界人或仙神界都會有一定的效果，但長生果只對法界靈體的提升有效而已，對凡間之提升一點效果都沒有。

麒麟：雖然對凡界無效，但總有一天凡界人沒有了肉身就必須用到，何況我中天法門將來經過無極東天的不計其數，如何來使用長生果，麒麟自然最關心。

青華帝君：由　無無極至尊玉皇上帝大天尊敕封的果位，會有三種情形：

（一）敕封果位小於真靈的層次者。

（二）敕封果位等於真靈的層次者。

（三）敕封果位大於真靈的層次者。

第一種敕封果位小於真靈的層次者，是福德與功德為負值，比如說內修的果位在太極中品五級來說，福德與功德負三級就會被敕封於太極中品二級。第二種情形是福德與功德正負相抵等於零，那他敕封還是太極中品五級，也就是說真靈的層次等於敕封的果位。第三種情形就是他敕封的果位大於真靈的層次，就如真靈內修的層次為太極中品五

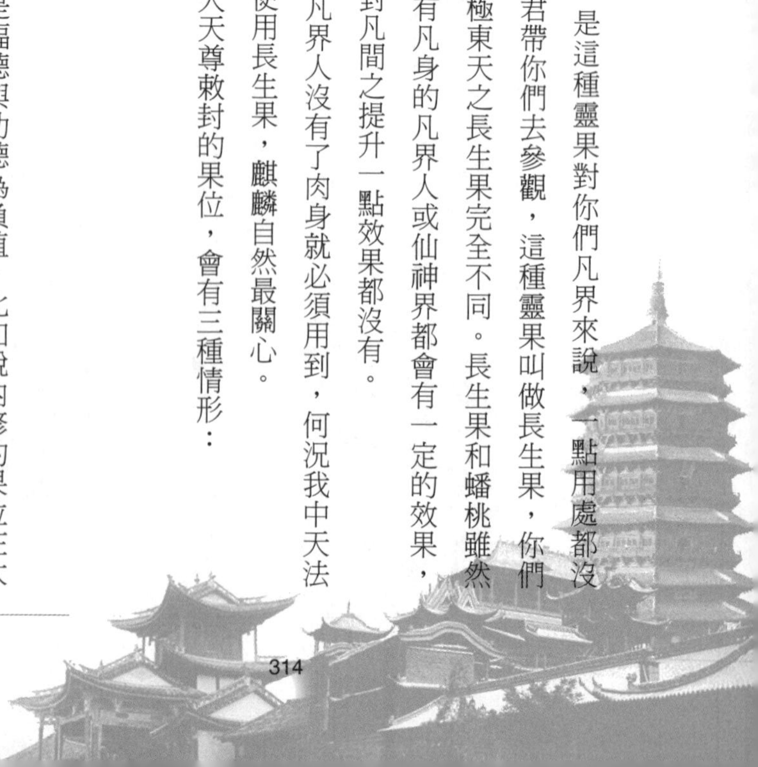

級，但因福德或功德加級三級，就會變成敕封太極中品八級。雖然敕封的果位增加，但不會使內修的層次也加高，所以要使真靈的層次加高至敕封的層次，這樣才符合名符其實。第一種情形的真靈高敕封低，並不會有什麼影響，也不需要做補足的動作，第三種情形之敕封果位高於真靈實際的層次，這就必須補足這之間的差額，這個差額就是福德與功德的加級所產生的，這個加級就必須使用長生果來補足這個實際的差額，所以這長生果對進階加級是有極大的功能的，但對於你們凡體是一點用處也沒有。

說到此，賜福延年天君已到來，賜福延年天君看起來很年輕約三十多歲的年齡，其實這年齡是不準確的，穿官服戴官帽，我想這受青華帝君的影響。

賜福延年天君到來，使用非常傳統的禮節，彬彬有禮，對青華帝君使用主人之禮儀，我們自嘆不如，我們也見禮回禮。

麒麟：帝君，強將手下無弱兵，天君英姿煥發，法相莊嚴，不愧為名將。

青華帝君：感謝法師的讚嘆，法師也是強將，將來中天法門之組長也都是將星之輩。尤其是副主女將，輔佐更創無上功德，在普渡上無限的助力，中天也因此將星顯耀。

麒麟：帝君誇我為強將，好像會被人家笑，說文官比較多人認同，因體格較像文官。副主女將，是誰？強悍嗎？好像沒見過。

青華帝君：法身之文、武並非由肉身的體格而定，真法之境麒麟身，麒麟之名遠傳播。副主女將今還隱，副主女將顯即是法師辦道時，一切均在天機時。好了，法師勿再問，天機都被問光了，請隨天君到長生殿。

辭別了帝君，和秘史跟隨賜福延年天君，前進內宮。天君說約有一百里左右，到了殿前，橫匾寫著「長生殿」。長生殿進入就覺得有不同的特色，木質材料建造，不過這種木質和凡間的木料不相同的。

麒麟：天君，這長生殿帶著藝術的氣息，這是仿木材料嗎？很像木料但又不太像。麒麟看過很多天宮，大部分都是法界石材願力而化，這木質是第一次看到，是屬於何種質材？

天君：這無極東天在宇宙間共有四十八處，而附屬在無極東天的只有三處有長生殿，而中天精靈所也是宇宙間共有三處。九大行星系是最幸運的，只有九大行星系同時擁有中天精靈所與長生殿。九大行星系之無極東天之長生殿，是宇宙間別樹一格的宮殿，青華帝君特別的重視，常來巡視，是願力所達之法界，古色古香，透著木質的芬芳，木質比石質更溫馨幽雅，具微溫而不冰冷，木雕比石雕更靈活。往生後有福到長生殿受加持者，都是在世時福德或功德的優秀者，沒有福德或功德就無緣到長生殿來。「真修實學在中天，福德功德長生殿，上得東天加果位，靈動法門世間揚」。

麒麟：福德為後世福，只有一小部分轉成功德，最主要是無極東天添補的部分，果位層次還是以功德為主，天君對否？

天君：法師所言極是，無極東天添補的大部分是功德的部分，在財施的部分，助印經書是比較特殊的，它是算在福德之內，但往往卻轉變成功德而成定局的。

說著說著我們已到殿中央，守將退位，殿中央有一個很大的天池，天君說它叫長生池。池非常大，一望無際，有股非常強的磁力磁場，呈金黃色的光芒，池中瀰漫如霧的水氣，在金黃色的光芒中，有股非常神秘的感覺，看不到底，因為金黃色的光芒與霧氣籠罩一望無際的雲海，如桃源仙境。

麒麟：請問天君，這一望無際的雲海，長生池是何作用？不會是受加持者跳到裡面去浸漬，不過只有守將及雲海並無其他物品。

天君：法師，雖然不是浸漬，但是意義卻很相近，在這雲海的中央部分是別有洞天的，我們使用念力飛行進入中央的部分。

三人以念力飛行進入長生池，天君要我們保持在雲海上方的高度，以免迷失，雲海一片金黃色光，看不到任何東西。過一會天君停住，我們也跟著停下來，我們停在雲海的空中，天君說要我們跟隨他徐徐下降。接觸到雲海感覺有點冰冷，再降下，籠罩在金黃色的光中，看到中央居然是一座很大的塔。

降到塔前的地面上，地面是木磚，反光射出金黃色的光芒，其實金黃色光是由塔射出來的，雲海之霧整個都是，在其內不影響視線，但不知雲海從哪裡來。塔基地是六角型，外觀有六層的高度，每一層都有一整環的陽台，基地的對角線約有二里長，每層約有一里高度，守將約十幾名，全副武裝的分散在六方基地外。

我們一到來，守將向天君行禮致意，因為天君是這裡的主管，天君要我們跟隨他進

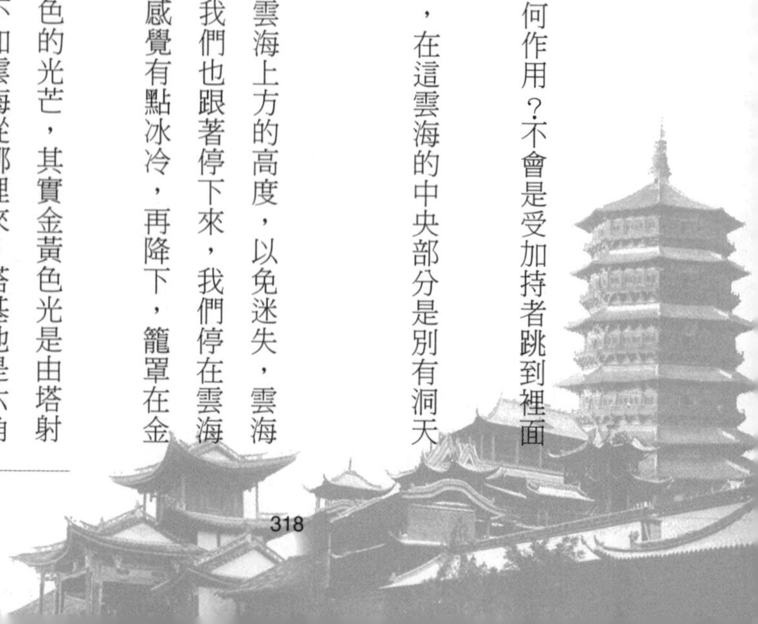

入塔內，塔門有四名全副武裝的守衛，進入塔內，右側一排是辦公室，左側是守衛連，約有三十名武將值勤，裡面很空曠，中央有一霧氣的噴水池，直徑約有十尺，呈六角型，池邊有四名守將。

一樓至五樓中間都是鏤空的，每層樓只有六邊的旁邊有六角型的陽台，陽台不太寬約有十尺，整座壁除了陽台外別無一物，但一至五樓之壁及陽台都射出強烈金黃色的光束，使整間屋內充滿金黃色的強光，五樓頂側邊有一天井，六尺的六角天井。沒有梯，應該可由此天井通往六樓吧！

麒麟：天君，裡面空無一物，為什麼要那麼多的守將，戒備如此森嚴？

天君：這裡守衛很森嚴，是無極東天的重地，因有長生果之關係。也因福德、功德之補足功能，等於法界的加持功能，為防邪魔之徒入侵或思想不正的邪靈侵犯，嚇阻是必要的，除了現場守衛連之外，整個無極東天守衛是串聯的，並串聯至無極中天之雷部防衛隊、無極南天及無極北天防衛隊，為防魔界整個部隊的入侵，所謂一將成名萬骨枯的效應，怕整個魔界部隊的入侵，我們九大行星系的防衛組合足夠消滅百萬雄兵，所以自古以來，還未有受入侵的情形，但總是有備而無患，也維持法界的安寧。

麒麟：長生果真的有那麼好的效應嗎？為何受到如此特別重視。

天君：為維護天律的公正，法界不遺餘力，無極中天也極為重視。除了四十九個無極中天的防衛系統外，無無極中天防衛系統更是強大，這不是武力的展現，而是公務機構必要的防禦公事。這麼大的制衡力量，使法界自古至今從無戰事，講這些給凡人了解，法界是平和的，中天公務機構系統是無可匹敵的。長生果是宇宙之精，提升能量自不在話下，雖然對靈體的提升不是永恆的，因為它的時效性只有五十年，但如果是將長生果集中在一個靈體使用，這個靈體可能會在短時間之內達到很高的層次，所以就要防止魔界大量入侵，犧牲眾多魔兵，而成就一個魔將，所以我們也嚴格管控數量，這個誘因就會消失，強大的武力加上有效的控管，就不會有覬覦的事發生。

麒麟：我知道無無極中天對宇宙間的掌握很得宜，這運作會使我們大家都放心，魔界或異類也都受到抑制。長生果到底在哪裡，也沒有看到生長或培養的地方，塔內除了中央噴霧的噴霧池外，一無他物，難道就是中央噴霧的噴霧池嗎？

天君：法師，您說對了，長生果就在中央噴霧池內。

麒麟：噴霧池霧濃密，金黃色光芒，沒看到底，會有何物？

天君：這就是長生果的生長池，這個塔除了進出的門戶之外，沒有其他出入口，整個塔是靈光石所鑄，靈流滲透，閃著金黃色的光芒。靈流聚光在中央噴霧池，結成天地之精的長生果，因霧氣覆蓋所以沒有看到長生果，只要你將手伸入池中，便會反射在靈體之靈光上，你就可以見到長生果了。我們是有限量的，每日都有固定的量，不會有存量。無無極至尊玉皇上帝大天尊之加級敕封令會下達至無極至尊玉皇上帝大天尊，再轉達至無極東天，在無極東天長生塔等候約一個月左右，才會正式使用長生果加封。法師你可以將手伸入池中，拿上一顆金黃色的長生果上來，記得不可每一顆都碰觸，因為只要你碰觸就會附著在手掌之上，拿不下來，這點我們都有特別交待，每一個受加持者都會遵守，不可多拿，因為多拿別人會無長生果可用，耽誤自己也耽誤別人。

麒麟：我拿了一顆上來，不是就會少了一顆嗎？那也就會耽誤到別人的前程。

天君：法師還是會替別人著想，仁心寬厚。放心，為讓法師體驗長生果，這是事先就提出申請，核准在案的。不要說無極東天都沒有招待你噢！

麒麟將手放入噴霧池中，很冰冷的感覺，一道金黃色的光芒反照全身，可以看見池中物，疏散丸粒，有金黃色與黑色二種，外型真的像花生，不論形狀或外觀、大小都類似，而且又能提升果位層次，果然長生果名符其實。

天君要我將手慢慢移向較近的一顆金黃色的長生果，一靠近就附著在手指上，將手提了上來，有種黏黏的感覺，像ＱＱ糖。

天君：法師，感覺很冰冷吧！金黃色是提升太極一級的能量，黑色是提升皇極一級的能量，一次最多可提升三級，不論是太極或皇極都只有三級，如果級數比較多就要經過十天後才能再使用第二次，以此類推。既然已拿到長生果，我們上六樓使長生果氣化。

和秘史隨著賜福延年天君上五樓頂的天井，上去就是六樓，上去後好多人，都坐在六角周邊環繞的階梯看台上，每個人都和我一樣手上拿著長生果，等待天君的到來。守將約有五十名左右，非常肅靜，六樓也呈六角型，全部都是封閉的，除了天井外無任何出口或窗戶。

金黃色的光芒，整間透亮，中央有六角型的舞台，約有十米長、寬，二十米的高度。舞台上方有由天花板下吊著和舞台一樣長、寬、高對稱的上舞台，前有主監台，都已就位！

我們被天君安排在貴賓席觀禮台，觀禮台有貴賓在座，賜福延年天君介紹，他是循

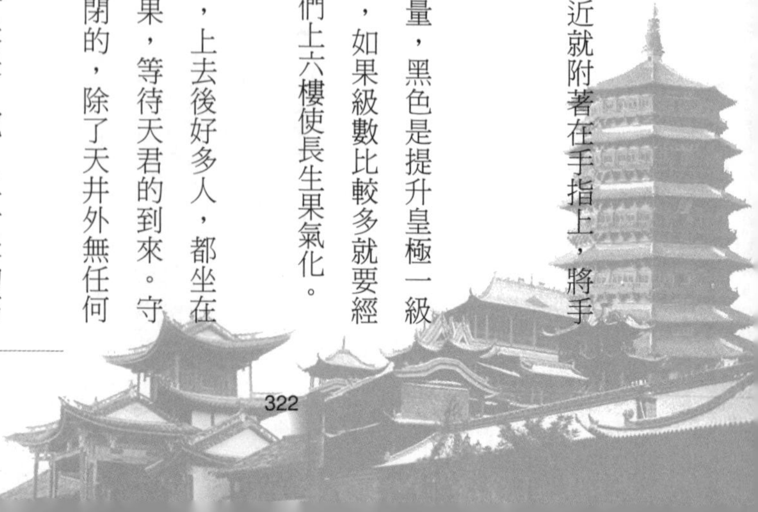

環軌道儀禮部的四十兆億靈生儀調配組的生儀天君，因賜福延年天君要去主監台，由生儀天君陪伴我們，我們也見禮回禮。賜福延年天君離席，下觀禮台至主監台。

主監台前有四位副主監，三位核對基因密碼的將領，和六位守護神將，工作人員有三位。工作人員唱名點名六位，核對基因密碼後，由四位副主監一一審核簽字並呈主監台。天君覆核後點頭示意，工作人員安排六位受加持者上六角型舞台，以六角型面向內排列好，呈六角型方位站立，然後工作人員下舞台，六位加持者靜置，手握住長生果。

上、下舞台的金黃色光線正如鐳射線一樣一直在加強中，受加持者也沒有什麼異樣。過了約十分鐘後，鐳射線恢復原樣，工作人員上台，六位加持者把雙手平舉，工作人員一一檢查，最主要是看長生果有無融入受持者或有無殘留之現象，正常化即受加持成功，未成功者，要再做一次。六位加持者成功後下舞台，工作人員吩咐他們到一至五樓環繞的陽台去休息。

生儀天君：法師，下一梯會換您上舞台去體驗，這是見習給您看的，以免您不熟悉過程。

麒麟走下觀禮台到主監台前，工作人員已唱名五位，正在核對基因密碼，賜福延年天君告訴工作人員，麒麟是貴賓特別留心注意，不用核對基因密碼。程序做好了，各上到舞台上，工作人員交代，請面向內、不可改變站立姿勢、不可出聲吶喊、不可離位、不可左顧右盼以及保持意念在松果體，會有驟冰的感覺，請緊握長生果這樣融入的效果會比較快。」

位置調整好，工作人員下台去，六個人靜置。過了一會兒，上、下舞台金黃色的鐳射光逐漸加強中，雖閉上眼睛，還是感受到光線的灼熱，全身逐漸火熱，感覺全身體溫升高中，忽然間手中的長生果如一條寒冰由手中連續傳到松果腺中，好像一條冰路由手透至松果腺，全身熱度遽降，金黃色鐳射光漸減，寒冰的感覺一直上升中變成全身冰寒，長生果全氣化滲入體中，沒有留下一絲絲的痕跡，檢查完後下舞台，並和賜福延年天君打招呼並告別，與生儀天君下樓來。

麒麟：請問天君，聽說生儀組有所謂的本命花樹。真的有嗎？

生儀天君：法師你說的本命花樹，應該是原形花樹或原靈花樹吧！或許凡人的稱呼不同。男性剛毅為向陽，女性柔弱為向陰，出生苗即出土，本命樹為男，本命花為女，陰間也有探花樹之說。在靈法界，有靈性之陽性出生都稱為原靈樹，有靈性之陰性出生都稱為原靈花，並不專指人類，六道輪迴中動物類以上都是如此的稱呼。在靈法界中稱為種子，在凡界稱之為精子，精子經生化育之後就會成形，順利出世於凡間，種子就會落籍於靈法界，這種子一般會先落入幽冥界中，開始萌芽出土，就是你們凡間說的幽冥探花樹。所謂的動物一出生，幽冥就長一花樹之論，其實並非真的幽冥會種一顆本命樹，只是語義而已，為了讓凡界有真實感，拿出幽冥的紀錄，化境為樹或花讓凡間易於了解，久而久之就變成本命花樹，這是語意中的化境並非真實。你想想就你們九大行星系就好，所有六道輪迴中之胎生、濕生，所化生的動物有多少，人類、動物蝶蟲甚至蚊蠅菌類都屬之，這可是兆兆兆的數量，每一原靈都種一棵樹，要有多大的面積來種植，這麼大的種植面積誰來管理、誰來澆水，這是不合效益的，其實這只是六道輪迴中動物一生的紀錄擬樹化而已。當然六道輪迴中動物最初都是落籍在幽冥的，所以會在幽冥探花樹，如果你在幽冥探花樹，也就是說你的紀錄還在幽冥中，將來往生會落於幽冥。如果有修道、福德或功德由幽冥轉籍到無極東天來，你的紀錄就會由幽冥轉到無極東天來，幽冥就會除籍，除了到幽冥探花叢，就是到無極東天來探本命花樹，你們凡間人喜歡到幽冥還是到無極東天來。幽幽我心悲，凡人喜至幽冥探花叢，不知幽冥之後，飄渺在東天，非命運天註定，凡境不知修，功名利祿轉眼間，幽冥報到時，還怨幽冥無告知，仙佛聖賢諄諄教誨，紅塵自恃學歷高，智慧勝聖賢，財富權勢前世福德造，福德享盡後世苦，何不用今世福德造後世功德，今世修行東天登錄，勸爾細思量，前因後果自在心。苦苦勸說不聽，黑白無常真到時，悔時已晚，東天預告信已借《中天天堂遊記》送達，仙籍登錄智慧開，中天法門實修當下時。

麒麟：就如天君所言，本命樹本無樹，只是要查本命紀錄時把它化境成樹而已，因紀錄複雜很難看懂，化成樹只要看樹勢的強弱或枝葉是否茂盛或樹熟瓜結，一目即可瞭然，是勢為因，即是紀錄為因，它日以果位為果，一切都在大道中。

幽幽我心悲，凡人喜至幽冥探花叢，不知幽冥之後，飄渺在東天，非命運天註定，凡境不知修，功名利祿轉眼間，幽冥報到時，還怨幽冥無告知。

仙佛聖賢諄諄教誨，紅塵自恃學歷高，智慧勝聖賢，財富權勢前世福德造，福德享盡後世苦，何不用今世福德造後世功德，今世修行東天登錄，勸爾細思量，前因後果自在心。苦苦勸說不聽，黑白無常真到時，悔時已晚。

東天預告信已借《中天天堂遊記》送達，仙籍登錄智慧開，中天法門實修當下時。

【文後筆記】

一、地球行儀軌道合其序，也和自轉磁場日照偏移的角度有關，使地球平衡、穩定、不搖不晃，屬於東天之任務。

二、中天系統的東天是公務機構，西天類同的機構是教內機構。

三、九大行星系無極玉皇上帝大天尊，其所屬九大行星系無極東天青華帝君，青華帝君統領三部十二大天君，有正敕封百萬果位，護衛二萬，舉凡地球上之生魂、覺魂、靈魂都涵蓋在內，人類、動物、植物、細菌類，加起來數目非常龐大，工作量非常繁重。

四、實際實修，一步一腳印，心無忌憚，就無恐慌，就會遠離巔倒夢想。

五、九大行星系無極東天，為九大行星系無極之始。

六、九大行星系之中天系統，是公務之系統，所有宗教之持東天之名，最後也必須進入九大行星系無極東天公務系統。

七、不要誤認只要進入宗教就已經脫離了幽冥，如無確實修道，還在中天之幽冥中。

八、行善助人在福德組，只有助印善書，有助人修道之功，被列在功德組中，要累積一定數額才會被呈報至無極東天的新生組。

九、功德組會以靈能的標準做為上呈的依據，而不是以人的標準做為依據，所以自修的人往往以為自己修到什麼無上法，有時胡亂一通，誤人也誤己。

十、無極東天青華帝君說：幽冥福德組和功德組是如何分別！

十一、各組確立後，報入無極東天新生組，有何意義？

十二、修道會直接改進其命及運。

十三、東天、南天、北天，都直屬於中天的公務機構，各有所司，幽冥亦直屬於中天之管轄。

十四、無關乎修道的不要浪費太多時間，而荒廢應該追求的禪道；若追求一些無用的東西，到最後還是一無成就。

十五、因受後天五行所制及因果牽連，如五行所限較少，聰明度較高，受限較高，聰明度就會降低。

十六、無極東天最出名的一種靈果長生果。

十七、蟠桃對有凡身的凡界人或仙神界都會有一定的效果，長生果只對法界靈體的提升有效而已，對凡人之提升一點效果都沒有。

十八、無無極至尊玉皇上帝大天尊敕封的果位，會有三種情形，長生果對進階加級是有極大的功能的。

十九、無極東天宇宙間共有四十八處，而附屬在無極東天的只有三處有長生殿，而中天精靈所也是宇宙間共有三處，九大行星系是最幸運的，只有九大行星系同時擁有中天精靈所與長生殿。

二十、往生後有福到長生殿受加持者，都是在世時福德或功德的優秀者，沒有福德或功德就無緣到長生殿來。

二十一、真修實學在中天，福德功德長生殿，上得東天加果位，靈動法門世間揚。

二十二、無極東天添補的大部分是功德的部分，在財施的部分，助印經書是比較特殊的，它是算在福德之內，但往往卻轉變成功德而成定局的。

二十三、無極東天長生殿，戒備為何如此森嚴？

二十四、九大行星系的防衛組合足夠消滅百萬雄兵。

二十五、長生果真的有那麼好的效應嗎？為何受到如此特別重視。

二十六、金黃色是提升太極一級的能量，黑色是提升皇極一級的能量，一次最多可提升三級，不論是太極或皇極都只有三級。

二十七 聽說生儀組有所謂的本命花樹，真的有嗎？

二十八、如果你在幽冥探花樹，也就是說你的紀錄還在幽冥中，將來往生會落於幽冥，如果有修道或福德或功德由幽冥轉籍到無極東天來，你的紀錄就會由幽冥轉到無極東天來，幽冥就會除籍，除了到幽冥探花叢，就是到無極東天來探本命花樹。

第十六章 中天無無極觀世音佛祖

是夜，朦朧之中，靈性甦醒，原是秘史帶訊前來。

秘史：法師，今夜和特史有約，訪中天無無極觀世音佛祖。

麒麟：中天無無極觀世音佛祖，聽到佛祖就覺得好偉大！麒麟記得秘史曾經說過，觀世音菩薩是南方之雄，非中天之直屬，怎麼觀世音菩薩是南方之雄，觀世音佛祖卻在中天無無極呢？

秘史：聽　中天無無極雷祖大天尊說過，在遠古的時候，當初四十九個智慧星系之西天普濟工作做得不是很順利，也常有招募不到適合的神職，斷層常常發生！又加上智慧星球有世代輪迴的現象，常有黑暗時期和文明時代的交替，所以輔導與助道勢在必行。　中天無無極至尊玉皇上帝大天尊命觀世音佛祖成立宇宙的輔導與助道團體，稱為中天無無極觀世音佛祖助道團隊，以輔助各宗教或修行者的信心建立。中天無無極觀世音佛祖接受任務後，開始招募神職，在中天無無極成立總部，在四十九個星系中成立助道隊，以中天無無極觀世音佛祖為本尊，分靈至四十九個智慧星系為觀世音菩薩，所謂的分身千百萬。所以觀世音佛祖或觀世音菩薩都不是單一神祇，而是以團隊的組織而存在的。

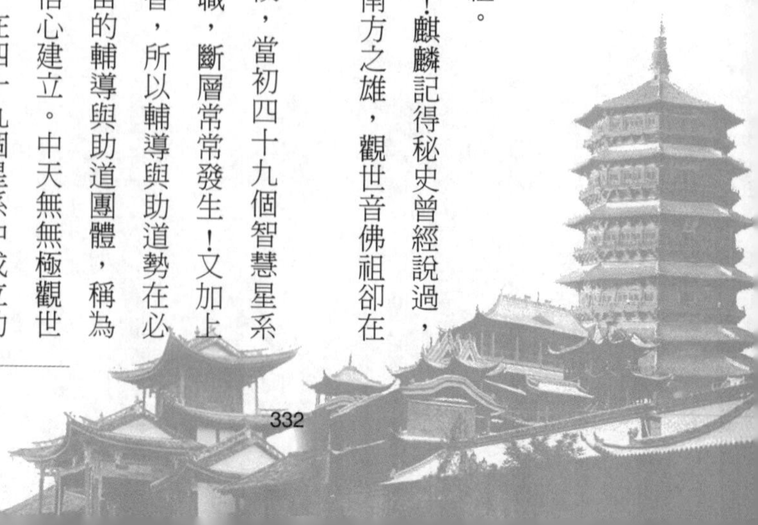

麒麟：秘史這麼說，觀世音團隊並非在中天或西天的體制內，它是一個比較特殊的助道單位，直接對　中天無無極至尊玉皇上帝大天尊負責，是不是這樣！那為什麼又稱為南方之雄呢？

秘史：法師所說無誤，它非中天或西天的直屬單位，四十九個星系的觀世音菩薩要對中天無無極觀世音佛祖負責。中天無無極觀世音佛祖要對　中天無無極至尊玉皇上帝大天尊負責。四十九個星系的觀世音菩薩對自己星系內有緣的宗教，或禪修者，或信奉者有助道與顯化的功能，來日中天法門有禪修的部門，觀世音菩薩亦對中天法門有助道的機緣，也有助中天法門之顯化神蹟，為什麼稱為「南方之雄」？這是你們九大行星系地球宗教對九大行星系觀世音菩薩發源地之稱呼，四十九個星系各有不同的名稱，但相同的都稱呼觀世音菩薩。在九大行星系，觀世音菩薩不在西天境內，它在西天的南方，自然而然稱為「南方之雄」。因為位差的關係，有的宗教卻稱呼觀世音菩薩位居北極，這是以自我為中心的地理方位稱呼法。

麒麟：地球自古以來，對觀世音菩薩都沒有很好的註解，宗教中也未能說的很清楚，甚至擬人化，而宗教自己也不分辯，只知是助道仙佛，事實上，觀世音菩薩卻不專屬在某一個宗教內，以麒麟所知，有禪修內修或信奉者較能接受觀世音菩薩的助道，為什麼呢？

秘史：我對觀世音菩薩所下的解釋，大概你這樣就可明白。觀世音菩薩不專屬哪個宗教團體，觀世音菩薩團隊是助道團隊，不是主修道，所以是助緣修道，而非直接傳道，也非直接修道，慈航普渡是助緣，使法輪常轉，護衛眾生，聞聲救苦，救苦救難，所以常有神蹟的顯現，有「家家觀世音，戶戶觀世音」的美喻。

麒麟：幾千百億年以來，觀世音菩薩已經是俱足的菩薩，福德、功德、智慧，深廣無邊，中天法門應效法精進自利利他的菩薩道，上供無無極聖道，下化芸芸眾生，慈悲救世法，正念正覺無上道。「觀世音」顯化滿人間，自古至今都有其神跡，三十三身示現，以千手千眼觀世音、香山會上觀世音、天竺靈山觀世音、普陀山上觀世音、朝雲洞裡觀世音、南海岸上觀世音、北海河頭觀世音、座蓮送子觀世音、風波浪上觀世音、本草靈山觀世音、花化魚藍觀世音、白衣素頭觀世音、紫竹林中觀世音、增福明王觀世音、三十六願觀世音、層層焰焰觀世音最為聞名。

秘史：法師你所說的都是九大行星系的顯化，其實四十九星系中「觀世音」聖跡不勝枚舉，「觀世音」助道顯化，修道還是要在中天法門中。今天我們拜訪的不是觀世音菩薩，而是觀世音佛祖，團體的主神，在無無極大羅天之金宮，我們啟程，特史已在等待。

和特史越過一線天，朝無無極中天之大羅金宮而來。

麒麟：特史今日胄甲閃爍，容光而煥發，金剛之體不同凡響，道業更是精進。

特史：法師，是的。今日訪觀世音佛祖，特別的崇敬，因吾在紅塵之時，亦受觀世音菩薩之助而成就道業，溯及本源，觀世音佛祖亦是吾道業之師。

麒麟：特史的功業如此高，幾千萬年的基業還受觀世音佛祖之恩澤；觀世音佛祖亦是超級古佛。

特史：法師說的好，寰宇已千百億年，吾區區幾千萬年的基業，微不足道，中天無無極團隊亦是千百億古佛，永不退轉的境地，你們九大行星系還算是新星系呢！

麒麟：中天無無極團隊，千百億古佛，千百億時光，不可思議，麒麟就如宇宙中的微塵之渺小，難窺其宇宙玄奧千百億分之一，蹉跎歲月，人生如馬之過隙，迷痴有盡期，鴻宇幽幽。

特史：除了超級主宰級較不易更換外，一般主管或將星都是新生代居多，古佛或進入無無極團隊者不再管事或帶任務，一代一代的接替，新生代是未來的將星。就如你們今日的成就，輪換更替，將來你們也會身居要職，不要小看小小的中天法門，培育出未來的將星主管，維繫宇宙運行，重責大任在你們身上，今日不做，將來無法維繫未來的傳承。

麒麟：特史解說，麒麟明白。今在中天法門修道，因而得證果位，將來任用要職，等原靈壽命剩三分之一，就會進入無無極團隊的永恆之生，這是中天法門特別的方式，先得證果位，經果位歷練後再進入無無極團隊。

金黃色光芒閃耀，雲煙覆地，朵朵白蓮、黃蓮、紅蓮，寺前環繞，乃靈流所化，潔白純淨，無一絲塵埃，毫光瑞氣，心曠神怡，有點像道教的寺廟建築，層層疊疊的屋頂，雄壯威武，透明的水晶石，透著金黃色光芒，柔和、溫暖的感覺，純白色的水晶石為地磚，色彩柔和，前牌樓嵌著中天無無極觀世音禪寺。守將帶領進入主殿，大門匾額寫著智光寶殿，大殿挑高，感受那份人在其中的渺小，和特史參拜　觀世音佛祖。佛祖慈顏悅色，著官帽官服男相約五十歲左右，和印象中的觀世音女相，完全不協調，出乎預料，打破印象中的形態。

觀世音佛祖：特史、法師免禮，今日很高興你們的駕臨，仙子奉茶。

麒麟：感激賜仙茶，今日有緣得見佛祖，三生有幸，只感疑惑？為何觀世音佛祖和印象中之觀世音菩薩形象完全不同呢？

觀世音佛祖：法師，你問此問題，可從頭簡單的答覆。昔日，吾以千萬年的根基，進駐中天無無極金宮，適逢四十九星系之宗教有衰微之弊，無法順利為循環舉才。 無無極至尊玉皇上帝大天尊聖令成立「中天助道團隊」，雖無無極團隊有千百億個古佛，但已進入永恆之生！只得在數萬個中天大羅金宮之內挑選，經 無無極雷祖之舉薦。由吾組團隊以輔助四十九星系之宗教內修或信奉信徒，經 無無極至尊玉皇上帝大天尊之敕命，吾領命在中天無無極大羅金宮成立中天助道團隊總部，招兵買馬，在四十九星系成立觀世音菩薩助道團隊分部，日月如梭，這已是千百億年前的事了。

麒麟：如此說來佛祖已千百億歲了，那四十九星系的觀世音菩薩是否也是千百億歲了。

觀世音佛祖：為助道之主神，很難辭官而去，吾雖未具有正式官位，吾這身官服官帽是大羅金宮時的官階，吾確為千百億歲了；但四十九星系之「觀世音菩薩」之任命，我們從不耽誤人家的未來，大部分時機到就會入「無無極團隊」。所以四十九星系中之「觀世音菩薩團隊」主神都是新生的一代，年約千萬年至二千萬年之間，所以各星系的顯化由各星系之分靈去執行助道任務。

麒麟：各星系之任務為何？

觀世音佛祖：助道團隊以吾無無極中天為首，在四十九星系成立分宮，由各分宮主持分靈助道任務，但戒律不可廢，也不得違反戒律，不得擾亂輪迴之定律！所以各菩薩之分靈是不分有無宗教的團體，只要是內修或信奉者，凡持觀世音之名諱，都是吾助道之對象。

麒麟：佛祖所言和秘史、特史所言類似雷同，今日之訪足證觀世音團隊助道之風範。

觀世音佛祖：因果循環、輪迴是宇宙的傳承命脈，所以有天上地下唯道獨尊之說法，凡世間之功名利祿，如電光之幻滅，唯有澈悟自性，依道依法修行，能量為本源佛性，果位之依持，修真才能還原，修真為證果位，還虛為無無極團隊，如單憑人身之數十寒暑，苦修苦練難達修真之境。吾團助道，使汝找到真傳明師，配合天機的顯現，助緣明覺路為首，聞聲救苦為次。

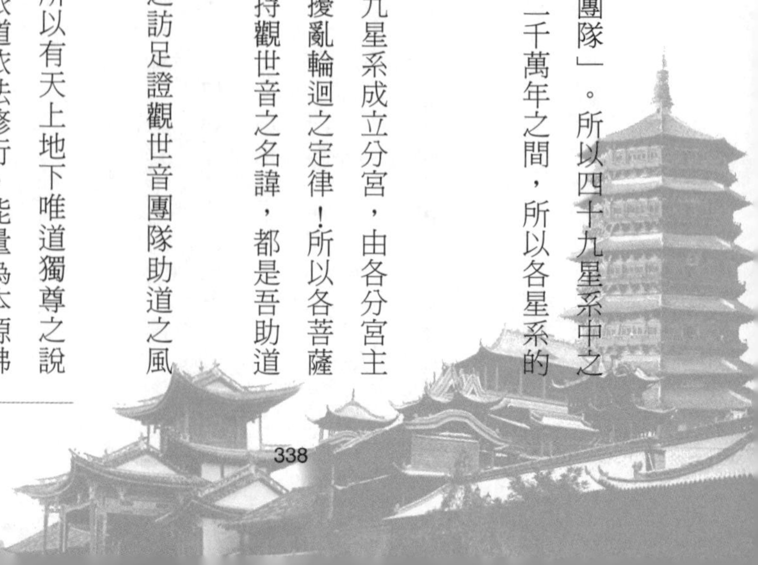

麒麟：凡人迷昧，認假作真，紅塵不知其苦，人老猶知何去何從，暮然回首，猶豫人生苦短，一夢歸陰，才知有明覺之路，成聖成仙之道。真性真法難聞，先入為主棄聖道如敝屣。入寶山而空手回。

觀世音佛祖：得大天命才是正法，天命謂之性，中天之法，得悟天心，無極雷部護持，眾諸天神聖，大發慈悲，救苦救難，大我精神俱在，自利利他，菩薩道精神，妙道麒麟傳，性命雙修證無極。

麒麟：感謝佛祖之讚譽，麒麟自當努力，使知凡聖之區別，生死大事，非同小可，中天禪修無為法，精進以達正等正覺，須知一切有為法，如夢幻泡影，如露亦如電，吟經唱號難渡自性，善行福德後世福報，唯有中天無為禪修加功德是為果位證。

觀世音佛祖：法界有天堂、幽冥之分別，凡間也有天堂、地獄是繫於眾生心念間，唯心造作，慈悲究竟平等，即心即佛，即心即眾生，一念間之善惡，空性純靈，砥礪磨練人間行，自性靈光能量，覺悟聖人該有的靈能是為佛境，唯中天之法，法宇宙循環之道，是為無為之始，為法界果位認定之上乘。

麒麟：吾中天之法，承　無無極至尊玉皇上帝大天尊與　無無極雷祖大天尊之聖法，承先而啟後，能量俱足，無量光輝。今又體觀世音菩薩之甘露法水，大我之菩薩行，有感必應，大慈大悲，使凡界感知紅塵憂苦，今日之行，憂吾修行修道之原子，最大之困擾，冤親債主之現前，憂苦身心，常疲於奔命，有礙於修道。

觀世音佛祖：人生之寄予紅塵，為名為利權謀，兢兢業業不得歇心，追求現實物質，戀棧不捨，自甘廢寢忘食，人相我相常執，往往以自己利益為中心，造作悠悠罪愆，榮華富貴，認凡間假相為真，假體以真之對待，故不得超脫，形成因果的牽絆，以此心有因緣際遇，就形成冤親債主，冤親債主淺顯的解釋為冤與親所形成的債物主的關係，冤與親是相對的，是相反的，心情不好就會生起怨恨之心，容易變成冤！所以冤者，是因心理上不平衡所形成的一種憎恨心，有時無關對或錯，對或錯都會形成怨氣，是執著心所致，只要自認受屈受辱，不論事情是非曲直，意識起，冤就會形成，不一定殺人放火或造成極大的冤屈冤枉才叫做冤。至於親，涵蓋更廣泛，天地君親師，直系旁系血親，夫妻，朋友，有情眾生之親，無情眾生之親，有因緣就有親，只要認為是善意的就是親，所以冤親債主中，很多來自於過分的關切所形成的，無法忘卻三輪體空者，亦不在少數，其實很多這種冤親是可以避免的，由於這種冤與親所形成的債務關係，經過時空的轉換，就會形成唸唸不忘的念力追索，也產生感應念力所形成之障礙。

麒麟：冤的債主是可以體會，親的叫做債主好像不合人間的情理。

觀世音佛祖：禮之合乎於中庸，過與不及都是有偏差，施和受之心境過於執著都是不好的！既然施惠於人，就不能常執於心，也不能執心於回報，要忘卻所施之情和物，不起反悔之心；受者亦如是，不起貪念，常望人施，也不能有強烈回報之心，自立更生就要忘卻受濟助之心念。所以施與受都必須回復到平常心，有一方執著，就會起心念，心念一起就會進入潛在深層的意識，產生惡緣，致招不良事物。

麒麟：冤親債主，唸經迴向是否有其效果呢？

觀世音佛祖：高級法界是不使用你們凡界的言語，更何況經典是凡人之創作，非法界之產物。如果唸經迴向有妙效的話，凡間的冤親債主就不存在了。事實上，會執著的冤親都屬於較低層次的靈，初期誦經對三輪體空之善靈具有感召作用，這些善靈本性本純善，只是執情，執物執景，如能放下，輕微冤的債主或三輪體空所產生親的債主就會減輕或離去，但深執者或不願放下者，就不是迴向可以改善的。

麒麟：佛祖所說，麒麟明白。意思就是說：善意或親情或輕微冤恨的債主會因為聽了經典而反省，會覺得不該干擾到凡境的有情眾生，所以就會回歸於原籍。所以初期的迴向是能使善意或親情或輕微冤恨的債主離去，好像有一點迴向的效果，其實這些並不會真正產生障礙，只是有覺得減輕了，初期過後，迴向就不再有效果了！因為剩下的是深層或執著的冤親債主，他們要的是真正的功德，不是具名的迴向或唸經的迴向可以達成的。

觀世音佛祖：法師所言極是。真正的功德是具有提升果位的功德，這些提升果位的功德是無法私下授予的。所以不論唸經迴向或指名的迴向都是沒效的！唸經非真正的功德，自然迴向是無效的。鋪橋造路，造福人群之十善財施是福德的表徵，真正的功德建立於法施普渡或為有益於法施之助印善書之上，但雖然擁有了真正的功德，很多人卻不知如何迴向給冤親債主！就如你欠債主百萬元，如今你已富有千萬的身價，不是你不還債，而是不知如何還給債主，而債主卻天天上門催討，這是凡界不明白法界所造成的，提升果位功德之轉贈與債主，是必須經過公務機構的核准的，私下授予，公務機構是不認同的，自屬無效！所以雖身擁有提升果位之功德卻不能還給冤親債主，法師你知道是哪個公務機構辦理轉贈迴向嗎？

麒麟：無極北天有掌生靈生儀，劫厄之消藏，自然是無極北天的任務。

觀世音佛祖：法師凡前是無無極中天之雷部巡查官，麒麟金宮總管阿音亦是巡查官之助理，巡查官是無無極中天掌理四十九個智慧星系的無極北天劫厄消藏任務。四十九個星系有四十九個無極北天，四十九個無極北天是各星系的地域消藏之公務機構；

四十九個無極北天統一由一個中天的巡查官巡查，是屬中天之中央機構，巡查官直接對無無極雷祖負責的，所以掌管四十九星系無極北天責任，是非常艱巨的任務。法師凡前任命巡查官，對北天任務應知悉。

麒麟：凡前事，不記得！阿音有提及，沒有詳細的去了解。

觀世音佛祖：法師！你凡前吾很清楚，畢竟吾也算是古佛級的主宰，無無極中天掌無極北天之巡查官是個很大的單位，是個武將的團體。你本得道，內功建誌很高，任職無無極中天掌無極北天之事務員，後因長官進入無無極團隊，世代交替。你和當時的巡查官吉泰帝君很投緣，執行任務很認真，很得吉泰帝君的信任，感情很好，故而升任為助理，成為吉泰帝君的左右手，吉泰帝君也將獨門內功心法傳授給你。因公務的關係，吉泰帝君常常帶你謁見　無無極雷祖，因你作風特殊，腦筋轉換也快，領悟很得時，很得　無無極雷祖的賞識！如此過了很久的時日，後因吉泰帝君要進入無無極團隊，你護送他去，在無無極團隊接待室和一超級古佛投緣，此一超級古佛亦是吾的祖師級前輩，和　無無極至尊玉皇上帝大天尊很有淵源，身分非常特殊，也因此結下不解之緣。你沒事也常往接待室跑，感情日深，後來他讓你帶一封信給　無無極雷祖，因緣會聚，　無無極雷祖才會破例收你為徒，也因你而破例，後來你才會有十二位師兄弟。你的心法承

接於　無無極雷祖，有一部分高階的心法源自於這位超級古佛，吉泰帝君升至無無極團隊，你承接無無極中天掌無極北天巡查官，接受　無無極至尊玉皇上帝大天尊的敕封。你雖已升任至這大單位的主管，有一段非常長的時間，你還是維持你原先執法的風格，還是會親自出巡，沒有任用助理，代表你的負責態度，雖然手下大將很多，重要任務你卻會親自執行，使手下大將信服的，總以身做準則，後因阿音的出現，才任命阿音為助理，這是你凡前為巡查官的過程。

麒麟：這些有一部分我是知道的，也感恩佛祖的指點，今日凡人身，凡前事已經不重要了，重要的是我今能夠修到多高的層次，我只知道，修道人必須先具有能量與功德，先減輕冤親債主之因果債，由無極北天去劫厄消藏，不減前業，冤親債主會怕要不到，時時追討，是為修道障礙。是故真修實練者，必先具備有能量與功德，依無極北天之律，減低前債之羈絆，而不是帶業修行。很多依靠神威者，並無從內修著手，冤親債主顯現是當然，依賴神威越高，債台越高，是不明無極北天之劫厄消藏。也勿抱持功德而不理會冤親債主，任由冤親債主心念之怨持，或不從能量與功德入手，一無能量與功德的方式修行，完全依賴神威而不自我提升，用甚麼能量與功德來撫平冤親債主，無極北天也愛莫能助。

觀世音佛祖：法師既明白此理即可，觀世音之聞聲救苦，亦是顯化助道，提醒修道，而非不管因果，隨意插手管紅塵之苦難。有請火陽星系之觀世音菩薩主神，帶領你們參觀中天觀世音甘露寺，為何不請你們九大行星系觀世音菩薩主神帶你們去，是非之防患。

麒麟：弟子有個請求，請佛祖應允，中天弟子們感恩不盡。

觀世音佛祖：法師之請求，希望九大行星系觀世音菩薩秉持助道與五教之精神，也一樣助道與中天法門，這點吾會交代九大行星系觀世音菩薩特別關愛，同是中天之系統，請法師放心。

此時火陽星系觀世音菩薩前來，向佛祖頂禮、特史行禮，特史也和菩薩參禮回禮。火陽星系觀世音菩薩和九大行星系之滴水觀音像極了，年經貌美全身雪白衣飾，聲音柔和甜美，神聖莊嚴。

我們一同向觀世音佛祖辭駕之後，往北而行；麒麟心想：甘露寺應該是非常莊嚴的宮殿才對。念力飛行卻在花崗岩的山區，高山峻嶺，全是花崗岩，沒有其他石種，非常壯觀，遠望有金黃色的極光，依地形成半弧形，我們往極光的方向前進，如果沒猜錯，應該是極光處，慢慢接近中，非常闊半球型的光體，好像一個球埋一半在土中一樣，球型很大約有直徑三百里左右，很光滑，一體成型，是金黃色的石英，半透明，透出金黃色的光芒，是個光體，就如半球石英，矗立在花崗岩石群中，半球石英前端有一平台，平台是平坦的花崗石，約有一里長，平台之側邊，左右各有一八卦形的涼亭，涼亭有十數人，很悠閒，我們停在入口處的地方，入口處無門，金黃色煙霧迷漫，無任何招牌或標示，有四個守將。

麒麟：中天甘露寺，打破傳統，和凡間的球型體育場很像，只差有強烈的金黃色毫光而已，都沒有匾額，怎麼知道是甘露寺，為什麼叫甘露寺呢？

觀世音菩薩：這甘露寺在無無極天頗負聖名，無無極界真仙沒有不知道甘露寺的，因為有甘露泉，是無無極界休閒勝地，就如你們凡間的溫泉旅館，本來主產物是甘露法水，是水霧之精，產量極少，是高能量的水精子，就如這淨瓶內裝的就是甘露法水，因甘露泉及甘露法水是名為甘露寺。

麒麟：這淨瓶不算小，裝有半斤水應該沒有問題的，為什麼這淨瓶會這麼重，搖一搖沒有水聲，怎麼也倒不出來，是空的嗎？

觀世音菩薩：我們邊說邊進入好了，這淨瓶是高密度聚合水晶，約有十斤重，內有甘露法水也只有幾滴而已，也是高密度水凝膠，非常珍貴！也只有高密度聚合水晶才能裝高密度的甘露法水，用普通容器，不用多久，甘露法水會滲漏出容器之外，因為甘露法水是高能量的凝膠，不易流動，必使用內力，才能使法水緩慢的滴出，所以你看使用甘露法水都是一滴一滴而已，不可能像水一樣，一倒就全部出來，有時配合楊柳枝葉使用，內力很容易透徹，用楊柳枝葉灑法水也很適宜，就會如水之柔軟。

我們已穿過煙霧彌漫的區域，裡面別有洞天，就如野外山區一樣，不是一片平坦而是蜿蜒的小道一區有一景，屋頂也不平整，就如半圓山洞中，金黃色的光芒感覺很溫馨溫暖，雖雜亂的石英，心情卻很平順，無一絲之厭煩，往返的仙真很多，個個都感能量充足，見面都頷首示禮，都有回禮，很善意，有世外桃源之感。

觀世音菩薩：這已經在中天甘露寺之內，有層薄薄的霧，這是甘露泉彌漫出來的，薄薄的霧擴散整個甘露寺，使寺內空間充滿磁場能量，輕鬆、自在、心曠神怡，所以很多仙佛當成任務外之休閒勝地，這寺不算大，我們可慢速的念力飛行。

麒麟：敢問老問題，同一問題問不同仙佛會有不一樣的回答，因觀世音菩薩之助道，遍及整個法界與四十九星系，凡間亦有其足跡，是範圍空間最寬廣的仙佛，觀想、感覺會有所不同，常看經典的記述，仙佛界都是奇花異卉，發光的奇鳥異獸，點綴的美侖美奐，人間幻想的仙境，使人嚮往，為什麼無無極中天甘露寺，這麼神聖的佛境，除了高能量的奇石珍礦外，好像沒有經典上說的植物花鳥的襯托美景的傳神？

觀世音菩薩：是個故意問的老問題。凡界、皇極、太極、無極、無無極、法師都經歷過，哪有不知情，觀世音菩薩團體也因助道而遍法界，植物花鳥凡間處處有，皇極就會減少，太極就極少了，無極與無無極，生魂與覺魂都無此層次，不可能單獨存在。所以無極與無無極界，真實的境界，除了仙佛外就剩下高能量岩石之顯像，不會有植物花鳥，有的話全是虛擬的化境，不是真正的法界實景，所以你現在看到的才是真正的高級法界，非虛幻。不執以虛，不執以幻是禪修真境，六識意識是因觸塵，因時空而延伸，創造意境，禪之無量意識禪境，高級禪境，高能量岩石禪境。我們先到主泉區，會很擁擠，如果沒空位體驗，此次來就當作來此郊遊吧！

漸漸進入，霧氣濃度愈來愈重，金黃色的光芒因霧氣關係，只剩下半透明狀顏色，看的距離因高能量霧氣阻隔，只能看幾尺遠而已，所以速度放到非常慢，以免撞上岩石或和仙佛對撞，快到主泉了，伸手不見五指，進入主泉區，忽然光亮，霧氣不見了，回頭看區外，還是濃厚的霧茫茫，主泉很像一線天之磁力線切割，只是擴展的磁力線是由天而降，如一圓筒型，約有三百米直徑，金黃色的磁力線就如下雨般，只是如雨卻沒有水，整個區域都是磁力線，彌漫的霧氣是因如雨之磁力撞擊地面所揚起的霧氣，為什麼如雨區是很清澈，揚起的會變霧氣，不清楚原因。主泉區，沒有一點霧氣，金黃色光芒很耀眼，感覺非常舒暢，一排排的水晶座椅非常整齊，一椅兩座位的長水晶椅，好像一大型的露天表演廣場，每個座位坐無虛席，只剩中央區幾個座位是空的，有二位守將佇立，仙佛們都以靜坐之姿閉目養神，金黃色的甘露泉光芒直接穿透仙佛之體，射穿後照射在水晶椅上，由水晶椅再反映到仙佛的仙體上，仙體變成一個反光體，閃閃發光，變成透明狀的光體。

觀世音菩薩：仙體的光亮度，透明度，無瑕疵度，愈深的金黃色毫光顏色，可以判定此仙佛的層次與境界與本身擁有能量的大小，此時之仙佛們，表情是愉悅、滿足、舒適的。

麒麟：甘露泉如日光浴，補充能量身心舒適，仙佛們不怕自己的層次能量都被看光了嗎？

觀世音菩薩：現實的凡間，因我執、人執所產生的相對觀點與比較的心態，怕別人比我好，怕別人比我層次高，如果這樣的心境，可以促使人更努力更精進，未嘗不是一件好事，但這種心態用於忌妒、憎恨，甚至反叛、暴力的行為，終至未來形成冤親債主，因果的循環，造作無邊的罪孽，是自心而來的原罪。在法界而言：放下我執我念，一切歸賦自然，自然了於心胸，坦蕩而無私，就沒有法師您講的情形。

麒麟：甘露泉如雨下，為何穿透仙體後，致水晶椅上反射入仙體，使仙體更透明光亮，是原來甘露泉金黃色光芒的三倍以上，尤其頭部光環光芒更顯著光亮，為何會如此？

觀世音菩薩：為何叫甘露泉？自有其定義。無無極中天甘露寺之甘露泉是使仙佛之原有甘露水發揮至極點，更淋漓盡致。

麒麟：何謂原有甘露水呢？

觀世音菩薩：「原有甘露水」意思是，以凡體修真，都稱為借假修真，對凡體而言，有二種定義：

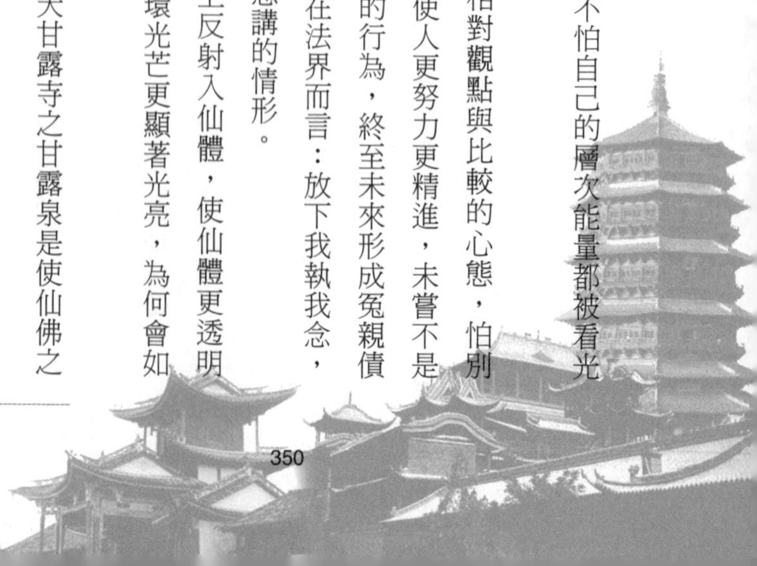

一、為後天之「原有甘露水」，以真精之封固，煉精而化氣，坎水逆流為金液大環丹，是名小藥或自家水，自古仙道之家視採小藥為無上密訣，不輕易傳授，以免所傳非人而遭天譴，小藥來自於自己之肉身的煉化，大藥來自於天地虛無之氣，來自身外之靈氣，改人身之假體，替換成為仙體之身，是謂借假而修真，改造人體之基礎工程。

二、為先天「原有甘露水」，為當今之中天法門之甘露水，來自先天能量之煉化，其秘訣法師應該最為清楚。

後天「原有甘露水」因水晶石之返流而使仙體通透光亮，而先天之「原有甘露水」也因水晶石之返流使金黃色光芒在頭部，卓然發光，所以有修先天原有甘露水，頭部光芒是仙體的好幾倍，而成為光環，但凡間人修道為何不能達到入聖成佛，最主要只修後天「原有甘露水」，所以最多只達凡體轉換為仙體之全身冷光，頭部的光環就成為成聖成佛的專利了，這裡的仙佛頭部有光環，因為這個部分只有先天仙佛才有修這個法。所以現在你看到在這裡禪修的仙佛們，可以一目了然，頭部有光環的大部分有修過中天之先天甘露法水法，只有全身泛光而無光環者，就是只修後天甘露法水法，很好分辨。

麒麟：這種先天光環的修法，好像凡間聖人都沒人教過，這種光環是仙佛層次、能量高低、境界的代表，那麼好的法，為何人間不傳？

觀世音菩薩：法師，不是人間不傳，因為這是中天先天之法，不屬於西天之法內，只有中天法門是正法可傳，不屬於他們法門內，自然無權力可傳法，因為中天法門還未出現在九大行星系之地球，將來中天法門來到地球，這個法就是中天法門高級禪修法之一。

麒麟：我看過很多宗教的神像或畫像也都有光環，應該不是中天所獨有的吧！

觀世音菩薩：法師，中天是公務機關，中天之法，每個仙佛都可學習，並不限是中天神祇，但可學，卻不能將中天之法在凡間授法，所以你看有光環的神像都有學過中天之法，或是中天觀世音團體，不然就是本身就是中天神祇，西天有一部分仙佛也透過觀世音菩薩而修此法，所以觀世音菩薩在各教中佔有極重要的地位，也是這個原因。

麒麟：中天無無極甘露寺變成眾仙佛的檢驗所了，可以一目了然眾仙佛的層次，被看光了還很高興到此淋受甘露泉呢？

觀世音菩薩：仙佛我執之觀念弱，不會計較層次之高低，修道是快樂行，寓教於樂，是故喜歡到此，這必須經過申請核准的，不是高興來就來！雖然他們都是仙佛，修行修道亦有盲點與極限，在此清澈地，舒服輕鬆的檢驗自己的缺失或盲點，可以很容易看清自己的缺失在哪裡，沒有甘露泉，永遠無法自己看清自己，又能補充能量，豁然開

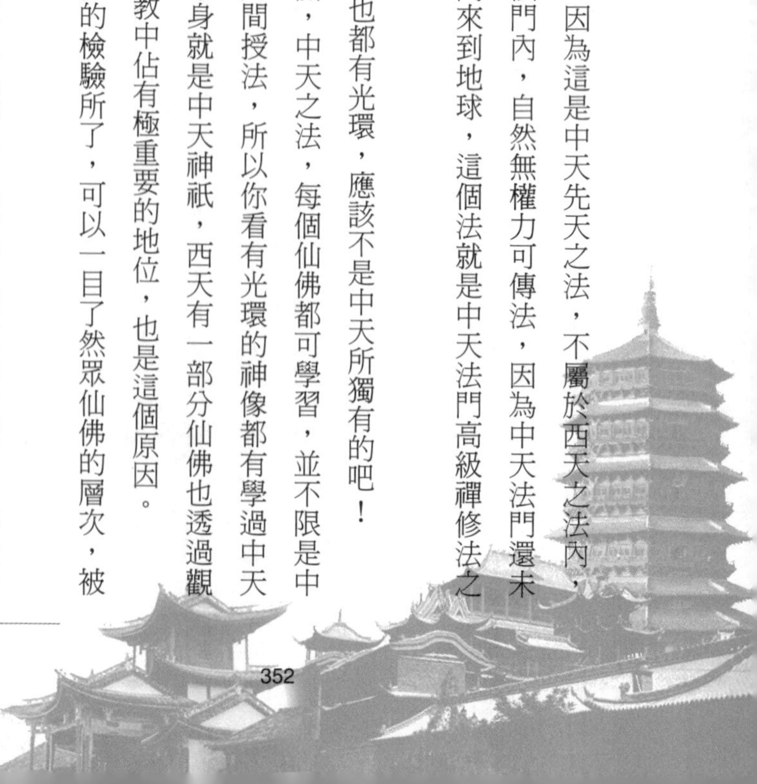

通，在甘露寺因而進道上升的不計其數，精益求精的數都數不完，所以有修行修道在凡間，精益求精在甘露寺的美稱。

麒麟：中天機制真的體貼入微，　無無極至尊玉皇上帝大天尊真正慈悲，對宇宙生靈照顧無微不至，安排觀世音團隊助道團隊普渡於凡間，東天登錄，幽冥除籍，北天補救措施，劫厄消藏，冤親債主之功德轉載，功果成就，中天精靈所之果位鍛鍊，成就於各天之神職，不斷的能量提升，更進甘露寺調整靈壓，符合四條件後進入無無極團隊，逆轉時空，永恆之生。

觀世音菩薩：凡境迷茫數十秋，緣起緣滅如圓周，修身修性與修命，能量功德今生定，一生修行，一生果位定，唯有中天法，這需要多大願力與法函承擔；你想想，要幾百世的銜接修行才能得到的成就，能縮短至一世就成就，這需要多高的心靈改造，修行修道如無徹悟自性，無上法也要配合更圓融的修道風範，無上法滲入自性中，漸使自性通達而至究竟，如固執在我執當中，不能豁然開朗，自覺將不顯現，我還是我，我心修道人在何方？

麒麟：神通不等於自覺，自覺必定有神通，心之歸附予中天，道心自性解脫在中天。如身在中天，心在凡間，不思進道上升，還是凡人身，凡人心，還是無法悟入超脫凡境，所以無上法要配合無上道。

觀世音菩薩：談心談性總是詩，也讓法師體會甘露泉。

麒麟：我有此榮幸，和仙佛共用修仙台，不枉此行。除了中央台有空位之外，其他都客滿，雖然客滿，除了我們對話聲之外，萬籟沉寂，我們會不會吵鬧到仙佛的靜修，是否使用中央守將看守之位。

觀世音菩薩：有緣來此禪修之仙佛，層次都很高，稿山崩於前也無動於衷（稿山為火陽星第一高峰），小小講話聲，不會分心，不會影響的。我們是用中央之位，中央有四個位置，特別安排法師今日的到來，因中央之位，比較尊貴，位數又少，常被佔用，所以要守將看守，以免我們到來，人家禪修一半，破壞靜修之規矩，中央之位最平穩，也無紋波，最合適超高級仙佛，也合適凡境之真靈。

我們輕移至中央之位置，守將向觀世音菩薩行禮後，退出中央區，中央之位為黃石水晶椅，單座，四個位置形成相對的十字形。

觀世音菩薩：中央的位置，共有四個位置，法師和特史可以面對而坐，其它二個座

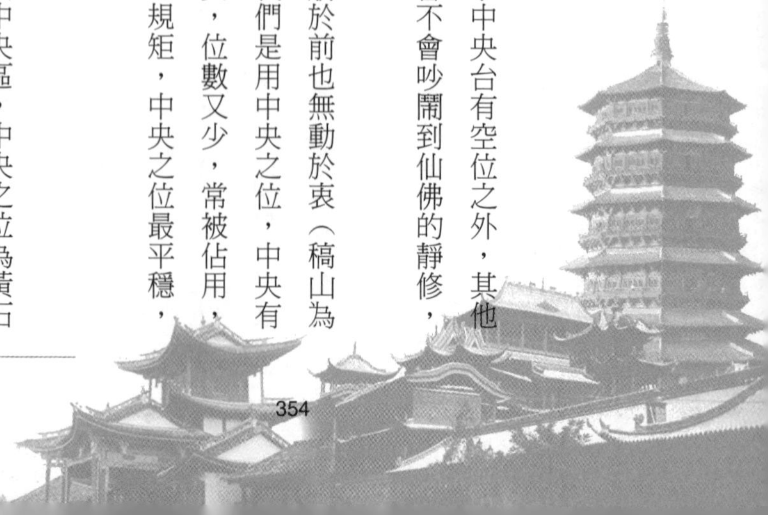

位就讓它空著。

特史：甘露寺吾常來體驗，中央之位還是第一次，異常尊貴。

我們請觀世音菩薩觀護與指導，和特史對面面對落座，這是麒麟第一次在法界領域中打坐，在觀世音菩薩面前，雖然觀世音菩薩是親善柔順，但是在其麒麟自小先入為主觀念中，觀世音菩薩是高居廟堂之上，是神聖崇高，俱足感應神通力，自然心有壓力感，當然觀世音菩薩，洞悉於心思中。

觀世音菩薩：法師！修法修道一切平等，真如自在，為法界之根本，吾雖貴為觀世音菩薩團體成員，因世代交替，還算新生靈的一代，真靈論法，吾還不及你久遠，只是你今凡人身的錯覺。

麒麟：菩薩所言極是，麒麟了然於心，法界凡界之顛倒夢想，非凡界思維能比擬。

閉目靜心，甘露泉目外紛飛，感於全身透徹，微光漸亮，所謂的應無所住而生其心，是為心之所住，甘露泉使全身透明，黃石水晶之反射，見其心之光源如燈，有如金黃色霓虹燈閃耀，是有用法瑕疵，觀世音菩薩之指導與矯正，使之端正如金黃色水晶寶石也。其上座，感於全身散發毫光，足證甘露泉之奇效。

麒麟：原來人修道是如此，無此矯正，難知其道在人身，一生一世修道難悟自性之道，修道百年身，無此機緣，難明道在何方，用人為方式修道，是為人間道，是為人間善道，是為福德，難入法界之門，更無法達於法界功德與果位之標準！甘露泉是為法界異寶，麒麟讚嘆也，也感菩薩指導與糾正，使麒麟更明人之修道為何，感恩於菩薩今日之賜，功德無量。

觀世音菩薩：法師，吾哪來賜法功德，是接　無無極至尊玉皇上帝大天尊玉旨，遵玉旨而行，如無玉旨，吾今改正法師之道，不符合戒律。凡境修道凡人師，只有凡人師可傳凡間之大道，仙佛只是打幫助道，或為提醒修道，只能傳基本之道法或佛法，超出仙佛傳法於凡間之基本權限，是犯共同條約，也就是天條！天律森嚴，仙佛也應自制。

麒麟：凡人傳凡法，那來真仙與大道，仙佛只能傳普遍法，人間有何大道可修，好像不合世間人之邏輯。

觀世音菩薩：法界非凡間，以凡間解，其法都凡法，仙佛不傳人間大道法，以免有礙輪迴之天則，在凡要了解天機，要有大智慧識明師，朦朦茫茫隨世間法而修，最後是一場空！當然凡界思維不能盡善於法界，凡界理論一大堆，如能適用於法界，凡人何需再找真仙大道，還不斷在創造更高更難懂的哲學，這些無助於實修，理論一百分，實修卻是零分，它日法界功果評比，理論不合法界規範，將來會剩下什麼。法師今日之改正，符合法界之能量，適用於法界之評比，是實修之真如也。

此時二名守將又來臨，向菩薩行禮致意，立於側邊。

麒麟：為何守將又來臨，是否意味又有顯要要來臨，怕被佔位，以至於要守將看守？

觀世音菩薩：非也，此中央之位極為重要，是甘露泉的首要之區，亦是通往甘露法水之門戶。

麒麟：是甘露泉通往「甘露法水」之門戶，沒看到門，也沒看到戶，空空蕩蕩如何是門戶？

觀世音菩薩：為何觀世音佛祖要我帶領你們，在火陽星上之觀世音團體，除了主神之外，吾為首席，自然明白中天甘露寺的奧妙。火陽星觀世音主神要有意願才會更替，輔助團體之觀世音是會世代交替的，代代更新新靈。助道新靈大都在道齡五百萬至一千萬年之間，只有一個觀世音主神，其輔助團體之觀世音，輔助主神行使助道之任務，助道之觀世音，其名都會加到觀世音之聖號前，你就知道是何宗教之助道。觀世音菩薩，在中天法門而言：一般都會稱為中天觀世音菩薩，如別的宗教的話也會稱為某某觀世音菩薩，這直稱助道觀世音菩薩之聖號，最易直接感應。

麒麟和特史依照指示方位站立，在十字座位之內，菩薩施法。

靈明神清入玄台，十字關中秘中秘，中字成就不老仙，神龍見首不見尾，旋重下縱入磐石。

眼前萬蝶紛飛，逐漸下沉中，感覺下降入於神土中，因神光護身，微感重壓，忽感金黃色光芒刺眼，已躍入另一時空中。

麒麟：入佛境唯心自招，無門戶之見，透澈而光明，是今日之境，沒門戶而降於聖境中。

經過萬蝶紛飛之後，麒麟、特史、菩薩，已降至甘露泉之地下空間，此空間無門戶可進入，沒有跟隨菩薩是無法進入此境地的。非常強的金黃色光芒，可看清周遭景物，約三里半圓形直徑空間，因是弧形，甘露泉由上而下，整個甘露泉聚焦此境之中心點，有如太陽光經過凸透鏡後聚光在一點一樣，此焦距點如雷射光之光輝，閃亮不可直視，大面積的甘露泉聚在一點，此點必然是無限之能量，此點在金黃色透明之水晶石中，此金黃色水晶石晶瑩剔透約有二米直徑之圓球，圓球下面是一平台，約有十米正方，此圓球是慢速旋轉中，圓球和正方平台只有一點支撐，平台有紋溝，紋溝匯集在台前一小洞中，是讓「甘露水」聚集的一個地方。

人間理論來說，在圓球中心聚集能量，如何在水晶石中轉化成「甘露水」，石中如何移出，是無法想像的，在這密閉的空間，如果以人間解，沒有空氣是一大疑問？此境中地板與圓球壁亦是金黃色水晶石，室中無其他設施，有五位觀世音菩薩在室中，其菩薩造形各不相同，我們一一參禮。

麒麟：這圓球水晶，真的非常漂亮，皎潔而無瑕，「甘露水」從何而來，不會是甘露泉轉化而來的吧，如果是轉化而來，在水晶球中央如何流出來，也沒有看到所謂的「甘露水」。

觀世音菩薩：這是「甘露法水」的內室，除了現任之觀世音菩薩，是不得進入的，今日法師因《中天天堂遊記》之因緣得以進入，是為法緣充滿。這麼寬廣的甘露泉聚焦於水晶石中，此水晶石是奇異之水晶，和其他水晶不同的，它能將甘露泉之能量濃縮為「甘露法水」，其轉化一部分會迴轉，一部分將甘露泉轉化成極高頻率的電壓，和正方平台之小面積接觸形成超高壓甘露電弧，而產生極微量之超高密度之「甘露法水」。

麒麟：菩薩所言，麒麟可以明白，巨大能量經黃石水晶的轉化，傳導至平台，為其催化作用，而化為「甘露法水」。

觀世音菩薩：因產生之法水非常微量，以凡間時間換算，一百年才會形成一滴，所以「甘露法水」，普遍十方，象徵意義大於實質的意義，因密度極高，會如水銀成珠，平台光亮透明，沒有十分注意，看不出法水聚珠在何方。因「甘露法水」之應化，觀世音菩薩又稱為清淨王佛，和法水之淨有極大的關連。觀者、看也，一切可觀想到的視頻皆清淨。世者、意也，無盡無意，一切意也，所有知覺，意覺，識覺，觸覺皆清淨。音也、能通行者之萬音也，萬籟之音，低頻及超高音頻皆清淨，觀世音為助道妙法之總稱

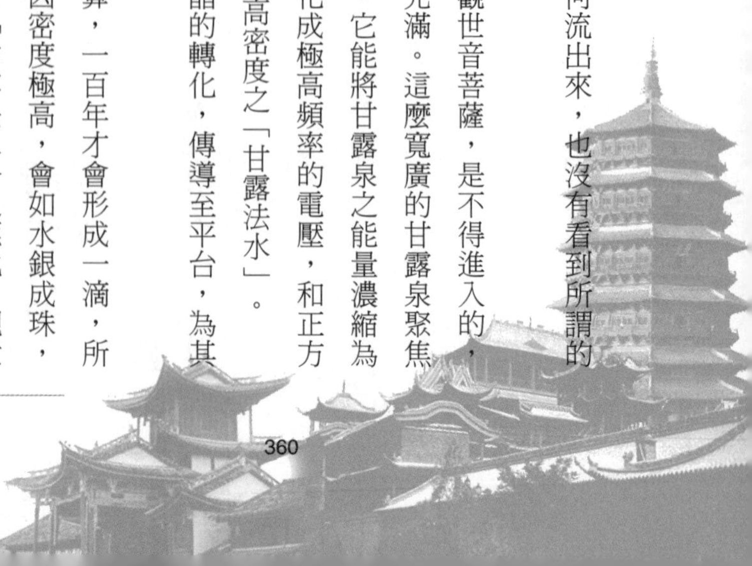

也，亦是「甘露法水」清淨之觀也。大慈大悲，觀自在，一切妙法本來清淨面目，無掛無礙，救苦救難，導引眾生受明師大智慧法，廣慈大悲心，脫離生死輪迴苦，中天真理真大道，得證敕封中天果位行。如我執，法執常在心，驀然回首身。

麒麟：玄關正竅是法界之秘寶，自古有人修道時就已經知道，不是什麼大秘密，因涉及到天律，修道者都能不談就不談，以免被指為故犯天律！所以不是得知玄關正竅在人身之位置就叫做「得道」，否則不用修，到處都是得道人！要知道玄關正竅只是修道入門之門戶而已，中天依循法界得證果位之標準，「甘露法水」借假而修真，一世成就祖師法，何須用累世修持法，要修百世才有成就，一世接不上，功虧一簣，還是中天一世成就好，得證果位最保險。

觀世音菩薩：九大行星系，既於誕生中天法門，中天觀世音菩薩即於助道啟動，吾為火陽星系之中天觀世音菩薩，祝福九大行星系之中天法門成功順利。也在此傳達我火陽星之助道團體之修行修道之理念。修行修道皈依國土是為往生後之重要依據，是必要的信念歸附，無國土皈依，修道即無依持，更重要的是自己能量的提升，自己沒有能量，沒有境界，完全皈依國土所得的果位定然不高。所以必須雙管齊下的，有好的皈依地，要更有好的法門來修法，這是火陽星被稱為智慧星系，得證果位的最佳修道法。

麒麟：感恩菩薩之開示，中天法門會依中天法界法則而行，一步一腳印，邁向法界標準創造新法門之奇蹟，為麒麟仁行之心願。

【文後筆記】

一、為何稱觀世音菩薩是南方之雄？觀世音佛祖卻在中天無無極呢？

二、中天無無極至尊玉皇上帝大天尊命觀世音佛祖成立宇宙的輔導與助道團體，稱為中天無無極觀世音佛祖助道團隊。所以觀世音佛祖或觀世音菩薩都不是單一神祇，而是以團隊的組織而存在的。

三、四十九個星系各有不同的名稱，但相同的都稱呼觀世音菩薩。

四、有禪修內修或信奉者較能接受觀世音菩薩的助道，為什麼呢？

五、觀世音菩薩不專屬那個宗教團體，觀世音菩薩團隊是助道團隊，他不是主修道，所以他是助緣修道，而非直接傳道。

六、你們今日的成就，輪換更替，將來你們也會身居要職。中天法門培育未來的將星

主管，維繫宇宙運行，今日不做，將來無法維繫未來的傳承。

七、觀世音佛祖在四十九星系成立觀世音菩薩助道團隊分部，日月如梭這已是千百億年前的事了。

八、各菩薩之分靈是不分有無宗教的團體，只要是內修或信奉者，凡持觀世音之名諱，都是吾助道之對象。

九、因果循環、輪迴是宇宙的傳承命脈，所以有天上地下唯道獨尊之說法，凡世間之功名利祿，如電光之幻滅，唯有徹悟自性，依道依法修行，能量為本源佛性，果位之依持，修真才能還原，修真為證果位，還虛為無無極團隊，如單憑人身之數十寒暑，苦修苦練難達修真之境。吾團助道，使汝找到真傳明師，配合天機的顯現，助緣明覺路為首，聞聲救苦為次。

十、得大天命才是正法，天命謂之性，中天之法，得悟天心。

十一、修行修道之原子，最大之困擾，冤親債主之現前，憂苦身心，常疲於奔命，有礙於修道。

十二、人生之寄予紅塵，為名為利權謀，認凡間假相為真，假體以真之對待，故不得超脫，形成因果的牽絆，以此心有因緣際遇，就形成冤親債主。

十三、冤親債主淺顯的解釋，冤者，是因心理上不平衡所形成的一種憎恨心，至於親，涵蓋更廣泛，天地君親師，直系旁系血親，夫妻，朋友，有情眾生之親，無情眾生之親，有因緣就有親，只要認為是善意的就是親。

十四、冤親債主中，很多來自於過分的關切所形成的，無法忘卻三輪體空者，就會形成唸唸不忘的念力追索，也產生感應念力所形成之障礙。

十五、冤親債主，唸經迴向是否有其效果呢？

十六、高級法界是不使用你們凡界的言語，更何況經典是凡人之創作，非法界之產物。

十七、真正的功德是具有提升果位的功德，這些提升果位的功德是無法私下授予的。

十八、無極北天有掌生靈生儀，劫厄之消藏的任務。

十九、請火陽星系之觀世音菩薩，帶領參觀中天觀世音甘霖寺。

二十、甘露寺在無無極天頗負聖名，無無極界真仙沒有不知道甘露寺的。

二十一、淨瓶是高密度聚合水晶，約有十斤重，內有甘露法水也只有幾滴而已，也是高密度水凝膠，非常珍貴！

二十二、不執以虛，不執以幻是禪修真境，六識意識是因觸塵，因時空而延伸，創造意境，禪之無量意識禪境，高級禪境，高能量岩石禪境。

二十三、現實的凡間，因我執、人執所產生的相對觀點與比較的心態，在法界而言：放下我執我念，一切歸賦自然，自然了於心胸，坦蕩而無私。

二十四、何謂原有甘露水呢？

二十五、中天精靈所果位鍛鍊，成就於各天之神職，不斷的能量提升，更進甘露寺調整靈壓，符合四條件後進入無無極團隊，逆轉時空，永恆之生。

二十六、凡境迷茫數十秋，緣起緣滅如圓周，修身修性與修命，能量功德今生定，一生修行，一生果位定，唯有中天法，這需要多大願力與法函承擔。

二十七、體驗甘露寺中央之位，異常尊貴。

二十八、法界非凡間，以凡間解，其法都凡法，仙佛不傳人間大道法，以免有礙輪迴之天則。

二十九、解釋「甘露法水」。

第十七章

中天無無極北天金宮

是夜，朦朧之中秘史叫醒了我，靈性甦醒。

秘史：法師，我們這次要去無無極北天金宮，你知道北天之責嗎？

麒麟：願聽聞秘史指點。

秘史：北天之責，主司人寰行儀，劫厄消藏，在四十九個智慧星系中，每星系各有一個無極北天，共有四十九個無極北天，雖然各星系對北天稱呼不盡相同，但其功能都是一樣的，這四十九個無極北天，在中央中天只有一個統籌機構，管理及呈報、裁決及行政，為無無極北天金宮之監察總院，院長為監察御史巡查官。巡查官是直接由　無無極雷祖大天尊授命的，是個非常大的單位，職階也非常崇高，是　無無極雷祖大天尊之三院院長之一，「無無極東天」、「無無極南天」、「無無極北天」，是無無極中天在各天之直屬首長，又稱為「無無極中天三大天王」。

麒麟：「無無極中天三大天王」，感覺好偉大，巡查官感覺非常普通的官，為什麼會稱為巡查官。

秘史：「無無極中天三大天王」為無無極東天青華帝君、無無極南天紅陽帝君、無無極北天監察御史巡查官。無無極北天負有監察之責，代天巡狩，是代理　無無極至尊

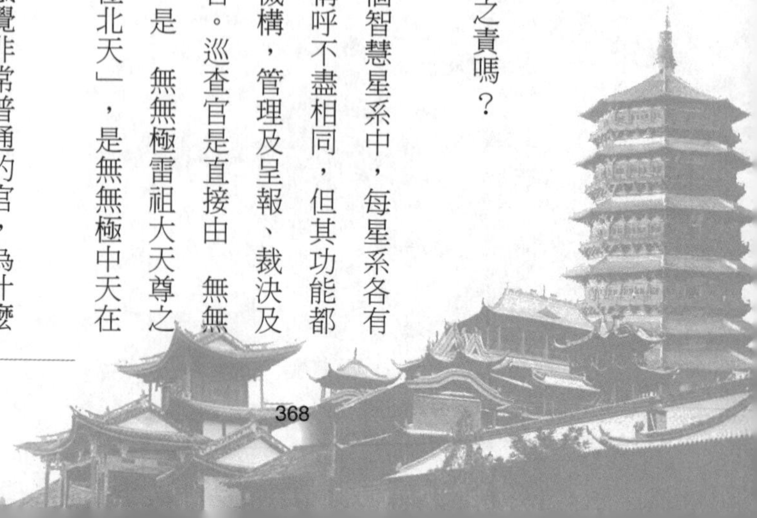

玉皇上帝大天尊巡狩，不是巡狩人間，而是巡狩各天法界，就如你們凡間的欽差大人，因巡狩，所以才會稱巡查官。會覺得官小是你們凡間的文字誤解，除了監察任務外，還有人寰行儀，劫厄消藏，這是針對四十九星系的無極北天的審查任務，其實無無極北天的巡查官，一般不會出巡，大都會任北天特史出巡，每一個星系都會指派一至二員的北天特史。

麒麟：北天代天巡狩監察之任務是屬於對法界之事，我們比較關心的是對凡間這部分的任務，何謂人寰行儀，劫厄消藏呢？

秘史：人寰行儀可以分成二個部分，一個指幽冥界，一個指凡間。關於人文、道德、行為、思識、意念的善惡，經北天之審核在當世或限定的時間內增加或減少儲存之先天能量。以凡間語而言：增加的叫改運，減少的話叫現世報，這是指在當世顯現的，也可能往生後加入評分的評比。幽冥界是屬於中天正統法界，由幽冥界報入北天做審核，如是凡界的，由無極東天或西天報入無極北天做審核的，因為無極東天是屬於公務機構，較具有公信力，所以手續較為簡易。由幽冥報入無極北天的，雖然幽冥也是公務機構，因層次低，會經過審核後，符合標準才會收件，無極北天對幽冥核准幅度小，至於西天因為不是公務機構，必須經過公證機構認定，才能送入無極北天，時間會較延遲，所以西天的行政系統送件意願與頻率都低。

麒麟：這麼說，由無極東天呈報是最好的管道，那沒有宗教的信仰者，總不能由東天或西天轉呈吧！無宗教的為善為惡，也不會報到無極北天吧！

秘史：北天之行儀和東天是完全不相同的性質的，東天的功過是自動啟動的，東天會自動登錄，功過一絲一毫也不會錯過，所以未來的功果評比都是以無極東天為主。但無極東天卻不能變更人寰行儀，不能在有生之年改變命盤或行運，無極東天只能留到最終做功果的評比。所謂功果自有定論，上天是公正公裁的，指的就是無極東天的無私。生靈的一生都是憂、悲、惱、苦、跟隨既定的命運而走，唯一能改變的就是送入無極北天做劫厄消藏，不是完全改成善的命盤，除了惡改善，也可能善改成惡，更改過後的影響會做生靈命運的更正。這個工程影響非常浩大，也可能一個生靈的改變，影響到整個團體的連鎖反應，這是多麼繁重的任務。更改命盤；有宗教的由宗教之東天，轉呈宗教之北天，再轉呈公證機構才轉到無極北天。無宗教者，其籍在幽冥者，由幽冥轉呈無極東天，再轉呈公證機構後，再轉呈無極北天。無宗教或有宗教者，還有一個管道就是由地基主、或土地公、或灶君、或城隍呈報無極東天，再轉呈公證機構，再轉呈無極北天。

麒麟：這樣說，必須有神祇呈報或有單位呈報才會進入無極北天的更改命盤。

秘史：理論上來說確實如此。在生更改命盤，就會在有生之年顯現，只是提前來使用更改過的命盤而已，到最終還是會回歸整體的評比。總體來說：在有生之年更改命盤的話，其增加或減少的比例，雖有差距，其比例並不會差太多。有生之年更改命盤的話，是比較有個平均值，不會大好，也不會大壞，有的人誤認只要我行善事或惡事，為什麼沒有立即得到善報或惡報！所以才會有「善惡不是不報，而是時刻未到」。怨天地之不公平，為何善行未得善報，惡行未得惡報，其實這是呈報單位整體評估的問題。呈報單位不一定認為需要在有生之年更改命盤，所以就不呈報，留到最終做整體的評比。也因此有很多人就會自力救濟，改運補運就應運而生，改運補運最主要還是提醒呈報單位，他需要有生之年更改命盤，但主權還是在呈報單位，有時改運補運是有效的提醒呈報單位，呈報單位認為可行就會呈報。如果認為沒有必要，那改運補運就無效，所以不要有事沒事就改運補運，不然你的命盤會常攤在陽光底下。

麒麟：如此說只要提醒呈報單位就可達到更改命盤的目的，不一定使用改運或補運的儀式。

秘史：如何提醒，這是一大學問。沒錯！改運補運是比較具體的方式，北天既然是劫厄的消藏，最主要是惡行加劇，達到現世報的效果，讓世人有所警惕，另一方面就是福德與功德的迴向。

麒麟：福德與功德的迴向，不是很多人都有唸迴向文呀？這不是直接迴向嗎？

秘史：所有更改命盤之事，不經中天公務機構認定，是不具效力的！不可能私相傳授，即會變成天道不公正，迴向文也是一樣，迴向文只是提醒呈報單位，私下做了哪些功德，不過唸了太多迴向文，就會變成邀功的心念，只有一點點功德就迴向，呈報單位久了就會視而不見，其實要不要迴向，該迴向給誰，呈報單位哪裡會不知道。

麒麟：迴向文、改運、補運、神佛的庇佑，不是有了神威就已經顯現了嗎？為何一定要經過中天公務機構的認證？

秘史：不論是何形式的庇佑，最終還是要公務機構的認證，這是最正式的，其特別核准案並不多，只是有些神佛或呈報單位較易申請成功的，其實這類大部分用於局部的改善而已，助益並不大。

麒麟：為何很多人認為自己做善事之功德很多，卻沒有馬上得到好的回報，有時還會厄運連連，是何因？

秘史：凡間之為善之標準，有時和法界認定之標準是有落差的，凡間解不一定是正

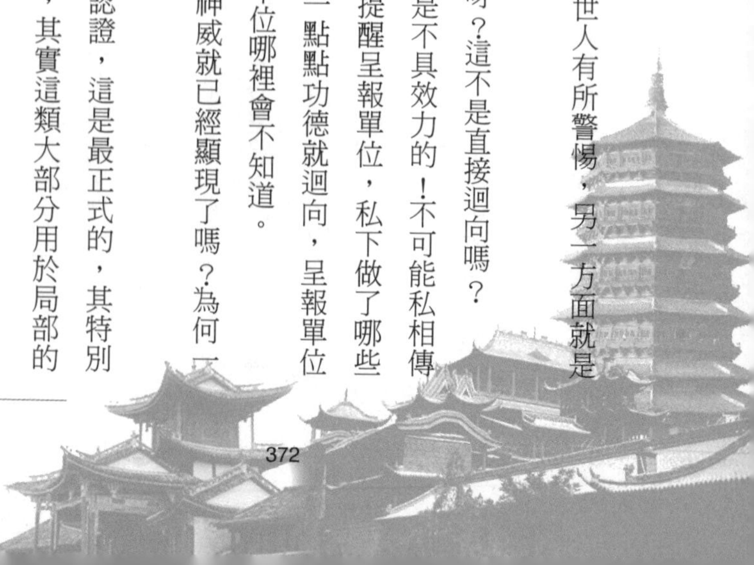

確的，所以要以法界標準為標準。前世因果，今生受者是，前世惡因多，今世善行抵也抵不過。有的根本不做善行事，自然厄運的顯現，厄運來時，就只會找人改運或補運，不管自己有無功德可轉換，燒燒補運錢，就叫做做功德，凡世人總喜歡這種治標不治本的做法。如果真的今世福德、功德多，可是呈報單位並不一定認同，如果當世未轉移，那就會依原來既定的宿命而行；有時呈報單位也會有選擇性的呈報或分成許多次的呈報，也可能只有局部的改變，不一定要在今生做轉移命盤的轉移；因為如果功過當世沒轉移，也不會減少或失落，就會留到生命終點做總評比；那當世就會依照原定的命運、命盤而行。至於轉移功德給冤親債主，還是不能私相授受的，必須經過中天公務機構的公證，如果未公證，就算手上握有很多的功德，每天唸迴向文，冤親債主還是得不到法益。就好像原來是一個窮人，有一天富有了，雖然手上握有很多錢，卻不知如何將錢還給以前的債主，而債主卻天天上門催討，這種情形就是呈報單位或核准單位認定考量的問題，也許當事人需要做個角度的改變，心態上的調整，迴向的問題就可迎刃而解。

麒麟：秘史所言，法中自有法中益，不得我執我見，法界自有程序在，不能依私人之我見。所謂的依法行事，自得法益，不依法，自然得不到真正的法益，要有大智慧認清法的起源與依據，法界浩瀚，萬法依序，萬法歸宗，四十九星系各宗各教，最後也會全部歸於中天公務系統中。

秘史：「中天無無極北天」是所有北天任務之總樞。其下每個星系中，個個宗教都有類似北天任務的機構，以協助他們自己教內之教友做劫厄消藏的任務。依地球星系而言，地球每個宗教中都有一個類似北天任務的附屬機構，雖然有的沒正式設置名稱或使用不同的名號，這個劫厄消藏的任務還是必須要去推行的，不因沒設立或不同名字，這個任務就不存在，如果這個部分無法把它做好，那這個宗教的推行將成為瓶頸，這個宗教就無法推展開來。北天任務之推行，不一定要使用很正式的消災解厄的科儀，有時使用祈求祈禱或默禱默拜的方式，一樣可以受到它本身宗教消藏的單位接受，所以每個宗教有不同的儀式，自己宗教接受後，就會轉介進入中天北天公務系統中。

麒麟：如因冤親債主所引起的債權關係，會有引起那些不良的影響或產生那些傷害？

秘史：冤親債主所引起的債權關係，最主要是在你的有生之年希望提醒你能做功德迴向的法益，使冤親債主實質的受益，或向你表白你們之間還有債權存在，不要忘記！這些提醒的用意，要你深刻了解它要債的決心，所以一定會帶來某一類的困頓和痛苦，以達它的顯現的目地，一般而言，可分成幾類：

（一）對己身身體上產生病痛的磨難，長期的病痛折磨，藥物不斷，醫不斷根，有時藥石難治。

（二）針對精神之類，會產生幻覺幻像，視覺或聽覺常發生來自異空間的顯影或異音，使神經失常，精神渙散，恐懼，孤獨，心有所思無法集中，致無心工作或無法生計，有氣而無力。

（三）經濟上之障礙，使經濟沒落，如在人生之高峰期，使高峰期變得平平，尚不覺得有甚麼不對，等到時運降至平平時，就會下降一級變成沒落，才會覺得經濟變得真糟糕，一旦沒落，做甚麼工作都難起色，敗下來就很難再東山再起，經濟受創是痛苦萬分的。

（四）常伴血光之災，時常有傷害身體或財物受損的事件發生，明明認為不可能，但真的發生，也常自認倒楣。

（五）對父母、子女、兄弟、親屬產生不良的效應，使痛苦感同身受或者反目成仇，親離背散。

（六）感情的痛楚，製造矛盾紛爭，感情路難平，造成身心受創，生死難了愛情債。

（七）常無故起風波，災劫不斷，水、火、風災常來臨，有時會危害到生命、財產的安全。

人心不古，生生死死，還依然貪戀紅塵中的酒色財氣，使自性沉淪，世風日下，道德淪喪，造就無邊的怨尤，人心狡詐，你爭我奪，冤親債主日日激增，煩惱苦痛，何時完結，只有痛下決心，行功立德，決斷因果，修真養性，濟渡群迷，才能真正了脫冤親債主的糾纏。

麒麟：北天之分支機構為何，各有何任務？

秘史：「中天無無極」為決定與裁決的最高機構。以東天而言：最高裁決機構為「中天無無極東天」，最高主宰為中天無無極青華帝君。其下為四十九星系之無極青華帝君。如以四十九星系中，九大行星系之地球而言，全名則稱為九大行星系無極青華帝君，再下來則為各宗教之附屬東天功能的單位，及附屬東天功能的公務單位。如以南天而言：最高裁決機構為「中天無無極南天」，最高主宰為中天無無極紅陽帝君。其下為四十九星系之無極紅陽帝君。如以四十九星系中九大行星系之地球而言：全名則稱為九大行星系無極紅陽帝君。南天是比較特殊的，無極以下，無下屬單位。如以北天而言：最高裁決機構為「中天無無極北天」，最高主宰為中天無無極北天監察御史巡查官。其下為四十九星系之無極北天帝君，如以四十九星系中九大行星系之地球而言，全名則稱為九大行星系無極北天帝君。再下來則為各宗教之附屬北天功能的單位，及附屬北天功能的公務單位。其實北天機構是非常龐大的，為三大天王中最大的機構，中天無無極北天監察御史巡查官為宇宙代天巡狩最高階，其下如以九大行星系地球而言：最高主宰單位為九大行星系無極北天團隊，下來為各宗教之代理北天業務之機構，這麼多的宗教辦理北天業務就可觀了，這些單位就夠你算很久了，除了各宗教之外，還有一些公務單位也辦理北天業務，這些公務單位包括幽冥，有附屬辦理北天的業務，城隍、土地神、灶君、地基主和一些神祇都有辦理北天的工作，還有一些特殊的神祇也都和北天有關聯的。

麒麟：這些我大概知道一點，我也很關心北天的。

秘史：北天分為四部十二大天君：

一、監察巡守部：（1）監察官審定組。（2）部會申訴組。（3）跨部會申訴組。

二、人寰行儀部：（1）申請組。（2）延壽延福組。（3）行儀裁定組。

三、劫厄消藏部：（1）申請組。（2）劫厄消藏裁定組。（3）劫厄消藏變更總核組。

四、統合聖裁部：（1）收發組。（2）聖裁組。（3）文書傳遞組。

麒麟：北天不愧最大機構，業務真的很複雜，要把它弄清楚不是一件容易的事，不過還是要知道一點，有利而無弊，真的要用到的時候，才知道到哪裡去辦理。

秘史：了解北天結構後，明日可上中天無無極北天，拜謁中天無無極北天監察御史巡查官。你知道嗎？中天無無極北天監察御史巡查官。他屬於中天還是北天之官職？

麒麟：這個我很清楚，中天無無極北天監察御史巡查官。是屬於中天之官職，但其下之四十九星系的無極北天帝君卻屬於北天的官職。我不會弄錯。明天很期待，巡查官是我的原職單位，早就想看看此界法界之聖景。

大道真理中天現，借假修真玄關見。天時道運法函頭，先天之行龍回首。

秘史：光陰似箭，日月如梭，盼望的日子，總有一天會來臨。

麒麟：是呀！人生只不過數十年，該來的就會來，那能跟您仙佛比，您們動不動都以千萬年為單位的壽命，根本不能比！如今身為凡人身，受凡人之規範，有機會返原職探望，也算是福報，麒麟很幸運託著作《中天天堂遊記》之福，才能敖遊宇宙法界，幾十億人中能雀屏中選，實在不容易，不過我總覺得，法界非常遙遠，億萬里遠，難道所有的高級法界全都在外星系嗎？本星中沒有高級法界嗎？

秘史：真正的高級法界不會在本星系上。因本星系上是凡界的領土，這是能量層次的關係。如以九大行星系的地球而言：地球本土上也無高級法界存在，在地球上的各宗教的高級法界，就是各宗教所說的天堂或神佛界，也不是存在於地球之本土上。如果要說各宗教的天堂或神佛界不在地球上，就是外星系，那全部的宗教都是外星系，雖然地球上有廟堂或行宮壇位，神佛往來於高級法界與地球之廟堂或行宮壇位間，神佛並非長駐守於地球上。至於地球上之時空重疊的部分，是凡界與幽冥界之時空重疊，本來幽冥界有一小部分灰色地帶是介於凡界與幽冥之間，其實幽冥和凡界也有很大的時空，只是這幽冥界灰色地帶是較接近凡界的一小部分。所謂的時空入口，就是指地球時空進入幽冥時空的入口，也稱為幽冥界之門。皇極之低法界也有和凡界時空重疊的部分，但高級法界時空和凡界時空差距過大，地球時空並無和高級法界重疊的地方，所以除了法境在幽冥界或皇極界，會有可能在地球之上外，超越幽冥界或皇極界的宗教，其法境都會在外星系上。理論上來說：屬於高級的宗教，法境是高級法界，自然境土都是外星系。四十九智慧星系，本來就沒有一個高級法界在它的本土之上，如誤認那個宗教是外星系，是錯誤的！因為所有的高級宗教都是外星系，如果說它的宗教法境在本土上，那這個宗教的法境只到幽冥界或皇極界而已的低級法境！所以一般宗教都不會去談外星系，因為所有高級宗教都是外星系，會講外星系的，就是凡人無法體認宇宙秩序形成所致。

麒麟：浩瀚的宇宙時空，無量無邊無法臆度，法界也無比寬廣，錯誤的定義是用凡間思維用於聖解所形成，並非真實之法界。

和秘史並行進入法界宏海，落日的餘暉，再由特史轉程，進入無無極之聖境。

特史：法師今日來訪，要進入中天無無極北天金宮。金宮在中天無無極凌霄寶殿的北天門，我們還是會進入中天無無極凌霄寶殿的法界，直接進入北天門，這是中天辦理北天業務的總樞。

和特史已來到中天無無極的北天門，大概是北方，有點煙霧迷漫的感覺，更像進入仙境，金黃色的排樓，崁著黑色的大字，特史告訴我叫做「中天無無極北天門」，有雷部武將師兄看守，我們接近時，帶班的雷部武將就前來，很恭敬的行禮。

雷部武將：吾奉令在此等候特史和巡查官的到來，並引領你們進入金宮。

我明白了，他們還視我凡前的原職巡查官，大概對我是一種尊敬吧！

特史：將軍，法界之規矩，不溯既往，你就稱他為法師吧！

帶班的雷將說：歡迎特史與法師蒞臨，吾為當值值星官，維護中天無無極北天金宮，值日之秩序與安全。吾已交待副值星官暫代職務，特史和法師來訪，吾會全程陪同，這是現任中天無無極北天監察御史巡查官交付的任務，希望給特史與法師很好的無無極北天金宮之旅，也會給您們帶來很大的便利性，不會找不到人查詢。

麒麟：感謝如此貼心的安排，雷將盔甲顯赫，寶光神武，果位定然不低，如何稱呼？武將不是都手執兵刃嗎？為何你是武將卻不執兵器？

雷將：在特史和法師面前不敢論稱果位！中天無無極北天監察御史巡查官座前分為四部十二大天君，當值值星官分為八大值星官：大忠元帥、大義元帥、大仁元帥、大孝元帥、大信元帥、大真元帥、大德元帥、大忍元帥。吾為當值值星官之首，中天無無極北天當值值星官大忠元帥是也，為元帥級，非一般武將，兵器可幻化收藏，自然不必在化像上執兵器。

麒麟：我還稱呼你雷將，對不起！原來是大忠元帥。忠、義、仁、孝、信、真、德、忍，我覺得很熟悉。

大忠元帥：法師你當然熟悉，這八大值星官之名，是你凡前為巡查官時所立下的，本來分組並無統一之官階名，忠、義、仁、孝、信、真、德、忍這八組是你為巡查官的座右銘！所以以你的座右銘為八大元帥之官階，一直延用至今，從未更改，今之巡查官也尊崇你意，從善如流。

麒麟：既然我凡前以這八字為座右銘，今我也會以此八個字為座右銘，匡正自我行為與思想。

特史：找到座右銘很好，我們還是要進入，還請大忠元帥帶路。

上行台階為黑色大理石階，不會透光，也無光輝顯耀，大既是黑色不反光之故吧！台階很高，聽大忠元帥說有三百一十六階，因有煙霧迷漫，由下面台階往上看，看不到台階的盡頭，雲務蓋住了頂端台階，加一份神秘感，我們以步行上階。大忠元帥前行領路，到了台階盡頭，進入蜿蜒的道路，也是黑色大理石的延伸；不過不是台階而是黑色大理石所鋪設的山路，寬約十二米左右，雖有高高低低之山勢，大理石還算寬拓平坦，山路整潔，山路兩旁景致非常奇特，是碳化的黑松林，樹幹約五至六人抱，樹高約五十～六十公尺，都沒有樹葉，很像火燒山過後的景色，兩旁都是，種植非常整齊，我們邊走邊說話。

大忠元帥：進入這一區，稱為黑森林，是代表北天的聖物，景色很荒涼，這不是真的樹，是神物的化像，法師你有否特異的感覺？

麒麟：感覺眼前一片墨黑的景物，黑到發亮的叢林，其他沒有什麼感覺，是不是黑森林有特別之處？

大忠元帥：恭喜法師！你之正氣純精，沒有一點雜氣，因為黑森林是神物，也是正氣的表徵，如果你氣不精純，神物之氣會和來訪者，產生對立的氣衝，產生旋渦氣逆，黑森林之氣就會整個壓制過來，使來訪者產生極大的痛苦！要使真靈氣場平穩，在凡境不是十年、二十年之禪修就可達成，法師下凡先天好，加上後天努力與正確的禪修。如果法師任巡查官時的氣場是絕對純正的，到凡間後，今又有此精純氣場，真的不容易，短短幾十年的功力，能達無無極黑森林功能融合，使黑森林之氣不起漣漪。法師您是大願力者，非常努力的禪修者。

麒麟：大忠元帥！您誇獎了，麒麟只不過閒來無事，打打坐，談不上大願的禪修者。

大忠元帥：這種神物不起波浪，足證法師是不簡單的修道人，是真正的實修者，以前很多你們九大行星系的宗教名門，吹噓再吹噓，自大狂妄，自以為是！申請造訪巡查官，都過不了這一關，往往被打回票，所以講實修要看真本事，過得了黑森林，才能證得真正的實力，其實不止中天無無極北天，很多高級法界也都有自我測試的關卡，這不容質疑的。

麒麟：這是我們《正氣歌》裡面講的：「天地有正氣，雜然賦流形，下者為河嶽，上者為日星之境」。不過要造訪，要先接受考查，好像不合人間的行儀禮貌。

大忠元帥：要申請造訪「中天無無極北天」，我們法規上已知會，不要誤認是宗教名門，是名人就有此能力，接受不了考查，回歸自己的原藉，這是「中天無無極北天」的規矩，沒有你們人間講的面子、禮貌的問題！上了果位要靠實力，而不是靠人情、靠名氣、靠僥倖！為何要申請造訪中天無無極北天監察御史巡查官？最主要是要升任中天、東天、南天、北天的各單位主管，或主管要升任更高階的主管，或申請「中天無無極」之各級職缺，除了舉薦之外，向監察御史申請資格鑑定，也是晉升很好的管道！資格由監察御史巡查官鑑定後，由中天無無極北天聖裁天君將列表項目合格書送巡查官開具資格證書，轉統合聖裁部文書天君，轉承　中天無無極雷祖大天尊聖裁，再由中天無無極雷部文書天君，轉承　中天無無極至尊玉皇上帝大天尊御賜敕令。所以黑森林是中天無無極的無極果位第一道正式的測驗。

麒麟：我知道很多高級法界都有檢測的功能與機制，一來對內的能量提升，時時保持本單位應有的水準，也不忘給各同仁進道上升的概念，對外表達高級法界之層次與紀律嚴明，黑森林之檢測卻是不同的檢測，是不同於各單位的自我檢測，它涵蓋了層次的能量，功德與善惡的人文，也有別於一線天的自然屏障，黑森林是多種功能的智慧型屏障！不過話說回來，一線天是進入無無極天的門戶，一線天有方便之門，方便層次較低的各天洽公仙真，中天無無極北天金宮之黑森林，不會是單一入口吧！那各單位洽公仙真如層次不及如何通過黑森林至中天無無極北天金宮來洽公。

大忠元帥：法師說的好！修道能量高，法界通行無障礙，如果沒能量，處處是關卡。黑森林無極道，果位無極以下難通行，智慧型的自然屏障！要從中天無無極北天門進來，要先擺出你的內涵來，如果層次夠！可由中天無無極北天正門來。如果層級不夠！可由中天無無極凌霄寶殿進入，再由中天無無極凌霄寶殿通往中天無無極北天金宮的側門進入，這個側門稱為：凌霄北辰門。歸程也由中天無無極凌霄寶殿回返。最主要是中天無無極凌霄寶殿之戒備森嚴，本身就是開放的門戶！通過凌霄北辰門，進入中天無無極北天金宮，則由中天無無極北天金宮之八大當值值星官率雷部雷師，負責秩序與安全的維護。

麒麟：元帥的說明很清楚，自小常看小說漫畫，上天堂要走南天門進天堂，我們怎麼都沒走南天門就進入天堂了？

大忠元帥：無無極境，城池綿延，是極龐大的城池，是無極境的數十倍大，它整體的面積大到你無法去想像！中為中天無無極凌霄寶殿。前有中天無無極雷城，後有中天無無極東天金宮，左為中天無無極北天金宮，右有中天無無極南天金宮，是極大的寶殿群！中天無無極凌霄寶殿和中天無無極雷城是開放式的門戶；中天無無極凌霄寶殿和中天無無極東天金宮有凌霄青華門為共同的門戶；中天無無極凌霄寶殿和中天無無極南天金宮有凌霄南辰門；中天無無極凌霄寶殿和中天無無極北天金宮有凌霄北辰門為共同的門戶；中天無無極北天金宮有智慧型屏障主門；中天無無極東天金宮及中天無無極南天

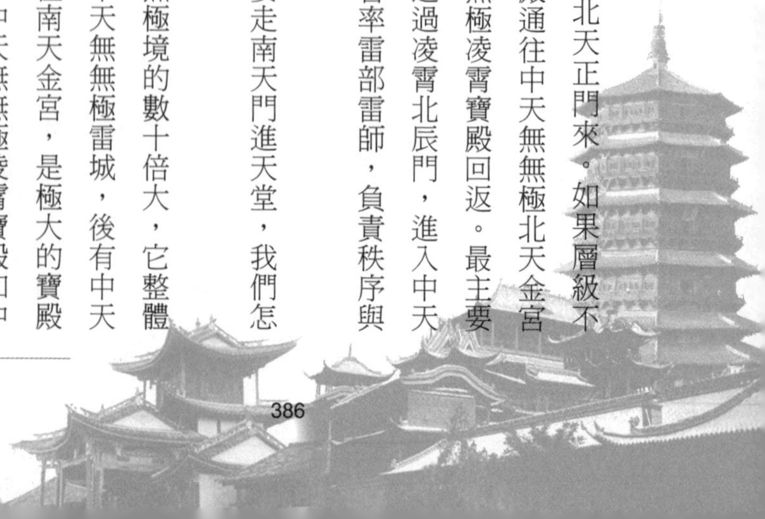

金宮主門為封閉形門戶，有必要時或申請核准才准通行。所以中天無無極東天金宮及中天無無極南天金宮及中天無無極北天金宮，一般都由中天無無極凌霄寶殿出入。至於法師所說的南天門，是指九大行星系法界，是無極體系，宮殿較小，因南天的方位是靠近地球的那一方，因九大行星系法界最主要辦理的都是對地球的業務，所以南天門自然出入較頻繁！久而久之南天門為進入無極九大行星系法界之主要門戶，那各天門就形同封閉！但各天門還是可通行的，只是手續上會比較繁複而已。

麒麟：不過這黑森林吾可感知具大的能量蘊藏，雖然景致很奇特！稱為森林又無風景可觀賞，黑木碳的森林，又不會雜草叢生，一片黑鴉鴉，雖不好看！不過還覺得平和，不會覺得恐怖！過不了黑森林真的會產生極大的痛苦嗎？

大忠元帥：法師您心境平和，不隨境而轉，人文又不執於善惡，自然而然，和它們不起爭端，不起對衝，它們不會主動侵犯您，黑森林是自然的屏障，自己有智慧在，如果你有心思不正，氣場混亂，或有攻擊意圖，它就會認定你是邪惡之入侵！就會由一樹先起念，進入你的氣場內，做嘗試性的混頻，判定無異狀，它就會退出你的氣場。如果認定為邪物，它就會剋制你，希望你退出，如果你反制或不聽制止，和此一樹能量對抗，如一樹無法制服你，一樹就會求援，會整個黑森林幾萬棵樹的具大能量，如萬馬奔騰而來，勢如破竹，何等壯觀！不論境界多高的仙佛或魔頭，都無法抗衡，一樹的能量就具有很大的挑戰性，更何況幾萬顆高能量加在一起。自古以來，還沒有邪妖群魔能通過黑森林，就算層次極高的魔界魔頭，能輕易過得了一線天，卻過不了黑森林，一線天屏障只要層次能量足夠就可通過，無法篩選善惡！黑森林除了層次能量足夠外，善惡的人文也顯現無遺，所以層次能量不夠，它會要求你退出！人文善惡不平衡它也會要求你退出！是智慧型的屏障。換吾來請教法師，您有肉身之真靈和我們是完全不同的，我們無極的層次要通過黑森林，還是會膽戰心驚！如果沒有通過黑森林的經驗，就算層次很高，還是不容易通過。法師以凡人之軀，您真靈如何降服黑森林。

麒麟：元帥層次如此的高，問此問題？麒麟也不知要如何答！凡人總是有求於仙佛，仙佛問凡人的可能性比較少吧！

大忠元帥：仙佛過黑森林時常看見，不稀奇！凡人真靈過黑森林，沒見過！所以比較好奇？看看有沒有讓我也有啟智可學習的地方。

麒麟：元帥！你在開麒麟的玩笑，凡人無法跟你們高級仙佛比的，凡人永遠都是凡人，凡人超出凡人的戒規，就不是凡人了，就沒資格留在凡界了。元帥你在解釋的時候，我就在想？不論進入甚麼險境，有元帥和特史兩大無極仙佛，再怎麼困難都有你們扛著，我不擔心，也不執心，也很放心。

大忠元帥：就算不執心，我還沒解釋我們就已經進入黑森林了，為什麼黑森林不起變化！法師真的層次夠，凡人人文不可能足夠，所以我有疑問？

麒麟：元帥一問，使我更多疑問？其實我依靠的是二位大仙給我的信心，我甚麼都沒做！只是中天內修禪法做得很精純，「雙環」已進入無為之境，如此而已，麒麟能輕鬆過黑森林，將來中天法門學子，一樣可以過黑森林，是中天法門學子之福。

大忠元帥：法師講的很輕鬆，如何用妙覺真心，化為真如之本性也，發起菩提心，行於菩薩道，就要起精進的心，有為之法是無為法之起點，知曉上進，萬法起心在有為法，如不過渡有為法，萬法將無法可用，也無法可修，心生萬法，也不知從何修起，不可連一點基礎都沒有，就空口說直登無為法，到頭來只有一大堆理論，實際上卻連一點都沒有實際去修，連有為法的起點都沒做到，妄語只修無為法，如果無為法甚麼都沒修，那根本就不是修道人！所以顧名思義，有為法是有目的的修法，雖不是究竟法，卻是進入無為究竟法，必要的前修課程，不可能跳過有為法，直接修無為法。所以中天法禪修有明文規定，以第三條之有為法為基礎，有為法精純成熟後才能進入無為法的初階，沒有有為法，就不會有無為法，依法依序而修，不可顛倒或不築基，這是大忠代法師向中天學員提示述說。

玄關藏性本自然，非為師授洩天機。真金不怕火燒煉，宇宙氤氳至善地。雙十方寸稱金剛，甘露法水法永恆。成就金仙無明破，性命雙修證無極。

我們一行出了黑森林，豁然看到主樓了，主樓非常宏偉，全部是黑色的建築，是種黑金剛石，雖然是黑色還是黑的非常漂亮，依山勢而建立，樓高五層，佔地非常寬廣，樓前是個非常大的廣場，廣場前有一口井，井口約三十米，井為五角型，井沿黑色高一米，遠望看不見井中物，五角型井沿上每個角各插一支三角旗，三角旗旗身長五米，旗桿高三十米，三角旗金黃色底，崁著長長翅膀的黑龍圖，一支旗有一隻長翅膀黑龍，共有五支三角旗，飛天黑龍五付都不同姿態。黑龍旗後方插著是更大型的四方旗，旗身長九米，旗桿高五十米，四方旗為黑色底，崁著長長翅膀金黃色麒麟圖，井延上崁著「中天北玄神龍宮」七個金色的大字，監察御史巡查官題。

大忠元帥：中天北玄神龍宮是附屬在中天無無極北天金宮下的直屬單位。中天北玄神龍宮是所有「神龍」的故鄉，你們凡間所說的金龍、小金龍、各色的彩龍、天龍或高階的龍神，不論層次高低的龍神，龍的元神，龍的化身，只知道有「神龍」，卻不知道「龍神」來自於何處？又歸於何處？將來法師會訪「神龍」的故鄉中天北玄神龍宮，就會明白。

麒麟：我們地球，常聽說東海水晶宮有海龍王，水晶宮是不是龍神的家？

大忠元帥：九大行行星系之東海龍王，也是我中天之公務神職官階，是長駐守於水晶宮，是派任之駐守神職，海龍王也來自於中天北玄神龍宮轉換而來，是來駐守的家，不是出生於水晶宮。

麒麟：我看過《西遊記》，記載龍王有太子，那不是龍王的太子也在水晶宮出生嗎？

大忠元帥：有精血之軀，肉身可用四生來產生，也就是肉身利用四生之法來複製肉身，但肉身上之靈性由上天來付給，有多少的肉身，上天就會給多少的靈性，這是輪迴的定則！在法界有嚴格的規定，除了瑤池金母依天律創造全新靈性外，法界不得有繁衍新靈的共同條約，就是天條！要使用分靈倒裝下世，也要依輪迴定則，依規定選擇新靈降世，一切依共同條約而行！所以除了瑤池金母外，說法界那位神尊或幽靈有真正生育兒女，是為妄言！不過如果在凡間有肉身時生育，回返靈法界變成有兒女，是不違反天律的。還有一種情形，就是靈法界認義子、義女，因無真正的生育兒女，只有名義上認定的義子義女，是無違反天律的。「龍神」是元神，無凡間的實質肉身，除了在凡間所生之兒女外，不然就是義子、義女，不可能龍王在位時，生化有實質肉身的兒女。所以水晶宮是海龍王的駐守地，不是「龍神」的出生地。所以不論是龍王或龍太子都是經過中天北玄神龍宮的元神轉化而來，所以中天北玄神龍宮才是真正龍神的故鄉。

特史：凡間有多少小金龍轉世在紅塵中翻滾！這些轉世的小金龍，他們從來不認為是海龍王的後代，這些小金龍總誤認為自己是中天無極玉皇上帝大天尊的兒子，誤認玉皇上帝為龍的總源頭！所以他們為小金龍自居，最大的癥結所在中天無極玉皇上帝大天尊，從來沒有認為自己就是「龍」，那落在凡間數以億計的小金龍之名從何而來，如何認為自己就是金龍，金龍何處來？地球中國歷代，皇帝也自稱為天子，也以首席天帝之子自稱，也都以「龍」為最尊貴。

麒麟：誤認天帝是龍，我知道是絕對錯的！四十九星系就有四十九位中天無極玉皇上帝，今九大行星系中天玉皇上帝大天尊為關聖帝君，關聖帝君並非是「龍」所傳承而來，《中天天堂遊記》將解開地球有史以來對「龍」的傳說。

大忠元帥：其實「龍」是幻像，非真有實體的「龍」，龍形是元神所化像，就是龍

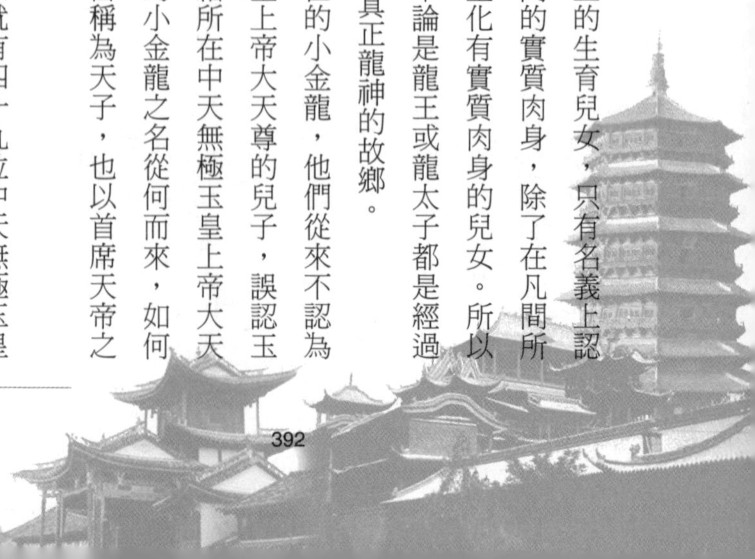

形的法身，最多數量的就是雨神，龍形是雨神元神的法身。所以「龍」最低階的層次就是雨神，由雨神不斷進階的高層次龍神，由皇極進階到太極，進階到高級無極的龍尊，一樣源頭來自中天北玄神龍宮。這是「龍」的故鄉是龍神的源頭。

我們已走入樓前，列隊恭迎的隊伍，人數還不少。

大忠元帥：中天北玄神龍宮，現任的巡查官會帶法師、特史前往，細節情形去神龍宮自會了解。我們現在鼓掌歡迎前任巡查官當今的麒麟法師！

掌聲響起，大忠元帥整隊行儀隊之禮，是非常有紀律之幹部部隊，一一介紹、行禮、握手、回禮，十二天君，我無法一一去記起來，倒是八大當值值星官比較好記。

大忠元帥：現今中天無無極北天金宮，大部分的編制，都是法師您凡前的建誌，四部十二天君，八大當值值星官都是，少有異動！今列隊者為四部十二天君與八大當值值星官與雷師雷將。

天君：吾為監查巡狩部監察審定天君，為十二天君之首，也代十二天君向法師獻上最高的敬意，法師是我們前任的老長官，雖然今日形體不同，我們永遠懷念您的德政與照顧之恩澤，您今在紅塵歷煉，倍極辛苦，我們深深祝福，普渡眾凡塵，法雨均霑。

麒麟：凡前已已，吾已不記得了，今也不是你們的主官了，你們列隊歡迎，實不敢當！以你們四部十二大天君，八大元帥與眾雷師雷將的無極功果，功勳勝凡塵，為我凡塵人列隊，折煞凡間人。如真的有凡前，感激諸大仙的大力扶持，如今已是凡人身，無功無果，諸仙之舉，受寵若驚，感恩五銘。敢問天君，中天對北天之管理性質如何。

監查巡授部監察審定天君：吾中天管理北天之事務有三部，加上代天監察巡狩共分為四部，代天監察巡狩和南天官階考察與升降是不同性質的職務。所謂的監察，具有彈劾的性質，所以會有申訴與審議查核，舉證審閱與決議，這些審理的官階由皇極果位至無極的果位都包含，定論後送　無無極中天雷祖大天尊複審，再轉呈　無無極至尊玉皇上帝大天尊聖裁。這個監察部是個特殊的部會，跨越法界各層次，西天申訴案件一樣會受理，做到天律的公正無私，仙佛不論官階高低的自性平等。

麒麟：代天監察巡狩！這個部會是針對管理法界的天律，和凡界比較無關！我們更關心的是法界與凡界北天如何界定，這部分最重要，攸關凡界的北天戒律！那中天管理北天之事務有三部。這三部對冤親債主與劫厄消藏，影響到凡間人的財運、運勢、流年與命運軌跡，最為重要！也是凡間人最關心的事？

監查巡授部監察審定天君：監查巡授部雖然不直接關係到凡間，但是凡間人不是永遠在凡間，總有一天凡塵因緣盡了，也會回歸於法界，那時候不明白監查巡授部，未來連申訴的程序都不懂，就等於放棄這部分的權利，現在最起碼也要知道有這個高階的申訴管道。您們希望得知另外三部的主審業務，我們人寰行儀部的申請天君來做簡介。

人寰行儀部申請天君：法師、特史好！法師凡前是我們的主官，雖形體不同，今見法師，很高興，還是會緊張，尤其見巡查官更緊張。

麒麟：嗯！我有那種感覺，緊張大師就是你？不過你貴為天君耶？我當巡查官有那麼兇悍嗎？

人寰行儀部申請天君：感謝法師想起我！法師對我們很好，不過見到法師會讓人肅然起敬，大家都那麼說，因為緊張是我的特點，沒辦法！這是我從凡間帶來的習性，還好法界沒規定，會緊張的就不能當天君，當初你還不是任用我。

麒麟：我忘記有任用過你了，不過現任的巡查官也任用你，你的能力應足夠擔當。有時緊張的個性，反而把事情做的更完美。

人寰行儀部申請天君：我相信法師是前任的巡查官，因為前任的巡查官也是這樣說的。言歸正傳；三部為「人寰行儀部」、「劫厄消藏部」和「統合聖裁部」；每部各有三組，和「監查巡授部」三組共有十二天君；這三部是中天中央單位，是主審機構；不是直接辦理的單位。是由四十九個星系無極北天所轉進的案件，做成最後裁定的審核。如有重大或特殊案件才會轉呈　無無極雷祖大天尊聖裁；一般案件會由巡查官定論結案。「人寰行儀部」為法界對凡界的正規申訴管道，「劫厄消藏部」是凡間自訴通路，「統合聖裁部」就是針對「人寰行儀部」、「劫厄消藏部」申訴成功後所造成的行儀，人倫、經濟、命盤、整體宿命的改變，做個統合的預估。因為一個人改變了生命的軌跡，可能影響的層面很廣，造成沖擊也很大，社會國度都可能受到波及，這部分會由「統合聖裁部」做好統籌計畫書，送達巡查官審核，這幾個部門都是公務機構，裁決具有宇宙法界公信力。

麒麟：「人寰行儀部」為法界對凡界的申訴，法界會透過合法申訴來對凡界，我想應該是指冤親債主了。

人寰行儀部申請天君：沒錯！就是冤親債主，不過並不是全部法界申訴案件都是向凡界的催討案（冤），也有法界贈予凡界案（親），其比例冤七成、親三成；冤者必提足夠的條理，親者審查會從嚴，所謂積善之家必有餘蔭，冤親債主申請者來自於幽冥界、遊魂界或低層次的神靈界，來自於魔界的佔極少數，要透過正式的中天公務機構如幽冥、土地神祇再向四十九星系之無極北天提出申請案，北天也有協助單位，對各宗教也有協助認證；由無極北天成立卷宗查證，成立後會轉到中天無無極北天聖裁，聖裁成立後，親者會轉回四十九星系無極北天去執行，冤者屬債務關係，正式文件會轉到申請者手中，冤者的權討，將是合法，於法有據。

麒麟：請問特史，秘史在我未到中天無無極北天時，對我說明北天的註解和二位天君之解釋雷同，足證秘史也出身來自北天，我說的對否？

特史：法師，您聯想力真好。秘史出身自北天沒錯，才會安排來輔佐您，您們之間是有淵源的，您回去可問問他的來歷，他願意的話，自然會告訴您。

麒麟：我知道特史的層級比秘史高，特史也不會告訴我您的來歷吧！

特史：今天不談來歷，將來您會明白的。

麒麟：好吧！也只能如此。再敢問天君，冤親債主之正式文件回歸到申請者手中，是不是所謂的「黑旗令」，但是聽聞中「黑旗令」來自於地獄界。

人寰行儀部行儀裁定天君：法師此問題！吾來回答您，中天無無極北天是中天中央機構，但無極北天是北天機構，四十九星系的無極北天都在北方位；北方位屬壬癸水，屬色為黑色，所以無極北天成立的卷宗都是黑底白字；中天無無極聖裁後，會回歸於無極北天；無極北天卷宗由「無極北天」將卷宗再轉達至幽冥、地獄或遊魂界或低層次的神靈界，再轉到申請者手中；當申請者他們接到無極北天卷宗也覺得很新奇！署名「幽冥天了」；所以才會誤認「幽冥天子」所發的核准令！接到的是無極北天所成立的卷宗是黑底白字，所以戲稱為「黑旗令」！其實這「黑旗令」不是「幽冥天子」所發，而是來自無極北天的核准令！「幽冥天子」是申請單位，再轉發給申請者；除了「幽冥天子」所發的之外，魔界對無極北天一些卷宗核准案也戲稱「黑旗令」！會戲稱「黑旗令」是對無極北天不尊重的！所以只有少數人會稱呼「黑旗令」的。凡界中幽靈界或低神靈界擁有無極北天核准令的冤親債主並不多！大部分的冤親債主都只是觀望、阻撓或保留權力，最後變成潛伏性的背後動作或長期的感應！雖然小動作多，冤親債主沒有無極北天的核准令，是不能有正面動作的，否則有擾輪迴定則是犯戒律的！不過這些小動作，就足夠凡間人頭痛了。

麒麟：這無極北天的核准令！凡間人認為是討債的工具，並視為冤親債主報復的工具，能不能不核准，凡間人就不會把它視為凶禽猛獸。

人寰行儀部行儀裁定天君：天律公正無私！你們只站在凡間人立場想，有沒有站在冤親債主的立場看，有冤說不得，有難何處訴！只有天律能還冤親債主的公道，凡間人怕冤親債主，就得「諸惡莫作，眾善奉行」，不能你欺凌別人很高興，要你還一點債，你就喊救人，要將心比心。

麒麟：據我所知，福德是不能迴給冤親債主的，功德是可以迴向給冤親債主的，那唸迴向文是否可以迴向？

劫厄消藏部申請天君：這部分屬於我「劫厄消藏部」範圍內；福德是造後世之福，功德在於功果之上，能迴向於冤親債主的以功德為主，福德為輔；功德既在功果之上，就必須公務機構去辦理與公證，私下授受是無公信力的，也不被公務單位認定！所以要依照公務程序來。至於迴向文，最主要是提醒各宗教之北天附屬機構，記得劫厄消藏，並時時提醒自我的精進，不忘時時保持赤子之心，以小我之潛修，創造大我之菩薩道。

麒麟：「劫厄消藏部」其任務為何，凡界如何消藏與申請？

劫厄消藏部申請天君：凡間之劫厄消藏，凡間有很多的形式也都屬於劫厄消藏之形式。比如：許願、立誓、祈求祝禱、祭祀、普渡與法會，形之於無形，並非只使用於迴向一途，不論任何宗教或任何的形式儀禮，最後還是會回歸於中天公務機構之上。

如：唸迴向文，並非直接迴向於冤親債主，如是如此，為私下授受，不被接受，也不被認定，自無效力可言！如在於宗教而言：宗教會有一個類似北天的單位，所有迴向文會集中在這個類似北天的單位；這個類似北天的單位，每個宗教稱呼不同，這個類似北天的單位將此宗教教友的迴向文中的功德集中。由此類似北天單位判決，是否足夠條件做劫厄消藏的申請，或足夠條件也可能不提出申請，由這個類似北天的單位裁定！如由類似北天單位認為必要時就會提出申請，是向原四十九星系之中天無極北天提出後申請，本星系中天無極北天則裁決同不同意；不同意則退回原類似北天單位；同意則做成九大行星系中天無極北天之卷宗後，正式向中天無無極北天申請組提出申請；如申請組不接受，將退回中天無無極北天，退回宗教類似北天單位，如「劫厄消藏部」裁定組裁決同意或部分同意，會由中天無無極北天「劫厄消藏部更改總核組」，做好的整體影響與命盤更改的核定書送入「統合聖裁部」收件組，再經「統合部聖裁組」聖裁，經巡查官核覆！一切程序就序後由「統合聖裁部文書組」將卷宗及核定同意書送往本星系之中天無無極北天及本星系之「無極東天」做劫厄消藏的執行任務！這個程序不是你們凡間說了算數，也不是單單迴向文或用科儀或任何儀式就可去更改命盤或冤親債主的劫厄消藏的。

麒麟：好複雜！凡間人總認為唸唸迴向文或做做祈禱、許許願、做做消災補運或和神明溝通就可達到消災補運、劫厄的消藏動作，原來這只是提醒原單位或類似北天機構，不要忘了您的功德的統計，也不要忘了要幫你做消災補運的動作。敢問，宗教有類似北天的單位可申請，那沒有任何宗教信仰者，如何做劫厄的消藏，不會忘了這群善心人士吧！

統合聖裁部聖裁天君：吾為聖裁核定的最終單位，因劫厄消藏是可以消藏，也可以不消藏的，所以提出申請是有機會做消藏的，不提出申請一律以往生後做評比，並不會減少其功德量，不提出申請就完全依照原有宿命軌道而行。所以提醒原單位或類似北天機構可以改進其命盤的宿命，這是一種提前之機制，不過它有它的範圍，不是毫無限制的更改或提前！至於毫無信仰者，是無法享用這條機制的，完全依命盤宿命而行，有信仰而無宗教者，可透過中天神祇如土地神、山神、灶君、城隍或各神明的祈求，只要神祇願幫助提出申請，就可達到目的！至於做科儀或補運等等儀式，最主要還是能達到申請為目的，有申請就有機會改造原有之宿命；不過吾提醒一下，要消藏補運是必須有真功德的存在，無功德只在儀式上做補運的動作是無效的，有一些也因做補運或科儀和宿命剛好改善的巧合，這是可能發生的，人家說的三年一運，乞丐也有三年運。

麒麟：既然迴向文有提醒作用，中天是否有迴向文？

統合聖裁部聖裁天君：講迴向可分為二個部分，就是往生前或往生後消藏和轉移，就是所謂評比，會以能量和功德做評比。所以迴向於累世父母、師長與冤親債主及法界一切眾生，或自我的劫厄消長補運，也以能量和功德的迴向為主，其能量迴向在於無極東天，功德迴向在於無極北天。四十九星系之無極東天與無極北天有中天無無極東天與中天無無極北天為主裁單位，　無無極至尊玉皇上帝大天尊和　無無極雷祖大天尊為最高指導機構。所以「中天法門之迴向文」以能量和功德迴向為主，製成疏章表文，以為中天之迴向奏章，所以以疏章表文稱唸　無無極至尊玉皇上帝大天尊及　無無極雷祖大天尊（唸三次，頂禮三次），共稱唸三次，共頂禮九次，「前世福德證人身，今世善念助功德，東天登錄菩薩行，利我眾生益父母。」每稱唸一次，頂禮一次，共五次，取九九五之數，這句詩之意前段功德指無極北天，後段之意能量指無極東天，唸完九九五之數，唸附加詞。其表文如下：

　中天祈求共願迴向文疏奏摺伏以金闕金蓮下，稽首無極北天行，鑑證　無無極至尊玉皇上帝大天尊（三跪九叩首）　無無極雷祖大天尊（三跪九叩首）前世福德證人身，今世善念助功德，東天登錄菩薩行，利我眾生益父母。（跪讀五叩首）。一、祈願以此真功德，迴向北天功德林，劫厄消長補運行，祈求正念共吾心。二、祈願以此真功德、迴向北天功德林，迴向累世父母、師長、歷劫冤親債主及法界一切眾生，（或指定迴向〇〇〇人），予一心頂禮遍法界。中天弟子〇〇〇誠心恭敬，聖裁其示，洞真其明，（補述事由）（頂禮乙次十叩首）。

麒麟：非我中天弟子，是否可行？

統合聖裁部聖裁天君：非我中天弟子亦可通行，將中天弟子改成準中天弟子即可，迴向文並不是唸越多越好，有必要才行之。

麒麟：中天法門是禪修法門，除了中天迴向文外，是否應做改運補運的科儀？

統合聖裁部聖裁天君：禪修是為道，道法自然，改運、補運亦在中天之法內，非有心改就能改，該改的時候，他自然會改，不用杞人憂天，唯有修道才能徹底更改原有宿命。迴向改運、補運一切由天安排，盡量不要人為的操作，千宗萬教，神識最終還是回歸於中天公務系統上，天之安排不會是多頭馬車，也不會無中生有，一切以中天為主導，財施、法施破貪嗇，三千大世界，條條道路通羅馬，條條通往中天公務中，宇宙公務軌道將是中天運幄之道，千頭萬緒，八萬四千法門中，將回歸於中天之公務總源頭。

麒麟：宿命隨身而降生，修道才會不依宿命行，宿命是在中天公務系統中，不依宿命還是在中天公務系統中，一切輪迴，仙聖、神、佛俱在公務系統中，不論時空多麼久遠，所以中天代表著輪迴時空，無無極團隊代表著永恆時空，能掌輪迴無盡時，輪迴亦近永恆時空中，宇宙不滅軌道亦是中天永恆之軌道。

大忠元帥：法師，此言看似平凡，蘊藏宇宙無為真大道，輪迴為斷續承運之永恆。

麒麟：宇宙一大道，人一小道，天行健，人自有開通時，晨昏虔誠頌唸，　無無極至尊玉皇上帝大天尊、　無無極雷祖大天尊，能除一切苦，解一切憂，萬象雜念皆為自在，隨口所唸，隨心無二意，自然有雷部神祇護衛，減低魔考，身受法益，家庭平安，殊勝於迴向文，是為中天無無極北天此行之真義也。

見八大值星官，我一直想問，中天無無極北天有八大值星官守護，我九大行星系中天法門法會會場誰來護衛。

大忠元帥：八大當值是我們護衛中天無無極北天的責任，與職責所在，四十九星系中天法門法會會場，是直屬四十九星系無極中天玉皇上帝，所以四十九星系無極中天玉皇上帝玉旨聖令文武內相，在無極中天將帥部成立「中天雷雲六大金剛」及「中天天龍八部」，主帥為雷雲大將。雖屬將帥部，雷雲大將卻直接授命於文武內相，雷雲大將領導指揮「雷雲六大金剛」與「天龍八部」及「雷師雷兵將」，是為四十九星系的專責護法護壇神將，護衛中天法門法壇與法會。

麒麟：中天法門專責護法護壇神將為雷雲大將，那雷雲大將四十九星系中到底有幾位？何為「雷雲六大金剛」？何為「天龍八部」？和我們地球宗教講的「天龍八部」有沒有同一個單位。

大忠元帥：雷雲大將是官階名。四十九個智慧星系有四十九個雷雲大將，所以就會有四十九組「雷雲六大金剛」及四十九組「中天天龍八部」；你們地球就稱為「九大行星系」中天雷雲大將，是九大行星系中天法門護法護壇主將，「雷雲六大金剛」為曾經擔任雷部司令官，有實戰經驗的司令官，雷師雷兵將分成六組領導，故稱為「雷雲六大金剛」；至於「天龍八部」，中天公務機構中，沒有「天龍八部」的建誌，「天龍八部」為宗教的護法神的稱號，並非公務機構的職稱，因為中天法門也屬宗教教門，中天天龍八部，真正神龍元神的組合。中天有二個元神的故鄉，中天倍流寺是雷神的故鄉，所有高低階的雷神都來自中天倍流寺。中天北玄神龍宮是神龍的故鄉，所有高低階神龍都來自中天北玄神龍宮。雷神是在元神上的化相，神龍也是在元神上的化相，「西天護法神之天龍八部」和「中天天龍八部」的組合是完全不一樣的，「中天天龍八部」由八位神龍將星組合，飛天金龍、飛天銀龍、黃金神龍、無極青龍、無極白龍（又稱雲龍）、無極赤龍、無極玄龍、四海龍王、率領小金龍及彩龍。九大行星系因法師和巡查官的關係有點特殊，除了「天龍八部」外，多了一位無無極的神龍，那就是北玄黑龍。「六大金剛」和「天龍八部」，由雷雲大將統馭領導，無極將帥部要調配與支援。

麒麟：護壇護法動用如此大的法界護持，真是天恩浩翰，感謝大忠元帥之提醒，八大當值星吾之座右銘，今在此請八大當值能簡述其意，使吾可明白其中意，以後好處處提醒恪自遵守。

大忠元帥：法師客氣，粗解座右銘亦是我等之榮幸。凡間智慧亦有八大精義詳解，是故吾等簡而述之，可也。忠者，為中心也，心中無二心無二主也，與團體社稷為謀，竭盡其能竭盡丹心至誠，上不怍天，下不愧地，無疚於至誠，鞠躬而盡瘁，死而後矣。

大義元帥：義者，恆信於公理之上，義理是為踐行，不貪求而傷義，大義者有節氣，殺身而成仁，捨身而取義。

大仁元帥：仁者，惻隱之德，仁行天下，仁心而愛物，天有好生之德，將仁擴展是為普渡一切之眾生是為仁之極至，麒麟祥獸是仁之表徵。

大孝元帥：孝者，乃反哺之德，親侍誠以躬身，養飴老以敬，順乎心，喪之衷心之哀，肉身其養是謂至親，躬臨至親，如自身之軀，等同己命之痛是謂之。

大信元帥：信者，言出必行，言而有信，信者必以遵守，講信而修睦，一言九鼎，勿為反覆，是為人格之佐證也。

大真元帥：真者，不虛假，表裡如一，言行一致，真心如鏡，鏡如我，我為真如本性，千真萬確，至真至善真我之本體。

大德元帥：德者順其道也，道者是為自然法則，自然的定律，德者是輔道之於宇宙萬物之自然法則定律之互動變化。

大忍元帥：忍字，心字頭上一把刀，忍人所不能忍，是謂逆來順受，堅持忍辱，不還口，不還手，其心不起嗔恨心，不起報復心是為理智明白的意志提擇。忍者不是懦弱膽怯怕事的代名詞，忍者，大智、大仁、大勇的具體表現也。

因時空關係，辭別眾仙真。

【文後筆記】

一、何謂「無無極中天三大天王」？

二、無無極北天的職責？

三、解釋人寰行儀。

四、更改命盤者，有宗教的由宗教之東天，轉呈宗教北天，再轉呈公證機構才轉到無極北天。無宗教者，其籍在幽冥者，由幽冥轉呈無極東天，再轉呈公證機構後，再轉呈無極北天。無宗教或有宗教者，還有一個管道就是由地基主、或土地公、或灶君、或城隍呈報無極東天，再轉呈公證機構，再轉呈無極北天。

五、必須有神祇呈報或有單位呈報才會進入無極北天的更改命盤。

六、所有更改命盤之事，不經中天公務機構認定，是不具效力的！

七、為何很多人認為自己做善事之功德很多，卻沒有馬上得到好的回報，有時還會厄運連連，是何因？

八、解釋冤親債主所引起的債權關係。

九、北天之分支機構為何，各有何任務？

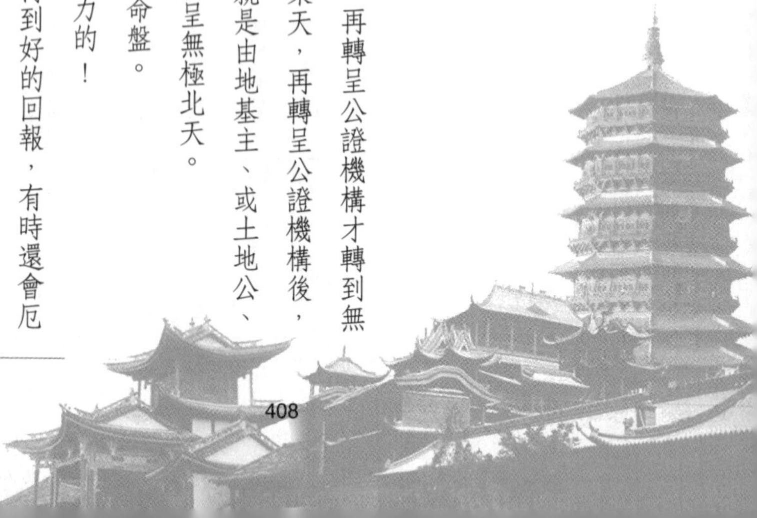

十、「中天無無極」為決定與裁決的最高機構。

十一、說明北天四部十二大天君。

十二、大道真理中天現，借假修真玄關見。天時道運法函頭，先天之行龍回首。

十三、黑森林是代表北天的聖物，這不是真的樹，是神物的化像。

十四、說明進入無無極北天洽公的各種門戶。

十五、玄關藏性本自然，非為師授洩天機。真金不怕火燒煉，宇宙氤氳至善地。雙十方寸稱金剛，甘露法水法永恆。成就金仙無明破，性命雙修證無極。

十六、中天北玄神龍宮是附屬在中天無無極北天金宮下的直屬單位。中天北玄神龍宮是所有「神龍」的故鄉。

十七、有多少的肉身，上天就會給予多少的靈性，這是輪迴的定則！

十八、在法界有嚴格的規定，除了瑤池金母依天律創造全新靈性外，法界不得有繁衍新靈的共同條約，就是天條！要使用分靈倒裝下世，也要依輪迴定則，依規定選擇新靈降世，一切依共同條約而行！

十九、其實「龍」是幻像，非真有實體的「龍」，龍形是元神所化像，就是龍形的法身，最多數量的就是雨神，龍形是雨神元神的法身。所以「龍」最低階的層次就是雨神，由雨神不斷進階的高層次龍神。

二十、何謂「無無極北天四大天君」，其職務為何？

二十一、合法的催討，要透過正式的中天公務機構如幽冥、土地神祇再向四十九星系之無極北天提出申請案。

二十二、無極北天所成立的卷宗是黑底白字，所以戲稱為「黑旗令」！這是無極北天的核准令！

二十三、福德是造後世之福，功德在於功果之上，能迴向於冤親債主的以功德為主，福德為輔；功德既在功果之上，就必須公務機構去辦理與公證，私下授受是無公信力的，也不被公務單位認定！

二十四、說明「中天迴向文」。

二十五、介紹無無極北天八大當值天君。

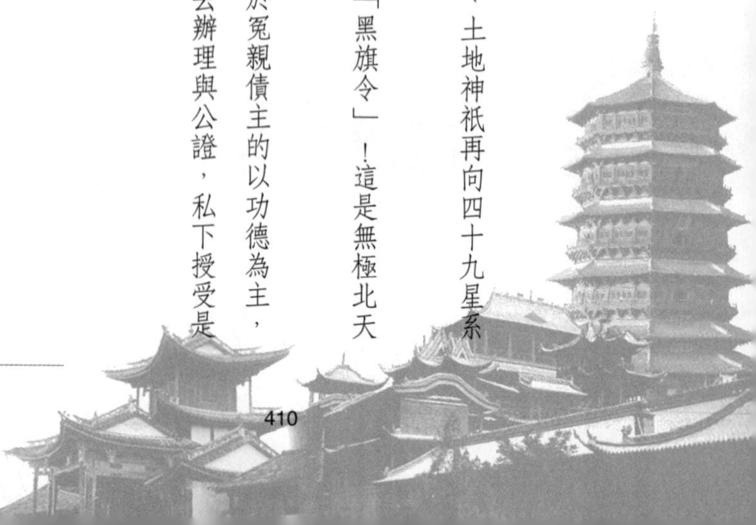

第十八章

中天無無極監察御史巡查宮

再次造訪「中天無無極北天」，和特史相伴，由大忠元帥領路進入主樓，主樓大概是中天管理北天的關係，所有建築都以黑色為主體，閃著金剛石的金黃色亮光，主樓非常廣闊，是為挑高型建築，入門右側為服務台及警衛隊，其他無設施，在服務台區，來此辦理的各單位的人數非常多，人來人往，熱鬧非凡。經過服務區後，是很長的長廊，我們以念力飛行慢速前進。

麒麟：敢問大忠元帥，四十九星系無極東天有添補功德的長生果，無無極北天是功德的管理者，是否有類似長生果之補償神物。

大忠元帥：法師，無極東天是因能量、功德的多寡和果位定立的差異性，有長生果為補償之效能，無極北天功德補償形式並非和東天一樣！所以沒有類似長生果之神物。北天使用卷宗審核制度，不過無無極中天有雷神元神的故鄉倍流寺。無無極北天有龍神的故鄉北玄神龍宮，這是創造龍神的地方，是東天所沒有的。我們直上五樓的中天無無極北天大殿，執中位者，法身高大莊嚴，應為監察御史巡查官，中位有超大背板為黑底白字的「玄」字。四部十二天君、八大值星官及文武幕僚二邊堂前肅立，麒麟階前俯身跪拜。

麒麟：弟子麒麟，向巡查官頂禮叩首，並祝巡查官千秋千秋千千秋。

巡查官：法師免禮，大忠元帥請攙起法師。法師你本是吾師，也是前任之巡查官，殿前因禮制，受汝之參駕，私下吾也應向吾師參禮請安。

麒麟：巡查官所言，凡前事，眾諸仙有說過，吾為巡查官之師，聽巡查官之言，才知道。

巡查官：法師御下北天之重責大任，由弟子承接巡查官之職，吾才知北天之責任重大，兢兢業業晨昏總不忘法師提攜與傳法之恩，才有今日的吾。也感念吾師心懷廣大，傳法無保留，才能使吾得無上心法，無上功勳，無上果位，傳承巡查官之無上功果。法師本卸下北天重責，理當輕鬆不帶任務悠閒神仙之永生，九大行星系中天法門第一代師在急，無無極雷祖的勸說，法師再披戰袍，承接第一代師之重責。

麒麟：凡前已已，麒麟已忘卻你我師徒之緣，今日望見巡查官功果崇高，是麒麟不可能高攀之情誼，那敢想昔日麒麟為巡查官師。

巡查官：法師客氣，心法在執，高階倒裝下世，心法不流失，常存於自性中，它日回返，功果毅然在自性中，其實法師是明白的，那算高攀之情誼，一日為師，終生為父，吾也奉此為信條。

巡查官步下金階，握住麒麟雙手，熱情之表情，反而麒麟覺得木訥，感動不知如何以對。

巡查官：法師前來，吾會帶你前往中天北玄神龍宮，這是禁區我會帶你們拜會中天北玄神龍宮的飛天北玄五黑龍龍主，這五龍主非常兇悍，武功蓋世的武將，我怕它們認不得你，所以吾去一趟比較安全，以免又節外生枝。

麒麟：五黑龍龍主，應為五位龍主，聽秘史說真的很兇！元神為帝君之果位，其中一位排行第三，今為九大行星系中天法門領導天龍八部之飛天黑龍，是否屬實？

巡查官：修行修道之目的，在於改正累世其習性，修行人日亦精進，處事更為圓融，脾氣愈形溫和，心胸愈寬廣不自私，宇宙真理之妙智慧再提升，增進仁德之性減少獸慾，這是凡界與法界共同的認知，如果這些無法提昇就不算在修行修道！所以修行修道層次愈高，刻劃在元神上之妙智慧就會愈高，獸慾就會下降。但法界中有二種元神改造後，會反其道而行，不依法界晉階而行。這二種元神改造是特殊的情形，也不能依凡界之觀點去理解。這二種元神改造不同於常態，愈改造精進，元神武功能量愈高，燥性就會愈高，脾氣就愈暴燥兇悍！這二種逆行改造機制都屬中天無無極的單位，它就是「雷神」與「龍神」。所以「雷神」與「龍神」在凡間執行任務，是讓凡界人膽戰心驚的。（第）三龍主請旨護衛九大行星系之中天法門，是護衛法師而來，也是報答法師您在任巡查官時的恩典，其餘四十八星系就無飛天玄龍的配置。

麒麟：「雷神」與「龍神」執行凡間任務，在暴雨中，颱風颶風中確實很可怕，雷擊風雨成災時有所聞，不過麒麟見過風雨司令官之龍神，不覺得他很兇悍，還覺得和藹可親，特史你也屬於雷神的元神，我也沒感覺特史你很兇悍。

特史：法師，要不要我表演嚇一下法師！就是因為你是法師，我們敬重你。雷部眾神都有經過元神的改造，為何要改造？是因應任務的需要與成為武將必要的條件！大的能量提昇，無極單位的「雷神」與「龍神」，在凡間執行任務都是搭配在一起的。所以「雷神」與「龍神」的任務不是隨便的神將就可來替代與勝任的，在你們凡間叫做專業！「雷神」能量充滿火爆之氣，使元神化為雷將。「龍神」能量為黑濁之氣，使元神化為龍形！誰敢說「雷神」、「龍神」不兇悍，閃電雷擊，強烈颱風颶風，威力萬鈞，無人能抗衡！吾簡單說明一下「雷神」、「龍神」的改造情形。自願投效於雷部，經過雷部資格審查合格，得進入「雷部武將訓練所」，訓練完成，選擇為「雷神」或「龍神」。「雷神」在雷部雷神訓練所。「龍神」在雷部龍神訓練所做專職的訓練。結業後，「龍神」進入「無無極北天」的北玄神龍宮，「雷神」到中天無無極倍流寺。我是經歷過「雷神」的過程，比較明白「雷神」新手的心境，新手充電後，自行放電，會反覆很多次，元神充滿能量，燥熱非常，雖放電了還覺得能量無處宣洩，進入心境調理班去調整心境，使爆發力下降，脾氣緩和一些，反覆再反覆的訓練，武將的霸氣就顯現出來，雄糾糾氣昂昂，不過霸性一直在提高，就要反覆到心境調理班去使心境平復，等倍流寺結業合格出來，就是一個標準現場執法雷神；那股氣勢不是一般神將能比得上，那就是當「雷神」的驕傲！所以意氣風發，氣勢非凡，雷霆萬鈞，在每次執行任務完畢後，必須進入心境調理班去平衡，否則這種霸氣累積，一旦爆發會嚇死人！如果升任主官，不再直接閃電雷擊的話，時間久了，這股氣勢就會下降，為了保持這股氣勢，雖然升任主管，一樣參予現場的閃電雷擊的任務．為了就是要這獨一無二的雄壯氣勢，「龍神」也一樣，會有霸氣不斷上升的問題，所以凡間人對狂風暴雨釀成的災殃，請稍加海涵。

麒麟：噢！原來法界允許「龍神」與「雷神」向凡間示警，展現天威。

特史：法師，法界定則，非用凡間解，九大行星系自古至今無人去解釋「雷神」、

「龍神」的狀況，今透露一下天堂實景也好，以免自古以來都被誤解成各宗教的「雷神」與「龍神」，其實「雷神」與「龍神」是屬於中天公務機關的。

巡查官帶了左右隨侍，左右隨侍各帶一把劍和一支雷鎚，這二把劍劍鞘和劍柄都是全黑的，有股說不出來的靈氣。我們出了主殿，到達北玄神龍宮的井口。

麒麟：人間用槍、砲，法界落伍還帶劍，不過這二把劍很有靈氣，不像普通的劍。

巡查官：凡界之槍砲對法界無法傷害，法界無形骸那怕槍砲！這二把是 無無極至尊玉皇上帝大天尊玉敕之屠龍劍，分為陰陽一對，如意龍石所鑄，伸縮自如，專剋制高級龍神。

麒麟：北玄神龍宮不是你巡查官的管轄之區嗎？何需帶劍示警。

巡查官：為了法師的安全，不能出差錯，出差錯很難彌補，也提醒四位龍主尊重法界體制，它們雖屬吾之幹部，但「龍神」是帶有獸性的，有備而無患。

麒麟：他們是你的屬下，何須小題大作。會出什麼差錯。

巡查官：「龍神」因心境修持關連，大致分裂為青龍、金龍、紅龍、黃龍與黑龍

（又名玄龍），五種龍類，這是最初級的等級，再進化為各類彩龍及各天雲龍，這就是龍尊；由龍尊再晉昇為龍王；龍王再晉升最高等級的龍主。所以初級的小青龍、小金龍、小紅龍、小黃龍與小黑龍果位在皇極。龍尊果位在太極。龍王果位在無極。龍主為飛天黑龍為無無極。五種初級龍中，只有黑龍能昇級至龍主，其他四種龍種，最高只能升級至龍王。初級龍晉級為龍尊，再上升為龍王，最尊貴者為龍主。龍神元神轉化過程和特史說的一樣，霸氣無法全然消除，既為當值之「雷神」或「龍神」，霸氣就會十足，不值勤時日久了就會轉弱。一般而言，上升為司令官就可不直接值勤，只負責指揮的任務，久了心境的轉換就會使獸性減低，但是法界並沒有規定，當值的司令官不能直接值勤！五龍主地位已非常崇高的帝君果位，但常申請為當值的司令官，甚至還親自面對凡境值勤，這就是五龍主還希望永遠保留這份霸氣，這霸氣可保存武功不退！龍的霸氣有時會帶有龍的獸性，一旦興起，會和人一樣氣衝腦門，失去理智，一發不可收拾，況且五龍主龍的元神，武功甚高，尤其五位飛天玄龍聚和在一起可抵數十萬雄師！雖五龍主是吾的一個屬下部門，平時會謹尊令喻，但獸性來臨，會不顧一切，不可收拾，是吾最擔憂的事！現場要及時制服五龍主，是件不容易的事，雖可事後追溯，但現場總不濟急，現場的傷害有時會無法挽回，唯有「玉敕屠龍劍」可剋制高級龍神。吾不希望法師你今日前來而有所閃失，故可備而無患。

麒麟：帶屠龍劍，嗯！感謝巡查司令官對麒麟安全的關照，情節有一點像武俠小說，不過麒麟要拜訪人家，還帶剋制人家的武器，好像有一點過分。

巡查官：龍的元神獸性興起，義無反顧！法師，你的安全，吾當負責，你當巡查官時，因您本性善良，有擔當，為保第三龍主把巡查官的果位弄丟了！所以（第）三龍主為感恩，才會自願為九大行星系的中天法門為護法神。現在吾也不能有所差池，如果有差錯，把法師給弄丟了，很難對　無無極雷祖交待，所以四位龍主應該可以體諒的。

麒麟：巡查官之意，這二個改造部門的「龍神」與「雷神」還是屬於　無無極雷祖的管轄之內，那在四十九星系無極雷部之「龍神」或「雷神」是否也屬於無無極雷部呢？

巡查官：除了西天，所有的公務機構都在　無無極雷祖的管轄，二個改造部門也都在無無極，「雷神」與「龍神」執行任務都在四十九星系的凡界，四十九星系都有無極雷部。因各星系對掌管無極雷部名稱都不相同。以九大行星系而言，在無無極雷部稱九大行星系最高的雷部統御者，稱為「九大行星系雷部無極最高執行司令官」，你們的道教把它稱為無極雷祖。這無極雷祖和　無無極雷祖是完全不同的等級官階的，一個在無極，一個在無無極。

麒麟：如果把我弄丟了會如何？為何五龍主會把前任巡查官的果位也弄丟了，一定發生重大變故吧！

巡查官：監察御史巡查司令官是為監察御史，代天巡狩。法師任巡查官時總是親自巡狩，代表著您的盡職，因您的外出發生重大事件，雖然有配套措施，但有時會緩不濟急！所以吾在任時均派出巡查史去巡狩，不再親自巡狩，雖有不親政的感覺，但那也是沒辦法的事。

有一個淒居星系，位於最北方邊疆地域，最靠近魔界的智慧星系。淒居星系中天機構都是饒勇善戰的將星駐守，勘稱百萬雄師！淒居星系無極中天玉皇上帝和無無極北天北玄神龍宮的（第）三飛天龍主是至交，（第）三龍主閒暇之餘都會去找淒居星系無極中天玉皇上帝敘舊，淒居星系無極中天玉皇上帝向（第）三龍主訴苦說：淒居星系常受魔界干擾，雖有簽下和平條約，互不侵犯，但魔界常在淒居星搞小活動，還佔領一個小國為根據地，已違反和平條約，文書抗議後平息，過一段時間又死灰復燃，周而復始，實在很難處理！今又活躍，向無無極雷部請命，雷部文書說一個小國無妨，也會行書給魔界，要魔界和平撤離，不興戰事。說得（第）三龍主已按耐不住，火冒三丈！怒言敢

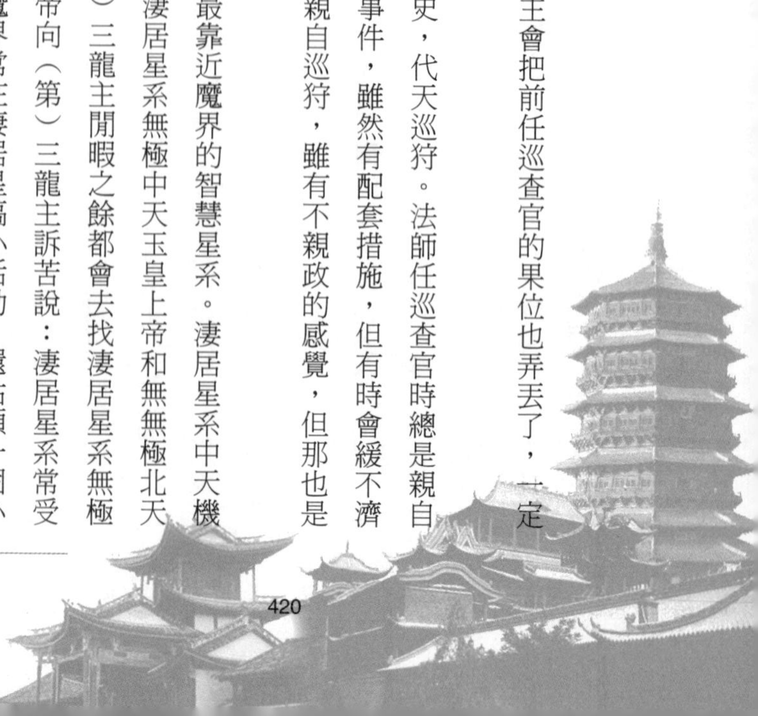

欺我國土，自願去討回國土，並驅離侵犯者！淒居星玉皇上帝反勸（第）三龍主不可擅自主張，以免違反天律！結果（第）三龍主衝出凌霄寶殿！不得已淒居星玉皇上帝派出最高雷部司令官與天兵天將尾隨，到了小國，一言不合，（第）三龍主先行動手，現出元神，展現法身，巨型飛天黑龍，能量護體金甲，金光護體，魔將見狀膽寒，想逃都逃不掉！畢竟（第）三龍主是高級戰將，在戰鬥中，魔將被殺，魔兵死亡逾千，魔兵四散！退出淒居星系。在戰鬥中，和最高執行司令官回到淒居星系凌霄寶殿。此時斥候來報，魔界大舉進兵，主旗盤主帥，率三刺龍與百萬魔兵進犯，在淒居星系凌霄寶殿外百里處，列陣待戰，淒居星本戍守邊界，武力自然不斐，也擁有百萬雄師，最高執行司令官也奉淒居星系玉皇上帝聖令，前往對峙，兩兵帥旗遙遙相對，百萬魔兵對百萬雄師，也可能一觸即發，緊張非常，戰事吃緊，魔界三刺龍出陣，指名（第）三龍主對陣，（第）三龍主應允，此時最高執行司令官聲喊殺，兩軍百萬雄師對戰百萬魔兵，三刺龍元神展現，二百樓高的巨龍，是為青刺龍、白刺龍與黑刺龍，刺龍背脊及尾部均為尖銳所以才稱刺龍，雙翅在兩邊，是最高等級的戰龍，能量充足。龍甲護身，閃著護身光芒，（第）三龍主也展現元神法身，是為二百樓高的飛天玄龍，指爪尖銳，（第）三龍主主戰三刺龍，將對將，兵對兵，真是天昏地暗。魔界盤主帥與最高執行司令官，在兩軍後，居高指揮作戰，場景浩大。

此時「中天無無極無線電望遠鏡」之雷音塔已發現有異，將戰情傳達至　中天無無極雷祖大天尊知情，　中天無無極雷祖大天尊敕令四十九星系正義法界全部進入備戰狀態，動員整隊完成，隨時支援淒居星戰略，現時不立即動員，以免擴大戰情。此時　中天無無極雷祖大天尊念力召喚巡查官（前任巡查官，今之麒麟法師凡前身，以下尊稱前巡查官）進入無無極雷城。前巡查官由外趕至無無極雷城後，　無無極雷祖大天尊授權前巡查官前去平息戰事，並交待正義法界不容侵犯之決心，維護正義法界之和平。前巡查官了解整體案情後，先念力召喚其他四位龍主前去壓陣，並交付不得加入戰局，等候處理，並交待二位助理阿音及文發（文發帝君為當今的巡查官）攜陰陽屠龍劍、雷鎚與本部戰將前往淒居星。戰場正如火如荼展開戰鬥，死傷慘重，不在話下！四位龍主，先到達淒居星。殺機沸騰，法身對法身，為正義奮力而戰，（第）三龍主獨身戰三刺龍，（第）三龍主真的勇猛善戰，三刺龍亦是高級戰將，畢竟以一敵三，漸呈敗勢，（第）三龍主一不留意，被黑刺龍貫穿能量護甲，負傷而退！退向凌霄寶殿而來，三刺龍隨後追趕，淒居星部隊見主將敗退，也漸退向凌霄寶殿，此時四位龍主趕到，四位龍主見於（第）三龍主負傷，大為光火，忘了前巡查官的命令，維護現場的平衡，達到止戰的目

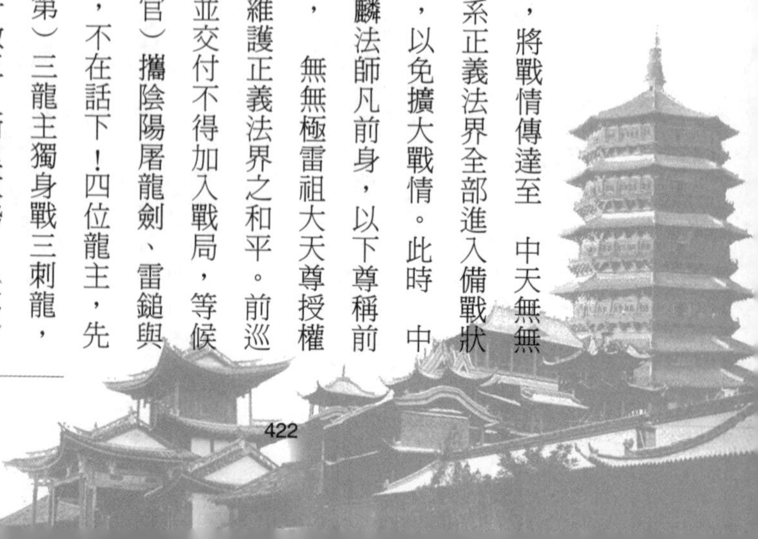

的。四位龍主，幻化法身，和（第）三龍主合成五龍主陣。（第）三龍主雖負傷，合成五龍主陣還是非常勇猛，此時三刺龍已趕到，見五龍主陣，不敢輕視，但見（第）三龍主負傷！其陣有缺失，挺進攻擊，八龍精銳戰將交鋒，混戰震驚三千大世界，大戰數百回合，三刺龍見五龍主陣威力無限，無法突破，三刺龍此時有默契，因（第）三龍主負傷，勢必是弱點，主攻（第）三龍主即可找出破綻。五龍主哪不知三刺龍意圖，五龍主也有默契，故意放寬此弱點，三刺龍正面聚攻（第）三龍主，反被背後之四位龍主，重創三刺龍背，能量護甲受損，三刺龍驚恐！抽身退出主陣外。三刺龍想不到五龍主陣如此厲害！魔界盤主師本在後指揮作戰，見三刺龍退出五龍主陣，亦化法身元神欲前行助陣，黑翼毒龍二百多樓高，黑色短翼，口吐短火，黑背灰腹，能量金甲護身，全身閃著毫光，亦是高級戰龍，欺身至三刺龍處，三刺龍明白黑翼毒龍的助陣，黑翼毒龍翻身入五龍主陣內，三刺龍見勢，亦翻身入五龍主陣內，四龍對五龍，黑翼黑龍太厲害了！戰了二十回合，五龍主陣無法支持，即將瓦解。此時前巡查司令官已趕到，左右助理展開飛天麒麟旗，喝令雙方停戰，慢慢神兵和魔兵分成二邊，各退回自己陣營內。

此時魔界盤主師應聲立一邊，前巡查官立一邊，陣前分成兩陣營，相距五十里，前巡查官後立五龍主與二位助理與將屬，再後立淒居星無極玉皇上帝，後為淒居星最高司

令官及各戰將與百萬雄師。魔界盤主帥後立三刺龍及各戰將與百萬魔兵，兩軍作戰暫時停頓下來，戰旗對戰旗，戰將對戰將。

前巡查官：盤主帥興兵前來，有違共同簽署之和平條約，請依和平條約條例，請立即退兵。

盤主帥：飛天麒麟旗，如果吾沒記錯，你應為中天掌無無極北天巡查司令官文麒帝君，久聞其盛名，未曾謀面，今日一見，英姿煥發，幸會，如不是敵對的狀況，一定英雄惜英雄，成為至交。今日興兵和你北天（第）三龍主挑釁有關，請將（第）三龍主交出，戰事可平。

前巡查官：盤主帥容許部屬侵犯淒居星，淒居星玉皇上帝常上奏無無極雷部，無無極雷部總是以和為貴，未加撻伐！（第）三龍主為正義，才會有今日之對戰，盤主帥有錯在先，今各有傷亡，交出（第）三龍主與法不合，有失正義，請即退兵，否則不容情。

盤主帥：巡查司令官勿凶！吾界和淒居星中天玉皇上帝交情一向深厚，是故一向平安無事，吾亦看淒居星中天玉皇上帝面子從未興起戰事，吾為魔界第一武將，你們如果在武功上勝得過吾，吾即退兵，單打或獨鬥，免兩軍對戰，不追究賠償，傷亡自負，以後你們帶兵，吾亦不阻撓，如未能勝吾，交出（第）三龍主。

大龍主：請巡查准許，五龍主一戰。

前巡查官：不可！（第）三龍主已負傷，五龍主陣有缺失，不一定是盤主帥的對手，所以不准。

此時五龍主已竄出，不聽令諭，幻化五位龍主法身，長竄而去，盤主帥亦化法身黑翼毒龍，一層護甲能量護身，迎向五龍主而來，五龍主陣威力非凡，黑翼毒龍亦非省油燈，一觸即發，五龍主戰毒龍，因（第）三龍主已受傷，五龍主陣有欠缺，五龍主是故不敵黑翼毒龍，五龍主皆受傷而敗陣。

盤主帥：五龍主敗陣，淒居星還有誰來對陣。

前巡查官：淒居星玉皇上帝此戰場在你所屬地，您為地主，如何排解？

淒居星玉皇上帝：巡查官前來，本座為下屬單位，一切應交給巡查官主裁。要單打獨鬥，吾淒居星系，無戰將可戰勝盤主帥。

前巡查官：那好，既已徵詢過淒居星，淒居星無戰將要出陣，文發！你我上陣，要小心盤主帥非池中物，它是魔界一等一的高手。

前巡查官接過助理阿音的雄性屠龍劍與雷鎚，化法身亦約二百樓高，右手執屠龍劍左手執雷鎚，文發亦幻化法身，一樣是右手執屠龍劍左手執雷鎚，兩法身是為雷神法身，屠龍劍如意伸縮，劍氣銳利，無堅不摧，能量十足，毫光射目。黑翼毒龍法身先攻迎面而來，速戰三十幾回合，前巡查官故意閃避，祭出雷鎚，閃電萬鈞！屠龍劍急如流星向龍眼急進，黑翼毒龍退縮。文發趁勢，屠龍劍刺中黑翼毒龍下腹部，屠龍劍無堅不摧，但黑翼毒龍卻毫髮無傷，文發驚恐！黑翼毒龍得意的笑，神劍利器也無可奈何，笑說屠龍劍也不過如此。前巡查官見狀，密音傳導告訴文發，黑翼毒龍護甲能量高超，屠龍劍無法直刺入黑翼毒龍的法身，既有超高能量金甲護體，不要用刺的，因刺的只是一個點，無法突破一個點，改使用拖行，由劍刃來拖行，可傷能量金甲，拖傷後再行刺中，即可中傷黑翼毒龍。

文發會意，前巡查官與文發均使用倒拖劍，黑翼毒龍體型大，卻非常活躍！前巡查官與文發也劍術高超，兩人配合天衣無縫。前巡查官示意，前拖斬龍頭，文發劃龍身，電鎚轟然，屠龍劍直刺龍目而來，黑翼毒龍退卻！文發屠龍劍拖行黑翼毒龍龍背，能量金甲閃出光耀火花，目灼雙目，能量金甲損出劍痕一尺長。

前巡查官再密音傳導，要速攻，五分鐘後，能量金甲會自動修復，傷口會復原。文發換你攻龍頭，我夾擊龍背，文發會意興起雷鎚，閃電中屠龍劍直刺龍面部而來，前巡查官見機不可失，左手雷鎚打向龍尾部，右手屠龍劍刺中龍背拖行之傷口，刺穿法身護體，刺穿法身龍腹，高速護體能量噴出，能量光芒刺眼，黑翼毒龍如受高電壓電擊，痛楚萬分，不敢再活動。

前巡查官慢慢地，很平順地抽出屠龍劍，收手抽出屠龍劍，若是刺穿龍身，旋轉劍體，可將法身龍體切成二段，法身破壞，即為無法修護，法身就會死亡，法身死亡就要下降凡間重新修行，是仙佛死亡的輪迴。此時黑翼毒龍由法身二百樓高身形轉為報身的仙佛身形，金光護體破，毫光不見了。

盤主帥：吾守信立即退兵，將來有巡查司令官的地方，吾將不與你對戰，以報答巡查官不殺之恩。

前巡查官：盤主帥多有得罪，望你不記此恨，魔界是小單位，具存於宇宙黑暗之時空，非吾正義法界願意前往之黑暗法界，是其名為魔界，只佔小小的時空，那能跟吾正義法界相抗衡。　無無極至尊玉皇上帝大天尊仁慈，見魔界本身極為痛苦法界，不忍撻伐，也不忍殲滅，希望魔界之主，要自愛，勿越界，否則休怪正義法界不容情。

盤主帥：吾魔界都是黑暗國度，是你們正義法界不願意前往的國度，我們並不自暴自棄，雖然魔界國度極小，戰力和你們正義國度極大懸殊，在魔界之主的領導下，井然有序，也盡量管制不去侵入正義法界的領土。不過正義法界還是我們嚮往的美麗法界，總有一些嚮往美麗國度者會有入侵行為，在所難免，希望海涵，不能像（第）三龍主一樣，未知會即於誅殺，吾邊疆主帥，面子何存，今日敗於巡查官之手，雖敗猶榮，不會記恨。

前巡查官：戰事已了，對錯在和平條約談判桌再去談，盤主帥你負傷極重，請即退兵。

三刺龍扶受傷的盤主帥，率兵離去，結束這場戰役。

淒居星中天玉皇上帝：參見巡查官，此次事件，本應是本座之責任，感激巡查官的幫助，本座會上書表奏無無極雷部，功過由　無無極雷祖聖裁。

前巡查官：淒居星中天玉皇上帝免禮，盤主帥雖在魔界，還算明達事理，面對如此的強將，戍守邊疆真是辛苦。

淒居星中天玉皇上帝：辛苦不敢，吾正義法界兵多將勇，雖無名將可單打獨鬥，但是群啟策略，並不會輸，所以幾千年來雖有零星衝突，並沒有像今日之大戰，（第）三龍主是吾摯友，不過盤主帥沒說錯，未知會即於誅殺，是（第）三龍主太衝動了。

前巡查官：對錯接受聖裁就好，不用談論。好吧！戰場清理，戰死英靈法身，功德轉換成福德，從優輪轉，轉生凡界，數量統計完成送到無無極北天」來。功過書表送到無無極雷部。（第）三龍主，你違反天律，暫囚于無無極北天天牢。返駕！

過了幾天，一切調查報告完成，　無無極至尊玉皇上帝聖敕令到。（第）三龍主違反天律，處法身斬首之刑，功德裁定減化福德，輪迴人間。接聖敕令後，四位龍主跪求前巡查官，聲淚俱下，情同桃園，五龍少一龍，組不成五龍主陣，只要能留下（第）三龍主的法身，五龍願永銘前巡查官求贖之心，永生永世努力以報答。

前巡查官：（第）三龍主有違天律，有損宇宙和諧，數千英魂在此次戰役重生而下凡，數萬法身靈體受創，是為（第）三龍主之過失而引起，不請令而戰，藐視天威，罪犯天條，其罪難恕。他亦是吾之幹部，吾亦不忍他在任時受懲，吾當盡力保住他的法身。

四龍主目送前巡查官去謁見　中天無無極至尊玉皇上帝大天尊。

前巡查官：中天所屬無無極北天巡查官拜見　無無極至尊玉皇上帝大天尊，萬壽無疆，聖聖壽。微官為了無無極北天神龍宮（第）三龍主面謁。

無無極至尊：巡查官，此事件！（第）三龍主罪證確鑿，你雖無過失，但總有督導不周之憾，朕不怪罪於汝，也不追究其不周之責，此次戰役，巡查官戰功彪炳，揚名法界，功居第一，為何來討保？

前巡查官：啟稟　無無極至尊，依律斬（第）三龍主法身。　無無極至尊明知微官會來，故音此問。中天有捍衛整個宇宙之正義力量，對抗魔界亦是中天護衛整個宇宙之責任，就算西天受魔界之侵擾，中天還是要負起捍衛西天的任務，所以四十九星系宇宙的和平的維繫是中天機構職責，凡武將都有的責任，龍主不顧自身安全來維護，也是勇氣可佳，如此勇將，不該受責，應於嘉許，否則正義如何聲張。

無無極至尊：家有家規，維護宇宙法源亦不得破壞體制。否則法界天律蕩然無存。（第）三龍主已犯天律，按律當斬去法身，降世為人，重新修行。

前巡查官：（第）三龍主護衛中天國土，純忠可見，雖犯天律，致使正、魔交戰，損法身數千，罪孽深重，但（第）三龍主亦是一高級戰將，實不堪折，講到家有家規，吾疼惜（第）三龍主之材，有護衛屬下決心，否則文麒如何交代於天地之間，依法界天律，吾為無無極北天之首長，足以力保一法身之死罪，這是天律之記載，依法有據，還望　無無極至尊聖裁。

無無極至尊：朕奉勸巡查官勿使用此天律，使用此條例對你本身傷害很大，必然辭去巡查官之職，以巡查官之官階來換（第）三龍主之法身，回歸無帶任務之無官階金宮，幽閒的神仙生活，你會習慣嗎？要不要考慮？

前巡查官：辭去巡查官之職，無帶任務也好，回歸文麒金宮，過過閒雲野鶴之生，多悠閒。

無無極至尊：這天律，朕有權同意與不同意，因你心意已決，定然護衛（第）三龍主到底，很難變更，引用天律，也合情合理。朕私下要求一件事，如果你同意，朕即准許你退休，此事不得對外宣揚。

前巡查官：依　無無極至尊附帶之條件，不論　無無極至尊要求是什麼，吾盡忠其職，粉身碎骨達成其任務。

無無極至尊：此次戰後，巡查官建功立德，是為最大功勞者，但其過在（第）三龍主，為保（第）三龍主法身，使巡查官削官去爵，有功無賞，真正受害的卻是巡查官，這好像不怎麼合正義，使得力幹部退休亦是朕之損失，為善盡其用，巡查官先辭去巡查官之職，保住（第）三龍主之法身，巡查官退職後，居於文麒金宮，還是和大羅金仙同列。不過未來會要　無無極雷祖遊說巡查官，任九大行星系中天法門第一代師，任重道遠。巡查官若同意，即可保住（第）三龍主之法身，朕即同意你使用首長力保法身條例。

歸程，見四位龍主及神龍宮眾諸將，在神龍宮外等待，前巡查官示意力保成功，歡聲雷動。

無無極至尊玉皇上帝聖敕令到，引用首長力保天律，得赦（第）三龍主法身，（第）三龍上必須在神龍宮內禁足二千年。

前巡查官：功過無由心田種，（第）三龍主法身過，普渡眾生天註定，九大行星一代師。

麒麟：文發帝君是當今的巡查官，助理有二人，為何不留阿音在職？你所述之前巡查官，文武雙全，武功蓋世，一點都不像麒麟的枯槁瘦弱之身形？

巡查官：吾為巡查官之職，是法師向　無無極至尊玉皇上帝大天尊的舉薦，大概你我師徒情深，吾得汝之真傳，法師疼我有加，吾亦感知於肺腑，師徒情永不能忘懷。吾亦請阿音幫助，希望她留職，阿音執意至文麒金宮，跟隨文麒帝君。法師也勸留，阿音毅志堅定，不為所動，跟隨帝君為終生職志無法改變。至於法師身形，因應凡界所需，不便去置評因緣，因地，因法而生，堪於使用就好，沒有枯槁疲弱之區別，是為精銳！枯疲並不妨一代師風範，讓凡境人往往跌破眼鏡，錯估現實之境。至於法界武功，法師已為凡境人，不可能帶走法界任何法界物，不論凡前是大羅金仙，無一絲可帶至凡境，這是天律，也是眾生平等！但到凡境，有法師果敢、負責，追隨法師，將可成就無上道業。今到北玄神龍宮入口，因為在無無極北天境內，故無需人看守，進入井內是唯一的通道，井內才有神龍與兵將看守，法師只要你動用念力，打在飛天麒麟旗上動搖，龍主就會串出，法師要有心理準備，神龍元神龐大，勿被嚇著。

麒麟：我來做嗎？

巡查官：當然，飛天麒麟旗是法師凡前的軍旗，只有法師能用。你為吾師，保有軍旗，亦是吾之孝心，亦是對您的崇敬，所以動用軍旗，只是規矩形式而已，我們早已通知龍主迎接。

麒麟運用念力於掌心雷印，順勢推出，打在高高在上的軍旗上，軍旗搖擺，軍旗上鈴鐺聲輕輕清脆響起。飛天黑龍由井裡竄出，龍頭逐漸擴大，龍身一直上浮，好大好高，二百樓高的龐然大物，如不是巡查官的提醒，真的會嚇昏！在半空中轉了幾圈，縮小為報身的人形，約五十歲的男生，溫文儒雅，和法身神龍天地之別，巡查官說是大龍主。

大龍主：拜見法師，拜見巡查官，參見特史。法師今日前來，吾已等待多時，恭迎法師大駕光臨，法師使神龍宮蓬華生輝。

麒麟：麒麟也拜見龍主，聽說龍主是神龍中最高的等級。武功蓋世的武將。

大龍主：法師所說的最高等級，不敢當，「神龍」總是神秘難測的，凡因修法各異，種族繁多，故在此註解，「神龍」如以正規之修法，初級龍可分為青龍、金龍、紅龍、黃龍與黑龍，五種有色之元神龍，五種初級龍都可進道上昇為龍尊。青龍、黃龍可直接晉升為龍王。金龍與紅龍會分化成彩龍，到達龍尊地位時彩龍會轉變成黑龍。二種彩龍加上黑龍，三種黑龍會上升為龍王，再升為龍主，這是正規的神龍轉化，唯有黃龍可無師自證，這是正規體制外和龍主伯仲間，成就為「黃金龍」，「黃金龍」又稱為龍太，四十九星系中天玉皇上帝之位階有十五席是龍太擔任，以前您們九大行星系中天玉皇上帝也有龍太擔任，所以你們一直認為無極中天玉皇上帝，就是「黃金龍」元神法身，現任無極中天玉皇上帝是關聖帝君，其元神法身是雷神。

麒麟：神龍真的千變萬化，種類族群紛飛，讓人目不暇給，眼睛潦亂。

大龍主遞過一塊綠玉，示意麒麟握於手中，大龍主領路，念力飛行進入井的通道，井寬三十米，下降為一里深，水霧瀰漫，至井底後平行進入通道，通道金黃色光芒，有神將看守。大龍主告訴我，水霧瀰漫，已在水中，因手握綠玉，只覺如水霧，神龍宮因環境特殊，造訪者必先申請，否則很難闖入。通道約一里長，豁然開闊，水中龍宮，是黑金之建築物，水中幻影，百里長，百里寬，五里高，大龍主告訴我，牌樓寫著「中天無無極北玄神龍宮」。

前庭之排樓有三武將等候，戰袍閃亮，威武英挺，大龍主為我介紹，為中天無無極北天北玄神龍宮之第二龍主、第四龍主、第五龍主。龍主們見駕於巡查官，我們見禮回禮。

一行過了牌樓，其景遽然不同，見主樓之宏偉，黑金龍柱數十柱，栩栩如生如玄龍負龍柱，整個神龍宮的主殿，很像台灣的國父紀念館的造型，只是神龍宮龐大數百倍，閃爍星光之全黑的建築物，有如水中之飄動水影之感覺，比較特殊的是一輪明月在半空中，如落日餘暉前之大太陽的大小，光而不強烈，溫和而不熱，光暈紅如火環，射出金黃色的光芒，使整個神龍宮充滿金黃色之光照，如日照萬頃波，一波接一波的水中浪影，萬點迴光萬點金，處於此境，如夢亦如幻，沉醉忘俗憂，神龍宮之美景世俗無，朝陽晨曦，又如落日餘暉幻化，美極仙境，流連忘返，世外桃源。

麒麟：柳暗花明又一村，這是月亮還是太陽，此景點綴江中月，真是龍宮仙境，美不勝收。

大龍主：神龍宮是獨立之仙境，是獨立之光源，稱為「靈珠子」，如果沒有「靈珠子」，神龍宮將伸手不見五指。有關「靈珠子」的傳奇，順便講給法師聽。凡境有一個雕塑家，接下一筆廟宇的雕塑生意，寺內彩繪雕塑，美輪美奐，但頭家總是不滿意，好像缺點甚麼神采神物，致使神廟不能完美，為應頭家的要求與自我執著，雕塑家自備香蠋，祈求上天成全，能見神物，完美廟宇之精神；是夜入夢，雕塑家夢如法師今日所見之景，見雙龍盤旋在空，及空中之「靈珠子」，所以以此夢境，在廟宇屋頂雕塑雙龍搶珠，龍負龍柱，龍飛鳳舞，龍自此下凡間，所以不只九大行星系有神龍的彩繪，四十九星系廟堂都有神龍的蹤跡，因為元神武將除了「雷神」之外就非「龍神」莫屬了，所以斬妖辟邪，功德祈福都在中天無無極北天。

麒麟：雙龍搶珠之珠是北玄神龍宮之靈珠子，靈珠子如何來，我總認為雙龍搶珠之珠是神龍的內丹。

大龍主：要講成內丹也是可以，但不是每一個法身龍神都有一個內丹，就算每個「龍神」都有內丹，也不會隨便拿出來玩，更不會有雙龍搶珠情形發生！真正狀況是所有元神法身龍神，共同開創法界內丹為「靈珠子」，是為所有法身龍神共同願力所造，成就「神龍的故鄉」。而每一個法身龍神均致力皈依神龍故鄉國土上。所以「靈珠子」是為法身龍神共同法界象徵，而單一法身龍神，是為信仰上之幻象，只是感覺上有「龍神」內丹存在，實質上皈依神龍宮的幸福感受，以神龍宮為國土、為依歸、為故鄉，為永遠的家，所以單一「龍神」並無真實內丹的存在，也因為如此，外出的「龍神」，每半年就必須最少返回神龍故鄉一次，這是法界皈依的必要條件，就如你們凡境的每個宗教也是皈依國土之後，有回返省親的動作一樣。

巡查官：法界條規繁文縟節，腳踏於中天國土上，心繫於中天國土上，功果自然建立在中天國土上，這是理所當然，要成仙成佛，要成為「雷將」或「龍神」或中天眾神祇，第一要件就是要上得了中天精靈所，它日方得進入中天無無極團隊的永恆之生。

進入主殿，寬闊清幽，主龍位後背板是大型龍臉的浮雕，主龍位前雙龍椅相對，右後為第二龍主位，左後為第三龍主位，右前為第四龍主位，左前為第五龍主位，今日不點召，所以主殿外有護殿神將，殿內只有左右護法，大龍主依律恭請巡查官主龍位昇座。

巡查官：今日法師前來，就不升殿，也不昇座，以示對法師的敬重。

麒麟：不好意思啦！造成巡查官的困擾，依律您是要昇座的，不用去考慮吾凡前為您師，畢竟已是過去事了。

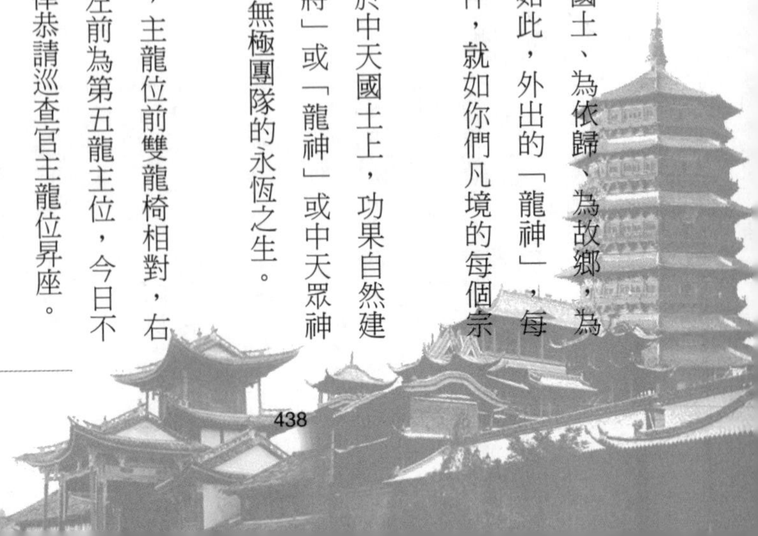

巡查官：法師重情意，吾等也該效法，傳承不可廢，所以不昇座，不落座，就不會有程序的問題，也請法師與特史海涵。

麒麟：無妨，隨境而自安。麒麟想知道的是神龍宮如何稱得上龍神的故鄉？如何在元神改造成為真正的法身龍神，那倍流寺應該也是改造元神成為法身雷神，為何在倍流寺時無說明。

特史：因法施法，也要時機成熟。

大龍主：一般仙佛或高低階仙神都是自然法身。中天或西天成就之仙佛也都是以自然法身成就，包括所有官階果位也都是自然法身，為什麼要改造元神？就是自己要有意願追求武將武功的至高境界，就可申請加入「雷神」或「龍神」的元神改造，或喜歡為凡界面對面的接觸，直接接觸凡境的環境，風、雨、雷、電之公務，這便可直接服務於凡界滿足服務的心。元神的改造後，元神法身就會顯現「雷神」或「龍神」特質，普通時候還是會以化應身，人的造型顯現的。「龍神」之最低階為雨神，是所有武將中數量最多的，在成為雨神之前，法身還是自然法身，要看自己是否有意願成為武將，願意才會提出申請。在四十九星系的每一個中天無極公務機構，每年都會有武將定期的招生公告，招生基層武將，「雷神」與雨神，招生資格果位在皇極中品以上，果位年限還剩五百年以上，中天系統或西天系統都可以，會改造元神為武將法身，元神改造後在法界期間的法身無法再恢復自然法身，初階訓練單位為四十九星系的各個中天無極雷部的「特殊武將訓練班」。

麒麟：大龍主說的有一點疑問？為什麼不直接招生高級雷雨神，為什麼招生的是皇極中品以上，而雷神改造單位為無無極中天雷部的倍流寺。龍神改造單位為中天無無極北天北玄神龍宮。這二個改造單位都在無無極。麒麟記得要上無無極，最低要太極以上，經過加持才能停留無無極一段時間，現在招生的卻是皇極中品，就算初階訓練完成，也上不了無無極天。

大龍主：法師說的極是！皇極中品是上不了無無極天，所以才會稱為「特殊武將訓練班」，武將的意志力是自然法身無法比較的，受了「特殊武將訓練班」出來，雖未進階層次，但雄糾糾氣昂昂，念力可克服萬難，自然法身太極層次經加持可進入無無極。「特殊武將訓練班」出來，雖只在皇極中品，經過特殊法的加持，並不遜於太極界的自然法身，萬法由心造，由此可證於此。至於招生超過皇極中品以上之高階層次，我們也願意，但高階低就，意願不高。

麒麟：那個單位或天數對武將招生，比較有興趣報名，報名的名額比較多？

大龍主：中天未有普渡前，普渡教育都由西天去對凡間執行，所以中天及其他三天欠缺果位名額都會由西天來遞補，所以西天入武將系統的非常多，因西方庚辛金，屬於白色。所以進入雨神之龍神偏愛小金龍，小金龍因果位低，年限又短，所以小金龍果位到期又回到紅塵來的特別多，這就是西方修法之遺漏，未能在禪修之境，進道上升之故。

巡查官：「雷神」與「龍神」甄選後，並非直接送到無無極北天神龍宮來，而是在四十九星系中各個中天無極雷部的「特殊武將訓練班」做初階的訓練課程。等結業後，其法身還未成就「龍神」或「雷神」，志願雷神者會送至無無極中天雷部倍流寺去做法身的改造。志願龍神者，就會送到中天無無極北天北玄神龍宮來做法身的改造，要送到這二個改造的無無極天，必須經過加持後才能進入，準「龍神」會在中天無無極北天宿舍先停留，先接受大氣場能量及心境幻化的課程，再進入北玄神龍宮的彩龍寺，彩龍寺是由自然法身轉換成龍神法身的第一階段，我們現在就到彩龍寺去。

大龍主先行領路，巡查官、特史、隨侍及護法，二、四、五龍主隨後，一行往後殿來，後殿又有一方形隧道約二里四方，進入隧道中，隧道屬於石縫形，沒有規則形態，曲折迴轉，約行一里，出了隧道，是一小廣場，相當平坦，鋪上黑色的金剛石，金剛石灼耀，閃爍著點點的小黃光，走到小廣場的盡頭，是一垂直的斷崖，巡查官提醒我，我們現在還在水鄉之中。天空還掛著「靈珠子」，比大殿看的「靈珠子」更大更光亮，這二個「靈珠子」一看就知道不是同一顆「靈珠子」，此顆「靈珠子」有點怪異，會射出如閃電般的銀白色電弧，稍聽有嘶嘶聲，持續約五分鐘左右，又停止五分鐘後，再連續，非常光亮漂亮，電弧曲折多變化，此電弧尾端射向斷崖下的建築物，我們靠近斷崖處，見到深處建築物的屋頂，還是以黑色為主體，和主殿有點類似，電弧頭在「靈珠子」上，尾端在屋頂上跑來跑去。

麒麟：請問大龍主，這斷崖無路可以下去，如以念力飛行下去，如果被電弧打中，會有什麼後果！

大龍主：這電弧有一點像你們凡間的靜電，雖是光弧卻不是直接導電，也不會造成危險，主殿「靈珠子」，稱為「上靈珠子」，這顆稱為「下靈珠子」，是能量超高形成放電的現象，龍神改造和「下靈珠子」有極大的關連，「靈珠子」一方面是願力所造就，一方面是靈流所形成的能量，「上靈珠子」只有放電與願力這個部分，所有靈流的能量會轉移到「下靈珠子」來，「下靈珠子」有雙重的靈流，所以才會光耀奪目，閃出電弧，電弧下端之建築物就是中天無無極北天北玄神龍宮彩龍寺，是龍神改造、潛修、精進的所在地。

大龍主一躍下斷崖，前往彩龍寺，光弧一端在「下靈珠子」一端移到大龍主的身上，形成一條曲折光耀的光弧，好像一條彩帶，光弧隨著大龍主降臨至彩龍寺。大龍主降落後，光弧又回歸到彩龍寺上。麒麟想，這是他們的地方，應該沒事！我們一行也下降，也一樣的光弧跟隨，麒麟是和他們不同境界的真靈，有感麻麻的感受。牌樓的文字為法界文，特史告訴我為「北玄神龍宮彩龍寺」，牌樓為黑色龍柱，栩栩如生，麒麟用手指去接觸雕龍，雕龍與手指間一樣拉出一條光弧來，光弧會隨著手指遠近及方向而移動，倒是很稀奇。

大龍主：法師，所有彩龍寺的一磚一瓦，都是充滿能量，只要你去接近彩龍寺任何物品就會產生光弧來，所以返鄉的龍神，其法身也會產生光弧來。

麒麟：難怪凡間的畫龍或雕龍也會點綴著光弧，麒麟以為龍身上的光弧點綴好看而已，它真的有其功能的，代表著能量充足。

大龍主：其實和法師相同法號的麒麟，也是龍神一組，是龍神之最精進者，龍頭鹿身披龍甲，也是光弧閃爍，為什麼？ 無無極至尊玉皇上帝大天尊敕封法師法號為麒麟，是符合你凡間之俗名，最主要是代表法師曾經跨越雷神、龍神的境界。

麒麟：大龍主是讚譽還是消遣，我今在凡間一無所有。

巡查官：就是一無所有，才會通通都有。

守將退去，我們一行進入主殿，主殿很寬闊，進門面對的是司令台，左手邊特史告訴我寫著「龍禪室」，右手邊為心境調理班，司令台上主席位居中是龍椅，兩旁邊相對的是事務用桌椅，司令台很高約有三十米，司令台前有一五角行的平台，平台為透明的水晶石，晶瑩剔透，約有三十米寬，五米高，五方邊緣有各有一椅，也是水晶石，椅為雙扶手型，五椅面向中心點，中心點上有一懸浮的大水晶體，五方如鑽石形，寬約四十米，高二十五米，無任何支撐，透明，可透視中央一條金黃色光，懸浮比司令台高二十米，我們進門的地方是觀禮台，約二百座位，高約二十米，是斜坡型。

觀禮台今日清空，以便利我們的到訪，和巡查官與特史在觀禮台落座，大龍主、

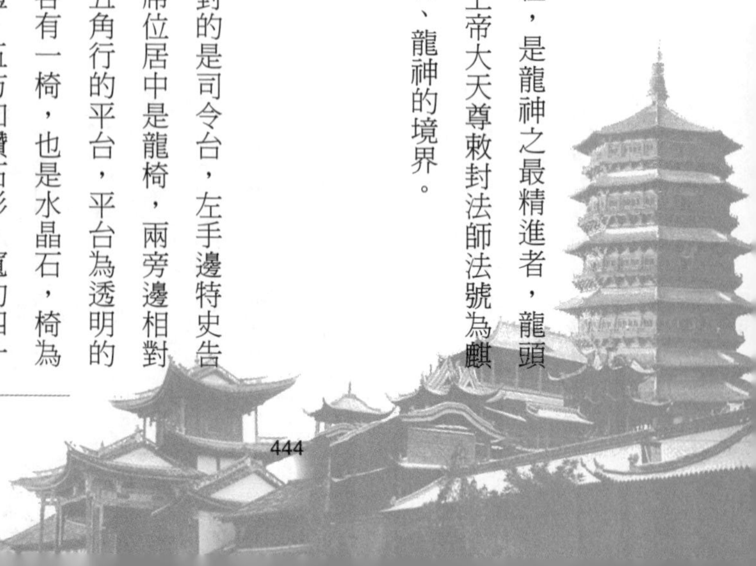

二、四、五龍主，站立在我們座後，巡查官示意我們今日觀禮，請大龍主做例行「龍神」加持，大龍主點頭應允。二龍主入主司令台龍主位，四龍主站立在龍主位右側，事務員十多員就位在事務桌。引導者進入龍禪室，引導五位今日的被加持者，五位被加持面對司令台，事務員依程序核對「鎖羅乙碼」，核對正確後將資料送到二龍主前，二龍主檢視資料無誤後簽名認證，五位被加持者轉身向巡查官行跪拜禮，巡查官點頭回禮，引導者領導進入司令台前的五角平台，因平台有五米高，要用念力飛行上台，在平台上一字形站立，引導者再說明平台使用之規則，不論何種狀況，要保持靜態勿狂飆。

大龍主：向法師報告，此五位被加持者，已有五次的被加持紀錄，並非新手，但規則還是規則，每一次都會宣讀，此五位被加持者分為五色，也就是青龍、白龍、黃龍、紅龍與黑龍，被加持方位，絕對不能弄錯，如有不足五位，也能啟用，缺的方位就讓它空缺。這種場地共有五個，也就是五龍主各有一個場地。

麒麟：不是有小金龍，小金龍在哪個方位。

大龍主：小金龍為西方金，是為白龍，小白龍就是各宗教都鍾愛的小金龍，由各宗教轉入而成為小金龍，福報用盡後下降之低層次的小金龍到紅塵者很多，這些小金龍總氣高志昂，不可一世，目高無人，只有自己的教門，排斥或攻擊他教，展現小金龍的暴烈之性！吾相信法師在紅塵定然遇到許多的小金龍或「龍神」一族的元神下降為人者，在別星系之第一代師，因是新啟之法門，在星系上開發普渡，受這些偏見的小金龍強力阻撓，變成這些偏見小金龍是為這星球中天的考道者。偏見小金龍不明天機，還洋洋得意，殊不知這些偏見的小金龍往生之後，雖可入主各宗教的國土，但要先經過中天機構的認證，北天功德評比將會受到很嚴格的挑戰，回返龍神故鄉認證，審核往往被拒於門外，能量不能再續前緣，能量不能接續，功德受挑戰，中央機構，不會核可讓偏見小金龍回歸原宗教教門，大部分會下「中天幽冥」或入「六道輪迴」。這就是為何小金龍來到紅塵數量那麼多的原因，也因為此原因，美其名叫做「累世修法」。所以偏見的小金龍不要眼裡只有你們教門，視別教為異教，宇宙輪迴的定則還在中央管制之下，這就是宇宙秩序，中天就是宇宙秩序的管制單位，能脫離宇宙秩序管制的高級神佛，宇宙間寥寥可數。為什麼？（第）三龍主會請命為九大行星系之第一代師護法護壇主帥，是因別星系第一代師有受偏見小金龍相斥之，（第）三龍主不忍法師受紅塵風霸之苦，故請命授准。（第）三龍主嫉惡如仇，不過會鉅細靡遺做好護壇之事，希望（第）三龍主能依天律而行，凡聖分明，不可對侵犯的人、神、魔，義無反顧的暴烈作風。

麒麟：中天法門做好自己門內事就好，不當的行為，我們也該警惕和引以為戒，我們不能只要求別人做到，我們自己也要一樣的相同標準。秘史有帶我謁見過（第）三龍主，（第）三龍主護壇決心堅定，其地位甚高，有主裁權，武將就是武將，武將本是英雄本無種，剛毅猛烈，我總不能問（第）三龍主你脾氣改了沒？

巡查官：法師，在凡塵如有疑難，只要您開口，中天無無極北天全力支援您。

麒麟：感謝巡查官及大龍主對麒麟的贊助，你們贊助，麒麟心領，畢竟凡境和法界有別，麒麟自感受與承擔，不會使你們去觸犯天律。

巡查官：法師，明其宇宙軌道而行，知其天律，大道與輪迴湛然，天道無私，器無私用，迴然不嘗於人情中，凡法界分明。

五位被加持者，以五個方位就位，面向平台的中心點，（第）二龍主起立向巡查官行鞠躬禮。巡查官舉手示意允許，（第）二龍主身稍後墜，運行內力，祭出「平行蝶」，打出「雷指印」，內功形成二條非常光亮的光弧，足證（第）二龍主內功深厚，閃耀的光弧彎彎曲曲的弧光，直向中央的懸浮水晶體，光弧深入懸浮水晶體內，懸浮水晶體中心接受光弧後，中心體因此泛紅而亮起，逐漸整個水晶體透紅，水晶體上端一道光弧由上端祭出，光弧直向「下靈珠子」，約過半分鐘二龍主收勢，坐回龍主位上，此時弧光全部停止，「下靈珠子」形成圓柱型的光弧直向懸浮水晶體，懸浮水晶體紅心的部分一直增加，紅光奪目，懸浮水晶體下部分慢慢形成五面色鏡，剛好面對五位被加持者的方位，綠、白、紅、紫、黃，一個剛好面對一面色鏡，五色一直加強中，懸浮水晶體也慢慢下降中，五色鏡面射出綠色鐳射光、白色鐳射光，紅色鐳射光、紫色鐳射光、黃色鐳射光，五位被加持者，剛好一位接受一個顏色的鐳射光束，以綠色來說，綠色鐳射光束直接透過被加持者全身，被加持者如褪色般的褪去本身的顏色，變成綠色的應化身，鐳射光透過被加持者，變成很耀眼的綠色，由水晶椅反射回來綠色的鐳射光束，其他四個被加持者也一樣，反射出白、紅、紫、黃顏色的鐳色光束，現場就變成五張很耀眼的水晶椅，五色光鐳射光束繼續加強，五位被加持者的本來身軀顏色漸淡，只剩下很淡的輪廓，漸漸的身軀和水晶椅顏色溶合同色，很難再分辨出是身軀還有坐在水晶椅上，水晶椅上投射的五色的鐳射光繼續著，瞬時整個水晶椅上蹦出許多零星的霹靂光星，霹靂啪啦鏗然有聲，有如鞭炮聲，光星閃光耀眼，遮掩住視線，在光耀中由水晶椅之上，穿越過閃耀的光星，漸漸由光星中竄出龍頭來，形成五種顏色的龍頭，不斷上昇的龍身，瞬間可見其整身的神龍，為青龍、白龍（金龍）、紅龍、黑龍與黃龍，龍身長約二百公尺左右，上昇後的五神龍，圍繞「下靈珠子」盤旋，「下靈珠子」之光弧跟隨著五色的神龍，使神龍身也閃著光弧，整個龍身包含著一層的毫光，威武神勇。

麒麟：化應身不見了，此時的五神龍是法身嗎？

巡查官：化應身並未不見，只是法師自性在五行中，所以只能化應身與法身，感應其一，看得見化應身，看不到法身，看得到法身，看不到化應身，這是天律給紅塵根器的輪迴定則，禪法中，以眼、耳、鼻、舌、身、意、心繫於一緣，以一緣相契於自性之一端，熟稔通達在中天之法，自然回歸在自性之上，是為禪境，此境只能化應身與法身，聚顯其一。所以現在法師看到的是神龍的法身。

麒麟：能有緣看到五色神龍真法身，是我之福氣，也是無上榮幸，人之生命在天地間也只如蜉蝣之一瞬間，能在短暫的生命中，見此法界奇景，是言生命不在長短，是否留下精彩，了悟自性與生命，不枉來世一場，止於完美至善之心境。

五神龍圍繞「下靈珠子」盤旋，由其下觀之，如五龍搶珠，配上鮮彩光輝及美麗弧光，其景如詩亦如畫，如此仙境，嘆為觀止。（第）二龍主再度起座，恭敬向巡查官頂禮。巡查官含首示意，（第）二龍主此次再以內功「平行蝶」祭出「雷指印」，一條閃亮光弧直接奔上「下靈珠子」，接受後，閃出金黃色的光亮彩光，彩光中充滿能量分子，讓人心曠神怡，金黃色光芒，照亮整個天際，此時盤旋的五色神龍齊鳴，是為龍吟，龍吟低沉如蕭音，其音又如破竹之音不結實，旋繞於腦門之迴盪之聲，如零零落落時高時低之不協調之音符，其音響徹於天際，洪亮而震耳，此音非凡間音，很難以凡間音來形容，其音雖低沉，卻能使其在場者，感受其音頻能量震盪其身，愉悅其心。五色神龍更是整身毫光現光明！

片刻，（第）二龍主收勢，向巡查官頂禮回座，「下靈珠子」光芒漸恢復常態，神龍法身漸縮，回歸於水晶椅上之化應身，五位受加持者起身列隊，伏身跪拜頂禮於巡查官，巡查官點頭回禮，五位受加持者，起身轉身整隊，向（第）二龍主跪拜頂禮，謝賜法益之恩。因巡查官在場，所以（第）二龍主起身回禮，代表（第）二龍主尊重法界倫理禮儀。五位受加持者起身，下平台，在司令台前列隊，全身還是弧光顯耀。我們一行到司令台，巡查官示意麒麟，有疑惑可訪問。

麒麟：五位神龍大仙請了，吾為麒麟給你們行禮，吾來自九大行星系，今徵得　巡查官同意我可訪問，還請大仙賜教。首問白龍為何稱為金龍，要多久才能由化應身，化為法身，何時才能神龍耀舞？

白龍：麒麟法師，在法界久聞其名，今日得見，其容得幸，該吾跟法師頂禮才對！吾果位只在太極，在凡界時是竭盡一生的努力，由宗教的禪修，千辛萬苦的考驗才得此果位。在西天任武師將領，吾嚮往「神龍」之神威武功，向無極中天屢屢申請，因申請數目超多，等到我都不知道幾年，因我考績總是第一名，總算雀躍的中選，轉職進入中天精靈所職訓，真正在無極中天當雨神，每半年都要到北玄神龍宮報到，在龍禪室進出十幾個半年，我的努力，內功成熟，第一次登上龍形平台，以應身受加持，其身如蟬之蛻變迸裂，無法脫殼而出，更別說是「龍形」，再回龍禪室潛修，平復後返回原單位，過半年的努力，再來第二次的登平台，此次蛻變之苦，化龍不像龍，只有形而未有體，再過半年上平台，能如初生之嬰兒，也具雛型，第四次方可顯現法身，龍耀其舞，第五次剛才現醜的就是，有志事竟成！吾深愛白龍，其方位在西，所以我不會更換方位，希望保有白龍之法身，要成為金龍，要中央方位之黃色和西方之白色交替，使白色加入黃色，就會形成金龍，所以各式的彩龍，可由五方位的五色去調配，就會形成多采多姿的彩龍。不過吾還是喜歡純色的白龍，不會去混雜方位，至於多久會成氣候，要依個別的努力與心境配合度而有所差別。

麒麟：吾看過畫像中的龍吐水，龍吐火，怎麼今天沒看到吐水、吐火之神龍。

白龍：吐水、吐火只是少量的，象徵性意義重於實質，也就是說雖可吐水或吐火，其量不多，不能用於戰鬥，你們神話故事中或卡通童話中才會有用於戰鬥，一條神龍本就是法身幻像，真靈本能水、火不侵，既然水火不侵，吐水、吐火又傷不了對方，吐水、吐火又有何益，所以真實的法界，「神龍」的吐水、吐火的場景是少見的。

麒麟：龍吐水才會形成雨，下雨和神龍有關係否？

白龍：「神龍」是法身，應具於戰鬥之任務，下雨時我們應化身叫做雨神，也是化雨霧之責，並非是龍吐水，是為「霧器收集器」之功能也。

麒麟：為何凡間有如此多的小金龍？小金龍是如何下凡的，是犯錯被處罰或其他原因呢？

白龍：小金龍大都是西天經申請進入神龍宮者多，也有一部分原職就在中天者，金龍是合成彩龍的一種，是彩龍種族中為數最多的，有犯錯下降者並不多，大部分是福份享盡，未能再續天命者，是故帶天命下凡塵，希望有再回返神龍故鄉之天命者。下凡後，均以小金龍自居，自我貢高，以他凡前神龍之階，昂視前輪，以為小金龍在凡就可高高在上，高於所有泛泛之凡人，視凡境其道為平庸，往往氣高昂趾，自命不凡，根本就是修錯法，走錯路！將餘蔭功德換成的福德全部耗盡，只知帶天命之潛在能量，能量最後也耗盡而不知修。吾也是小金龍降世後再輾轉而來的，是過來人，能深深體會，如今再登神龍之境，是故特別珍惜，常告誡同仁，保有現在，努力而修，進道而上昇，就不會福盡而下凡塵。

巡查官：法師，凡境小金龍多高傲，還是我中天之子民，負有返鄉之天命，望法師師考恩典，勿給予離棄，一旦離棄，就會回歸原來之宿命軌跡，如無先天之法函，如無根浮萍，沉浮於輪迴幻海無了時，凡前功勳、累世功德不斷在損耗中，無緣返無無極天。小金龍總自以為聰明，隨意而隨心，歡喜恨怒都寫在臉上，忍受不了短暫困頓流離，很難真心接受磨練，但其心也善，非十惡不赦之原子，試煉眾小金龍天命決心，使真靈歸原為目標，九大行星系千年來之唯一麒麟聖會，逢時又被淘汰，其登天梯，將遙遙無期。

詩曰：中天玄心，聖傳法理，真解領悟，至尊法旨，自性靈光，文君聖會，黃陽蓮子，直證天墀。

【文後筆記】

一、無無極中天有雷神元神的故鄉倍流寺。無無極北天有龍神的故鄉北玄神龍宮，這是創造龍神的地方，是東天所沒有的。

二、現任巡查官所述說，麒麟法師凡前事。

三、修行修道之目的，在於改正累世其習性，如果這些無法提昇就不算在修行修道！所以修行修道層次愈高，刻劃在元神上之妙智慧就會愈高。

四、法界中有二種元神改造後，會反其道而行，不同於常態，愈改造精進，元神武功能量愈高，燥性就會愈高，脾氣就愈暴燥兇悍！這二種逆行改造機制都屬中天無無極的單位，它就是「雷神」與「龍神」。

五、簡單說明「龍神」的改造與晉昇情形。

六、「雷神」與「龍神」是屬於中天公務機關的。

七、述說淒居星系的「法界大戰」。

八、拜訪「中天無無極北玄神龍宮」。

九、神龍宮是獨立之仙境，有獨立之光源，稱為「靈珠子」。所有元神法身龍神，共

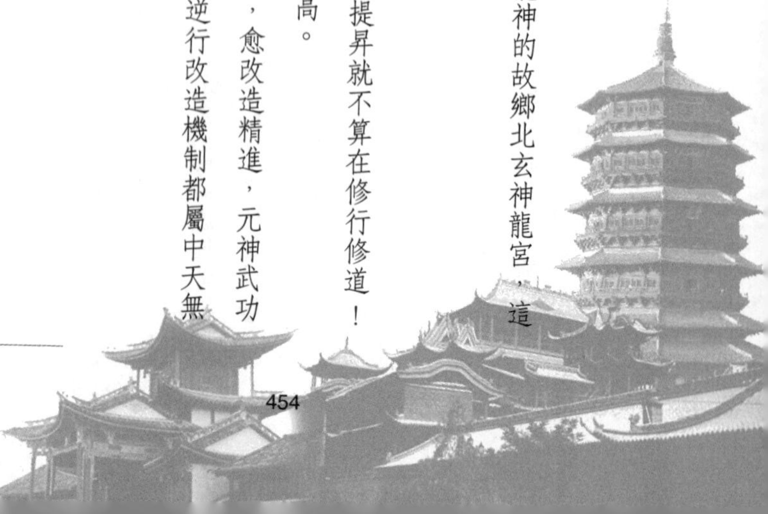

同開創法界內丹為「靈珠子」，是為所有法身龍神共同願力所造，成就「神龍的故鄉」。

十、何為「特殊武將訓練班」。

十一、中天未有普渡前，普渡教育都由西天去對凡間執行，所以中天及其他三天欠缺果位名額都會由西天來遞補，所以西天入武將系統的非常多。

十二、體驗彩龍寺。

後記

弦指占歌唱罷迴　禪心機鋒鏡月追
千古靈山塔下嘆　中天法函天機隨

九大行星系地球，此劫由古至今，眾生僅知有西天法界，殊不知維繫循環公務系統的中天法界，亙古存在已經億萬年，如今得藉由本書讓眾人明白正義法界之全貌，是為有心為法界循環奉獻者，得證果位之正確概略！將中天法界選才天機，隱喻其中，使娑婆原子，明悟宇宙整體，是為吾等企盼之情，並符合自然慈悲仁愛天心。

本書闡述揭露正義法界之全貌，讓芸芸眾生明白，除了教育機構外，公務系統真正維繫正義法界的因果輪迴，得以正常循環運作外，並擁有強大的武力與魔界相抗衡，以維護正義法界的安寧和平；依本書記載，真正魔界總部存在於距離地球遙遠天際的智慧星系淒居星附近星雲中，這麼遠的距離，魔界兵將是到達不了九大星系的地球，因為有正義法界的戍守，魔界兵將不得越雷池一步，以維地球眾生不為魔界所惑，麒麟法師

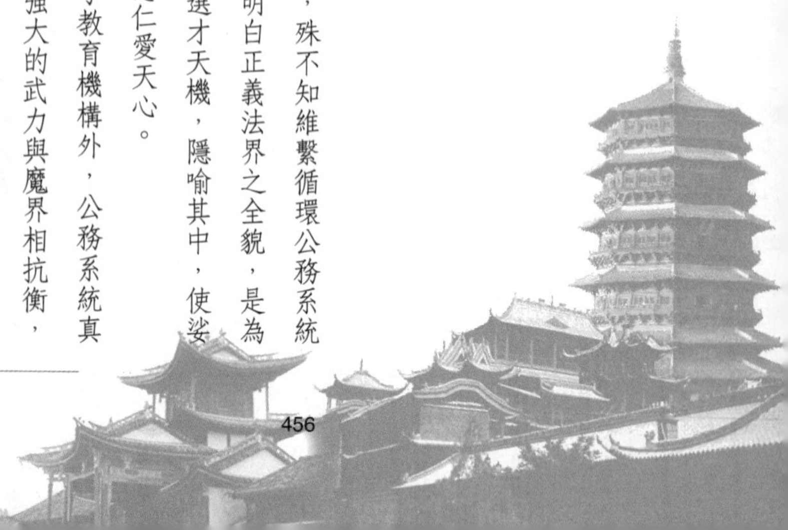

因緣於中天法界故，也得以真靈窺探魔界之旅，繼本書之後，中天天堂遊記魔界之旅單元，亦是精彩經典巨著，特此預告，敬請期待。

末語，中天法界天梯已垂，中天法門承接大天命，在中天法門覺路初開時，是以關懷世道同享中天天道之精神。體察　無無極至尊玉皇上帝大天尊天恩浩瀚，慈愛眾生，體悟天心，回返大道真理而有所依尋，如同暮鼓晨鐘，醒世弘道之大願也。

【至尊令】

天宇洪荒無無極。號令宇宙稱至尊。威震正義魔法界。磅礴豪氣證雄風。
星辰羅列帷幄行。浩瀚無盡江山春。四九玉帝掌乾坤。智慧星系錦囊中。
公務果位朕敕封。輪迴定則遵天律。法傳麒麟證法函。無上妙寶金線傳。
能量功德精靈所。唯有追隨中天師。凌雲展志菩薩行。真鑰大道返樸真。

中天法門

首先感謝大家對本書的支持與愛護，這本書是麒麟法師以真靈實相，穿越法界時空，為地球讀眾帶回的法界福音，書真啟智、價值非凡。

法界全貌一直是科學界、宗教界極想窺探的神聖瑰寶，迄今，因緣成熟，經由書中的公開闡述，相信讀眾對於法界觀也逐漸有了更深入的邏輯概念。中天法門承接中天法界的天命與天運，創教傳法至今，經由網路資訊傳播，穩定成長中。衷心盼藉書冊經銷流通，廣傳中天福音，啟引更多有緣者嚮道。

為了回饋廣大讀者的愛護，中天法門不定時舉辦座談會，更進一步的與大眾面對面分享中天資訊，詳細內容可上網查詢中天官網了解。

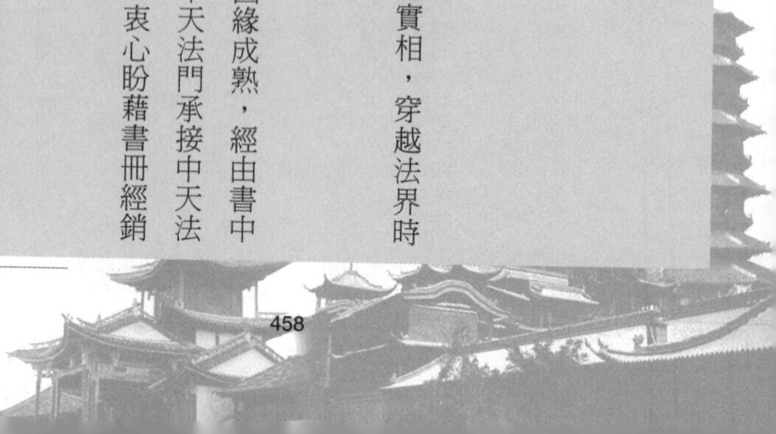

您的善心支持是中天法門傳法的原動力，一本書、一顆善種、一個希望。誠懇冀望經由您的善行播種，讓中天福音廣植人心，共創無上功德林。

最後，中天法門祝福您，平安法喜！中天無無極！

網　址：http://tw.myblog.yahoo.com/cup2942/（麒麟法師部落格）

http://www.wuwuji.com/（中天法門官網）

電子信箱：cup2942@yahoo.com.tw 或 cup2942@gmail.com

國家圖書館出版品預行編目資料

禪修者的靈幻之旅／麒麟法師著.
－－第一版－－臺北市：宇河文化出版；
紅螞蟻圖書發行，2011.4
面　公分－－(靈度空間；3)
ISBN 978-957-659-842-5（平裝）

1.通靈術　2.靈修

296.1　　100005484

靈度空間 3

禪修者的靈幻之旅

作　　者／麒麟法師
美術構成／Chris' office
校　　對／楊安妮、朱慧蒨、麒麟法師
發 行 人／賴秀珍
榮譽總監／張錦基
總 編 輯／何南輝
出　　版／宇河文化出版有限公司
發　　行／紅螞蟻圖書有限公司
地　　址／台北市內湖區舊宗路二段121巷19號（紅螞蟻資訊大樓）
網　　站／www.e-redant.com
郵撥帳號／1604621-1　紅螞蟻圖書有限公司
電　　話／(02)2795-3656（代表號）
傳　　真／(02)2795-4100
登 記 證／局版北市業字第1446號
法律顧問／許晏賓律師
印 刷 廠／卡樂彩色製版印刷有限公司
出版日期／2011年 4 月　第一版第一刷
　　　　　2024年 6 月　　第三十七刷（1500本）

定價 360 元　港幣 120 元

ISBN 978-957-659-842-5　　Printed in Taiwan